Año siete

El legado: la catástrofe

MANUEL LÓPEZ SAN MARTÍN

Año siete

El legado: la catástrofe

AGUILAR

Penguin
Random House
Grupo Editorial

Año siete
El legado: la catástrofe

Primera edición: mayo, 2025

D. R. © 2025, Manuel López San Martín

D. R. © 2025, derechos de edición mundiales en lengua castellana:
Penguin Random House Grupo Editorial, S. A. de C. V.
Blvd. Miguel de Cervantes Saavedra núm. 301, 1er piso,
colonia Granada, alcaldía Miguel Hidalgo, C. P. 11520,
Ciudad de México

penguinlibros.com

ISBN: 978-607-385-920-2

Impreso en México – *Printed in Mexico*

A mis hijas, Pía y Valentina:
para que amen y defiendan a México.

A mi equipo Ce:
por su apoyo, siempre.

A mis papás:
por su ejemplo.

A mi hermano Rodrigo:
por los interminables debates.

ÍNDICE

17. 2018 vs 2024: las palabras como bumerán

18. Se va, se va, ¿se fue?

19. 1 de octubre 2024

1. AÑO SIETE:
EL ADIÓS DE UN PRESIDENTE

"Durante tu primer año, la gente te trata como Dios y la rechazas con desprecio;
en el segundo te trata como Dios y no le haces caso;
en el cuarto te trata como Dios y lo toleras con incredulidad;
en el sexto te trata como Dios y no solo lo crees: lo eres".
Adolfo López Mateos, presidente de México, 1962.

La personal forma de despedirse del poder

Los sexenios en México no duran seis años, sino siete. El séptimo es clave en la evaluación de un mandato, pero sobre todo en las repercusiones del gobierno que ya fue. El séptimo es el año del golpe de realidad, la pérdida del poder y el inicio de las cuentas por pagar. Tal vez solo se trate de un subproducto indeseado de ese sistema político que en su momento de apogeo el historiador Daniel Cosío Villegas definió como "una monarquía sexenal con ropajes republicanos", pero el séptimo es el año en que los aliados ya buscaron nuevo refugio, mientras los adversarios se frotan las manos para cobrar cuentas pendientes.

El año siete es de soledad.

Lázaro Cárdenas lo asumió con el convencimiento de la labor cumplida y una dignidad tan grande que le permitió volver a recorrer "sus caminitos" sin siquiera mirar atrás, convertido en faro moral de los gobiernos postrevolucionarios y definiendo para siempre la regla de oro: *el expresidente no estorba al presidente*; Manuel Ávila Camacho y Adolfo Ruiz Cortínez lo vivieron de manera parecida; luego de "tragar sapos" (en palabras del segundo) durante toda su carrera política, se despidieron de la silla presidencial con la serenidad y la humildad suficientes para pasar uno, en soledad el resto de su vida, rodeado de sus amados caballos en un rancho del Estado de México, y el otro, en un cuarto oscuro abrazando sus recuerdos que se extendían hasta la invasión norteamericana a su natal Veracruz.

Miguel Alemán no abrazó recuerdos, abrazaba ambiciones que tuvieron que ser canceladas de tajo, entre ellas la reelección, y que terminó consolando con viajes por todo el mundo; Adolfo López Mateos, el último presidente verdaderamente popular y querido del siglo pasado, tuvo un tránsito sereno interrumpido solamente por aquella ocasión en que se atrevió a salir a la calle y tras ser reconocido, se vio rodeado por una multitud que lo vitoreaba causando la furia de su sucesor, Gustavo Díaz Ordaz.

Precisamente Díaz Ordaz, marcado por el movimiento estudiantil de 1968, vivió uno de los destinos más crueles y feroces, con su esposa sumida en los abismos de la locura y una ceguera que le devoró la visión para sustituirla por las sombras de los acontecimientos de su administración, y el profundo arrepentimiento por haberse equivocado de "tapado"; Luis Echeverría cometió casi el mismo pecado que Miguel Alemán, pero sus ambiciones eran globales porque se sentía llamado por la providencia para compartir su sabiduría política con el mundo desde la presidencia de las Naciones Unidas. Su caída fue mitológica: fue embajador en una lejana isla del pacífico donde solo las olas del mar escuchaban sus interminables monólogos.

José López Portillo solo tenía un defecto, según el propio Echeverría: se dejaba mangonear fácilmente por "sus mujeres". Al ocaso de su administración entre las lágrimas del perdón y las decisiones

14

del arrebato (como la nacionalización de la banca) se preocupó por sus mujeres en "La Colina del Perro", donde se refugiaba con ellas incapaz de soportar los gritos de los mexicanos empobrecidos durante su mandato, reclamos que le acompañaron hasta el final de sus días. Miguel de la Madrid, tal vez, en este recuento tuvo el destino menos ingrato: terminó encabezando el Fondo de Cultura Económica (FCE) que generó la broma más popular del México de los ochenta: "En el Fondo, Miguel no es tan malo".

Otro destino cruel aguardó en su "año siete" a Carlos Salinas de Gortari quien terminó exiliándose tras poseer el dominio absoluto de, al menos, dos décadas del sistema político mexicano. Al final, perdió a su sucesor, perdió Chiapas, perdió a su hermano y se extravió él mismo en una ridícula huelga de hambre que duró solo un día y dañó para siempre su credibilidad política; Ernesto Zedillo fue el reverso de esa moneda, nunca ocultó su deseo de tener un séptimo año alejado del poder, del partido que lo llevó a la presidencia y de un sistema por el cual no escondía su desdén. Enterró siete décadas de hegemonía priista y adquirió un talante moral (como demócrata y "presidente de la transición") que ningún otro mandatario tuvo desde Cárdenas.

Al concluir su mandato, Vicente Fox parecía semejante a Zedillo, sentía una aversión por el poder tan acentuada que desconocía el hecho de que este destruye a quien lo rechaza. Acabó decepcionando a todos, incluidos sus más aguerridos seguidores y para muchos incubó "el huevo de la serpiente" con el torpe intento de desafuero de quien finalmente se convirtió en "víctima" del sistema: Andrés Manuel López Obrador. Urgido de legitimidad, Felipe Calderón inició y cerró su gobierno hundido en una guerra brutal y sangrienta que sepultó la credibilidad panista para gobernar y le obligó a un destierro que todavía no termina. En su año siete quiso seguir activo para luego reinventarse, tratar de hacerse del control del PAN y después hasta intentó construir un nuevo partido político. Fracasó y terminó en el exilio, en Madrid, y con su hombre *fuerte* en

15

el combate a los cárteles de la droga, Genaro García Luna, encarcelado en Estados Unidos.

Enrique Peña Nieto logró lo impensable, consiguió el regreso del PRI a la presidencia, y lo enterró hasta reducirlo a cenizas. Todo, en solo seis años. El mayor defecto de su candidato presidencial José Antonio Meade fue precisamente ese: ser su candidato, el aspirante de una marca desgastada y hecha añicos. Un caudal de corrupción y escándalos terminó por sepultarlo políticamente y concluyó con la sombra de la duda: ¿Negoció con Andrés Manuel López Obrador su triunfo en detrimento del candidato panista Ricardo Anaya, a quien atacó el gobierno de Peña con todo el aparato a su disposición? El hermano incómodo por definición, Raúl Salinas de Gortari, solía decir que "las puertas de Los Pinos solo se pueden abrir desde adentro". En su año siete, el último presidente priista se fue a España y desapareció para reaparecer esporádicamente, como un fantasma de sí mismo, en las revistas del corazón.

Tras 84 años de institucionalidad presidencial una moraleja y una lección encierra el anterior recuento: así como cada presidente construye su legado, cada expresidente trabaja su ruta de salida. Creer que el poder no tendrá fin y se extenderá más allá del periodo de gobierno, puede resultar contraproducente, doloroso y hasta suicida.

Andrés Manuel López Obrador gobernó para la historia. Le importaba más lo que los libros de texto dirían de él, que las consecuencias reales de sus decisiones. El impacto inmediato no fue tan relevante como la construcción a futuro. Por eso él mismo parecía ir escribiendo su legado cada mañana, *mañanera* tras *mañanera*. Ejerció el poder a través de nuevos símbolos y controlando la narrativa. Y hasta poco antes de cerrar el sexenio lo consiguió con relativo éxito. Pero a menos de tres meses de abandonar Palacio Nacional, todo cambió.

El séptimo año de López Obrador se adelantó: comenzó la tarde del jueves 25 de julio de 2024, cuando tras lo que parecía una tersa transición y gozando del poder avasallador que implicaba haber arrasado en las urnas, impulsando a Claudia Sheinbaum Pardo a la presidencia y a su 4T hacia una abrumadora mayoría en el Congreso, corrió como pólvora la noticia de la captura del capo de capos, el hombre de quien todos sabían dónde se encontraba, pero nadie había querido hallar y menos arrestar.

Ese punto de quiebre escapó de su control, lo apartó de su narrativa y le endilgó símbolos que no hubiera querido asumir como propios. Lo tomó malparado, exhibió sus flancos débiles y amenaza con ensuciar su legado.

La captura del "Mayo" y los nervios en Palacio Nacional

Aquel día, Ismael "El Mayo" Zambada, fue arrestado en Estados Unidos, al aterrizar en el pequeño aeropuerto de Santa Teresa, Nuevo México, muy cerca de El Paso, Texas. Fue un 25 de julio, y los días que siguieron a ese evento, López Obrador sintió lo que no había sentido a lo largo de todo el sexenio: incertidumbre y, quizá, temor.

Él, acostumbrado a controlarlo todo, con un poder inconmensurable y una fuerza no vista en décadas para ejercer la presidencia, quedó relegado. Los hechos lo rebasaron y se mostró nervioso y sin control de la situación.

Unos días antes ya había recibido las primeras señales de un inevitable ocaso. En una entrevista con la cadena de noticias *Fox News*, el entonces candidato republicano a la Presidencia de Estados Unidos, Donald Trump, se refirió a López Obrador como "un gran tipo" que "ya no era presidente".

El tabasqueño pareció tomar aquellas palabras con humor, quizás producto de una confusión, y un día antes de la detención del "Mayo" exhibió en la *mañanera* del 24 de julio una extensa carta enviada al político y empresario estadounidense. Cuatro cuartillas con su inimitable estilo muy lejos del de un estadista, con la posdata de quien ve el poder desaparecer frente a sus ojos a la misma velocidad que un puño desaparece al abrir la mano: "Todavía soy presidente. Termino hasta finales de septiembre. Le aclaro, porque hace unos días comentó que ya me había retirado. Por favor, amigo, no me ande mandando a «La Chingada» antes de tiempo".

Las horas siguientes representaron el inicio del fin del sexenio y el comienzo del "año siete". Y con ese "año siete", el inicio del fin del poder absoluto, la incertidumbre del futuro próximo y un mar de dudas que desde entonces amenazan con empañar el legado lopezobradorista; el del presidente que construyó un proyecto político y social desde la oposición, despertó esperanza en millones de seguidores y prometió un combate irrestricto a la corrupción, pero terminó envuelto en sospechas por negocios ligados a sus hijos, millonarios desvíos de dinero, ineficacia en distintos frentes —desde la seguridad a la salud, pasando por la educación—, personajes oscuros demasiado cerca y señalamientos (dentro y fuera de México) hacia su gobierno por supuestos nexos con la delincuencia organizada.

Desde la detención del "Mayo" hasta la primera información difundida por las agencias del gobierno estadounidense, a través de su embajador en nuestro país, Ken Salazar, el mar de rumores e innumerables teorías sobre cómo habría ocurrido el arresto, no cesaron. ¿Entrega negociada? ¿Pacto con agencias de seguridad estadounidenses? ¿Engaño de otros grupos criminales? ¿Secuestro en México?

El 26 de julio, un día después de la captura, el presidente, dueño del escenario en Palacio Nacional, tuvo quizá la peor *mañanera* de todo su sexenio.

Apareció desorientado, desinformado y a ratos, molesto. No informó nada… porque no sabía nada. Los únicos datos que en su relatoría presentó como confirmados la entonces secretaria de Seguridad, Rosa Icela Rodríguez, resultaron a la postre falsos: ni el nombre del piloto, ni la matrícula del avión, ni el aeropuerto de origen, fueron ciertos.

Aquella mañana, López Obrador pidió esperar. Y así continuó, esperando. Pasaron varios días y la información siguió sin esclarecerse.

1. Año siete: el adiós de un Presidente

Existe un dicho en el futbol americano atribuido al legendario head coach de los *Dallas Cowboys*, Tom Landry: "Hay que cuidarse del primer error, porque si se comete, los demás vendrán como cascada". Después de ese primer error, López Obrador cometió una cascada de ellos. Comenzó una mala racha.

Él, que desde sus conferencias matutinas gobernaba, ponía agenda y encarrilaba la conversación pública, no dejó de tropezar una y otra vez a raíz de la detención de Zambada y Joaquín Guzmán López, hijo del "Chapo".

Fue tal la cantidad de errores y tan grande el vacío informativo, que el presidente de plano cambió de papel para dejar de ponerse en evidencia. Pasó de protagonista a espectador, y decidió formular preguntas sobre los hechos, en lugar de ofrecer respuestas.

Él, que el 7 de agosto de 2019 aseguró contundente que "un presidente lo sabe todo" y "se entera de todo", no sabía lo mínimo, cómo, cuándo, dónde y quiénes capturaron al criminal mexicano más buscado por el gobierno estadounidense y a uno de los hijos del "Chapo".

Las autoridades de EU lo habían enterado de muy poco, le escondieron detalles de la detención y, exhibiéndolo, lo hicieron quedar mal. Tanto, que las interrogantes que en la *mañanera* del 30 de julio planteó, eran las mismas que estaban en cualquier sobremesa.

"Nosotros queremos conocer más (…): ¿dónde abordaron el avión? ¿Qué tipo de avión? ¿Por qué si el acuerdo era con uno, llegan dos? El abogado del señor Zambada dice que lo sometieron: ¿En dónde? ¿Quiénes? ¿Participaron en territorio mexicano agentes del gobierno de EU, de las Agencias?

Todas, buenas preguntas… para un periodista. Pero, ¿para un presidente?

¿Un presidente bien informado de lo que sucede en el territorio que gobierna no debería saber si agentes extranjeros actuaron dentro del país? ¿No podría conocer si el avión que transportó al "Mayo" y a Guzmán López despegó en México y en qué aeropuerto? ¿O quiénes volaban en la aeronave?

Había pasado casi una semana y AMLO seguía extraviado. ¿No debería tener ya respuestas básicas a las preguntas más elementales: ¿Fue entrega o captura? ¿Se detuvo a los capos en territorio mexicano? ¿Cómo fue ese arresto? ¿Cuándo ocurrió? ¿Quiénes participaron en la operación?

Si "El Mayo" llegó a Culiacán a tratarse un cáncer, como documentaron versiones periodísticas, y aprovecharía para tener una reunión (con otros criminales y políticos, que quizá eran la misma cosa), como él mismo confesó, ¿las autoridades de nuestro país no supieron que salió de su refugio en la montaña?

En política, los vacíos se llenan. A fuerza de silencio oficial y desinformación, los vacíos de la captura del "Mayo" Zambada siguieron llenándose varios días más con rumores, especulaciones y trabajo periodístico, dejando en claro que no existía la colaboración presumida entre México y Estados Unidos, y lo más delicado, no existía la confianza que se aseguraba de manera altanera.

15 días después apareció el embajador estadounidense con una escueta explicación y, horas más tarde, el sábado 16 de agosto por la mañana, Zambada difundió, a través de su abogado Frank Pérez, su versión de los hechos. El presidente que había cuidado hasta el extremo no hacer enojar a los cárteles y se desvivió afirmando que ninguna institución mexicana (funcionario, gobierno estatal o federal) había participado en la captura, terminó atropellado por la realidad.

Salazar compartió información que sembró más dudas de las que despejó. Según el embajador, "Joaquín Guzmán (hijo del «Chapo») se entregó voluntariamente", "la evidencia al momento de llegar indica que «El Mayo» fue llevado contra su voluntad", "no se utilizaron recursos estadounidenses en la rendición", "no fue nuestro avión, ni nuestro piloto ni nuestra gente", "(la captura) es el resultado de un trabajo muy definido y basado en los principios de respeto a nuestras soberanías y que hacemos este trabajo como socios".

¿Si todo era tan simple, por qué demoró 15 días la explicación pública, tras 11 *mañaneras* en las que el presidente demandó información y se quejó por no tenerla? ¿Cómo se afirmó que la captura fue resultado de "un trabajo muy definido" si fue más bien una entrega? ¿Y a cambio de qué Guzmán López se entregó y entregó a Zambada?

Si lo dicho por el embajador era particularmente difícil de procesar, lo afirmado por Zambada representó una sacudida de proporciones telúricas. El comunicado que relató los hechos fue una bomba con un radio de expansión incierto y un poder destructivo difícil de calcular, pero sus revelaciones provocaron un cisma, a 51 días del fin del sexenio. Un cisma que generó mucho daño.

Hay una palabra que define cierto tipo de situaciones de concordancia casi inverosímil. Hay quien lo llama coincidencia, azar o casualidad. Pero para el psiquiatra suizo Carl G. Jung se trata de sincronicidad: una conjunción de eventos que trasciende la mera casualidad, implicando una conexión significativa entre dos o más acontecimientos que va más allá de la simple probabilidad.

Lo difundido por "El Mayo", mientras el presidente López Obrador y la entonces presidenta electa Claudia Sheinbaum se encontraban en Sinaloa (en una de sus giras en el proceso de transición), con el gobernador del estado, Rubén Rocha Moya, fue un bombazo que rebasó la sincronicidad misma y obligó a López Obrador a matar dos pájaros de un tiro, dio un enorme (y sospechoso) espaldarazo a su amigo Rocha y apretó aún más el cerco con el que quiso rodear a la presidenta al cierre de su sexenio, acorralándola.

Aquel día, la atropellada explicación dada por un nervioso mandatario estatal que se desvivió en elogios, no hizo más que alimentar el sinfín de dudas:

Hay una presunta carta de uno de los apresados ese día 25 (de julio), es una carta del señor Ismael Zambada, que junto con él fue capturado el señor joven (sic) Joaquín Guzmán del cártel de Sinaloa (…) lo que en esa carta se dice, presidente, es más o menos la versión de cómo ocurrió el evento del 25, donde capturaron a ambos, no lo voy a relatar porque no es mi función, pero lo que dice ahí es que a ese evento estaban citados entre otros Rubén Rocha Moya, gobernador del estado, y que esa fue la razón, quizás el gancho para ir a ese evento por parte del señor Ismael Zambada. Yo quiero decirles una cosa sin ataduras de ninguna naturaleza. En primer lugar: yo no estaba ese día en Sinaloa. Todo me lo estuvieron informando durante el día y la noche y regresé al otro día muy tempranito. Dos: no tiene nadie del crimen organizado que citarme a una reunión que para (sic) resolver un problema, se habla del problema de la Universidad (Autónoma de Sinaloa). No hay por qué. Los problemas que le tocan al gobierno los resolvemos en las instituciones de gobierno. No tenemos nosotros complicidad con nadie y eso es profesando justo la política del presidente: no hay complicidades, por lo tanto si dijeron que iba a estar yo, mintieron; y si creyó, pues cayó en la trampa. Quede claro eso. Ya me han preguntado y esta es mi declaración: no hay absolutamente nada que pueda vincularme con ese asunto. Nada, nada, nada. (…) Dos, presidente, lo dirijo al presidente y a la próxima presidenta, segunda cuestión: atendiendo a su humanismo, a la política humana, a la lucha contra la corrupción, a la lucha contra la violencia. Yo solo soy aprendiz del presidente, un aprendiz comprometido con su política. No lo puedo hacer quedar mal, no puedo permitir ese propósito de mancharme a mí y de paso manchar al presidente, no. No admitimos nada de eso…

Dijo el gobernador salpicado de sospechas.

Dos días después de aquel sábado, en la *mañanera* del lunes 12 de agosto, el presidente afirmó que el gobernador "me dijo antes del acto que iba a dar a conocer su versión, nada más que me pedía mi punto de vista, me consultaba cómo veía yo esta situación, que estaba consciente que no era nada más involucrarlo a él, sino involucrar al titular del Ejecutivo, a *ya saben quién*, y seguir con la misma campaña de «narco presidente»".

El presidente, pues, supo con antelación lo que diría Rocha y decidió cobijarlo, y también consideró buena idea que Sheinbaum lo hiciera, sin darle mayor margen de maniobra para esquivar un momento que podría terminar cargando el resto de su administración.

En su reveladora carta, "El Mayo" aseguró "no me entregué y que no vine voluntariamente a los EU. Tampoco tenía ningún acuerdo con ninguno de los gobiernos. Por el contrario, fui secuestrado y llevado por la fuerza y en contra de mi voluntad".

Y continuó: "Joaquín Guzmán López me pidió que asistiera a una reunión para ayudar a resolver las diferencias entre los líderes políticos de nuestro estado. Me dijeron que, además de Héctor Cuen (exrector de la Universidad Autónoma de Sinaloa, asesinado ese mismo 25 de julio) y el gobernador Rocha Moya, Iván Guzmán Salazar también estaría presente en la reunión".

"El Mayo" brindó detalles de la reunión. Aseguró que fue en el centro de eventos Huertos del Pedregal, a las afueras de Culiacán, que al llegar vio a mucha gente armada, y él se hizo acompañar de pocos escoltas, entre ellos un comandante de la Policía Judicial Estatal de Sinaloa. Dice también que en el lugar saludó a Héctor Cuen y a Guzmán López, y que ya en ese sitio, al ingresar a otro lugar oscuro lo "emboscaron".

"Un grupo de hombres me agredió, me tiró al suelo y colocó una capucha de color oscuro sobre mi cabeza. Me ataron y me esposaron, luego me obligaron a meterme en la parte trasera de una camioneta. Durante todo este calvario, fui objeto de abuso físico, lo que resultó en lesiones significativas en la espalda, la rodilla y las muñecas. Luego me llevaron a una pista de aterrizaje a unos 20 o 25 minutos de distancia, donde me obligaron a subir a un avión privado".

Afirmó que el hijo del "Chapo" lo ató al asiento y que "nadie más estaba a bordo del avión, excepto Joaquín, el piloto y yo". Aseguró que el vuelo duró entre 2 y media y 3 horas, sin paradas hasta que llegaron a El Paso, Texas y "fue allí en la pista donde los agentes federales de EE. UU. tomaron la custodia de mí".

Y señaló categórico dos cosas, no menores: "La noción de que me rendí o cooperé voluntariamente es completa e inequívocamente falsa" y Héctor Cuen "fue asesinado al mismo tiempo, y en el mismo lugar, donde fui secuestrado".

¿El gobernador de Sinaloa supo todo esto y no dijo nada durante 15 días, hasta que fue mencionado por "El Mayo"? ¿O desconoce lo que ocurrió en su estado? ¿Bajó de la montaña el narcotraficante más buscado por Estados Unidos a una reunión en Culiacán, y no se enteró? Entonces, ¿qué gobierna? ¿Es confiable? ¿Tiene acuerdos inconfesables? Esas preguntas no solo lo acompañaron a él, sino al presidente que, ante el mar de dudas, pidió a la Fiscalía General de la República —a propuesta del propio Rocha Moya—, abrir una investigación, que más bien pareció parte de una estrategia de control de daños.

El golpe ya estaba dado y la duda sembrada.

López Obrador iniciaba así su "año siete", bajo el estigma que más le molestó en seis años de gobierno; la suma de varios de sus temores y la etiqueta que quizá ayude a comprender desatinos, yerros, omisiones o complicidades: #narcopresidente.

Las dudas se acumulaban. La llegada de Donald Trump a la presidencia de EU el 20 de enero de 2025 no hacía más que alimentarlas. Su diagnóstico era nítido: existe una "alianza intolerable", dijo la Casa Blanca unos días después -el primero de febrero-, "entre los cárteles de la droga y el gobierno mexicano", que pone "en peligro la seguridad nacional y la salud pública de EU". Las palabras resonaban hasta el epicentro del lopezobradorismo, acusado desde hace tiempo por el primer círculo del presidente estadounidense de omisiones —en el menor de los casos—, sino es que complicidades.

Por si algo faltara, unas semanas después llegó una amenaza soterrada del "Mayo" Zambada. En una segunda carta, tras su secuestro en México y posterior detención en EU, amagó al gobierno mexicano: o me repatrían, o el colapso; o me sacan de EU, o no respondo.

El capo de capos, líder histórico del cártel de Sinaloa, que lo sabe prácticamente todo sobre el narco y los nexos inconfesables con políticos y autoridades, amenazaba: si el gobierno de México no hacía todo por regresarlo a su país, podría hablar, con todo lo que eso implicaría. El colapso no solo de la relación bilateral con nuestros vecinos del norte, sino de varias carreras políticas.

"Exijo y demando que el Estado mexicano cumpla con su obligación ineludible de intervenir de manera inmediata, contundente y sin margen de discrecionalidad para exigir formalmente a Estados Unidos de América garantías y seguridades absolutas, plenas, vinculantes e irrevocables de que no se me impondrá ni se ejecutará la pena de muerte", escribió en la misiva.

"Negar mi solicitud de repatriación o de no aplicación de penas prohibidas y trascendentales tendría como consecuencia aceptar la subordinación al gobierno norteamericano (…) si el gobierno de México no actúa seré condenado a pena de muerte sin lugar a ninguna duda", se leía en el texto.

"Además esto constituirá un precedente peligroso que permitiría que en cualquier momento cualquier gobierno extranjero pudiera, de manera impune, violentar nuestro territorio y soberanía", señaló.

El documento (de 33 páginas) entregado en el consulado mexicano en NY, encontraba sustento jurídico y conllevaba una buena dosis de cálculo político en forma y fondo.

Los abogados del "Mayo" Zambada se valieron de diversos argumentos legales para plantear la solicitud de repatriación: Artículos 1, 15, 21 y 22 de la Constitución; la Convención de Viena sobre relaciones consulares; la Convención Americana sobre Derechos Humanos; el Pacto Internacional de Derechos Civiles y Políticos; la Ley de Migración de México; el Tratado de Extradición México - Estados Unidos; el Tratado de Prohibición de Secuestros Transfronterizos…

"La pasividad del Estado mexicano podría interpretarse como una renuncia a su responsabilidad de proteger a sus ciudadanos y podría sentar un precedente peligroso que debilite su capacidad de defender a sus nacionales en situaciones similares. Situación que me llevaría de manera irremediable a denunciar a mi propio País ante instancias internacionales", sentenció Zambada.

En la carta se hacía énfasis en que su detención correspondió a un "secuestro transfronterizo". "El Mayo" afirmó que de origen su detención fue ilegal.

"Fui privado de mi libertad en territorio nacional, mediante coacción física y engaños. Posteriormente fui trasladado de manera coercitiva desde territorio mexicano hacia los EU, por un particular mexicano", apuntó.

Zambada buscaba capitalizar el momento político. Apenas unos días atrás, el gobierno de Trump designó a seis cárteles mexicanos como organizaciones terroristas extranjeras. Y horas antes de darse a conocer la misiva, el asesor de Seguridad de la Casa Blanca, Mike Waltz, dijo que el gobierno de EU "desataría un infierno contra los cárteles… están advertidos, ya es suficiente".

"El Mayo" le demandó al gobierno de México asumir "deberes concretos e irrenunciables" a los que estaría obligado, entre otros: "declarar formalmente la nulidad del proceso penal en mi contra, en virtud de que la jurisdicción estadounidense sobre mi persona fue obtenida de manera ilícita, lo que vicia de origen cualquier procedimiento que se intente llevar a cabo en mi contra" y "exigir mi repatriación inmediata a México como única forma de reparar la violación de mis derechos fundamentales y la soberanía del Estado mexicano".

Y para que no hubiera espacio a la duda, enfatizó: "cada una de estas exigencias no es discrecional ni puede ser ignorada por las autoridades mexicanas".

"Mi caso puede constituir un punto de fractura en la relación en materia de cooperación de impartición de justicia entre México y los EU", remató.

Si el texto es contundente, lo que se lee entrelíneas, es demoledor. ¿Qué dice? Que el gobierno mexicano no hacía lo suficiente para su regreso, como sí lo hizo en el caso del exsecretario de la

Defensa, el general Salvador Cienfuegos. Cuando habla de "punto de fractura", él mismo asume su caso como un asunto de seguridad nacional, por cuanto sabe y puede decir. Y sugiere que, si se le abandona a su suerte allá, podría deslizar información tan sensible que cimbraría el escenario acá.

Zambada sabe demasiado. Esa segunda carta estaba llena de mensajes que inquietaron a varios. Iba dirigida al gobierno de México, sí, pero pocos dudaban a estas alturas del partido que el principal destinatario era *ya saben quién.*

2. 25 DE JULIO 2024:
EL AÑO SIETE SE ADELANTÓ

"El presidente se entera de todo; basta de hipocresía".
Andrés Manuel López Obrador, presidente de México,
3 de septiembre 2019

Las muchas muertes de Héctor Melesio Cuen

Es un video de vigilancia de mala calidad, como millones otros en internet. Es el 25 de julio del año 2024 y son las 21:57 horas. El plano general presenta una estación de gasolina de PEMEX donde tres empleados se reparten la atención en dos bombas de servicio. Una camioneta, del lado derecho, carga combustible. En el extremo de ese mismo lado, un tráiler descansa estacionado. No hay rastro de su conductor. A los pocos segundos de iniciado el video, se puede observar la llegada de una camioneta blanca, cuatro puertas y espacio posterior de carga. Debido a la mala calidad del video, la distancia y la oscuridad, es imposible distinguir el número o las características de los ocupantes. Se coloca frente a la bomba al extremo izquierdo, en el punto más alejado de la cámara. Uno de los empleados de la estación de servicio coloca diligentemente la manguera para proceder a la carga del combustible. Exactamente 10 segundos después hacen su aparición dos hombres en una motocicleta. Lucen vestidos de manera semejante: camiseta oscura, cascos negros y pantalón ligeramente más claro. Al llegar, uno de ellos baja precipitadamente y se dirige hacia la camioneta recién llegada. El otro permanece en la conducción. El primero abre con relativa facilidad la portezuela del copiloto de la camioneta blanca. Casi inmediatamente después, sin prisa, pero sin vacilar, el hombre guarda algo en su bolsillo derecho, azota la portezuela y sube a la motocicleta que sale disparada. La camioneta blanca arranca a toda velocidad en sentido contrario. La manguera de gasolina que seguía cargando en el depósito de combustible de la camioneta sale expulsada.

Desde el momento en el que el encargado de PEMEX colocó la manguera para cargar gasolina en la camioneta blanca hasta que esta sale disparada expulsando una lluvia de combustible, transcurren exactamente 25 segundos. Eso fue lo que, según la primera versión de la Fiscalía de Sinaloa, se necesitó para asesinar a Héctor Melesio Cuen, exrector de la Universidad Autónoma de Sinaloa y quien al momento de su muerte era diputado federal electo.

El material, hecho público con el propósito de desmentir los dichos del "Mayo" Zambada, era la evidencia en poder de la Fiscalía de Sinaloa del momento mismo del homicidio.

Pero lo que debía ser prueba contundente, no lo fue. Y lejos de despejar interrogantes, generó más.

Tantas, que la fiscal estatal Sara Bruna Quiñones, quien afirmó que el exrector había muerto al resistirse al robo de su vehículo en la capital sinaloense, presentó su renuncia, a sugerencia del gobernador, tras ser exhibida en una cascada de mentiras por la Fiscalía General de la República.

En un comunicado, a mediados de agosto de 2024, la FGR aseguró que el cúmulo de inconsistencias fueron identificadas por peritos y analistas de la Agencia de Investigación Criminal (AIC), una vez que revisaron la copia autenticada de la carpeta de investigación de la fiscalía local.

«Que en la necropsia no se establecen de forma correcta, los signos cadavéricos inmediatos, temperatura, signos tanatológicos, lividez, ni la descripción correcta y evolución que tuvo el cuerpo».

«Que tampoco se cumplieron, por parte de todas las autoridades involucradas, las medidas de preservación del cuerpo, permitiéndose una incineración que es contraria a las prácticas criminalísticas sobre investigación de homicidios».

«Que el cuerpo (de Cuen) tiene un fuerte hematoma en la cabeza. Que el cuerpo recibió cuatro disparos en las piernas. Que el video de la gasolinera tiene sonido y solo se escucha un disparo. Que los tres empleados de la gasolinera no refieren haber escuchado disparos».

«Que no se identifica con precisión la fisionomía de los ocupantes de la camioneta. Que no hay mecánica de hechos del evento. Que no se procesó criminalísticamente el lugar de los hechos, ni el vehículo. Que, habiendo manchas de sangre humana en la batea de la camioneta, no hay ni peritajes, ni determinaciones al respecto».

En la carta que el sábado 10 de agosto publicó a través de su abogado, Zambada afirma que Cuen fue asesinado la mañana del 25 de julio en el rancho y centro de eventos Huertos del Pedregal, a las afueras de Culiacán:

«Sé que la versión oficial que dan las autoridades del estado de Sinaloa es que Héctor Cuen fue tiroteado la noche del 25 de julio en una gasolinera por dos hombres en motocicleta que querían robar su camioneta. Eso no es lo que ocurrió», escribió.

«Lo mataron a la misma hora y en el mismo lugar donde me secuestraron. Héctor Cuen era amigo mío desde hacía mucho tiempo, y lamento profundamente su muerte, así como la desaparición de José Rosario Heras López y Rodolfo Chaidez, a quienes nadie ha vuelto a ver ni a saber de ellos».

Ante las inconsistencias, AMLO se limitó a decir que estaba de acuerdo en que la fiscal renunciara. ¿Ahí debía terminar la cosa?

"El Mayo" tenía razón en todo lo dicho, ¿menos en lo que tocaba al gobernador? Raro. ¿No tendría Rocha Moya que, además de intentar explicar, declarar ante la FGR?

El amigo del entonces presidente bajó el perfil, no dio entrevistas y se escondió mientras disminuía la intensidad de los cuestionamientos.

Se cumplió así un mes de la detención y las mismas preguntas quedaron en el aire: cómo, cuándo, dónde y quiénes capturaron al "Mayo". ¿Por qué el gobierno lejos de celebrar la detención del histórico líder del cártel de Sinaloa se lavó las manos una y otra vez, e intentó deslindarse?

Las interrogantes que el arresto dejó abiertas, trajeron consecuencias: la relación entre el gobierno de Estados Unidos y el de López Obrador se fracturó casi hasta el rompimiento. Estaba claro que no solo no había confianza ni colaboración; sino que existía desconfianza y sospechas.

Otro golpe llegó meses más tarde. En un nuevo comunicado, la tarde del domingo 20 de octubre, la FGR volvía a reconocer que "El Mayo" decía la verdad en torno a la muerte del exrector.

Dos días después de que el líder del cártel de Sinaloa asistiera a una audiencia en NY, la fiscalía confirmaba sus dichos, aunque los disfrazaba de "avance sustancial en la investigación del secuestro de Ismael «Z»; del homicidio del doctor Héctor «N»; así como de la desaparición forzada de varias personas más; en lo cual se encuentra vinculado directamente Joaquín «G»".

La FGR hablaba del secuestro que derivó en el arresto de Zambada, el homicidio de Cuen y la desaparición de los escoltas del "Mayo"… todos los crímenes, presuntamente a manos de Joaquín Guzmán López.

"En finca ubicada en Huertos del Pedregal, Culiacán, fueron hallados indicios hemáticos que han sido determinados con toda precisión, por las unidades periciales federales, que corresponden al exrector de la Universidad Autónoma de Sinaloa; lo cual ratifica la información previamente obtenida, de que en el lugar del secuestro se encontraba dicha persona y que sus huellas de sangre corresponden al tiempo en el que el Ministerio Público de la Federación tiene establecido el momento de su homicidio, el cual ocurrió muchas horas antes del video de una gasolinera difundido localmente, el cual ya ha sido descalificado por la propia FGR", señaló.

Era el golpe demoledor a la endeble versión dada en primera instancia por la Fiscalía de Sinaloa.

"Asimismo, en la batea del vehículo que se utilizó en el montaje de la gasolinera, se encontró sangre humana que corresponde a Rodolfo «C», actualmente desaparecido y que fue referido como integrante del equipo de seguridad de Ismael «Z».

"También, se obtuvo un video claro y preciso de lo confesado por el chofer del doctor Héctor «N», quien niega lo que él mismo había declarado previamente ante autoridades locales, respecto a diversos momentos de la desaparición y muerte del doctor mencionado", decía el comunicado.

Y el penúltimo párrafo del boletín volvía a dejar mal parado al gobernador Rocha Moya, sobre quien se acumulaba una cada vez más pesada losa.

"Todo lo anterior ratifica las investigaciones ministeriales y policiacas que determinaron las presuntas responsabilidades penales y administrativas de policías, ministerios públicos, peritos y personal diverso de la Fiscalía General del Estado de Sinaloa, quienes ya han sido investigados exhaustivamente respecto a su participación en el caso de la muerte de Héctor «N»".

¿Quién, si no el gobierno del estado, tenía los alcances para orquestar todo un montaje que involucrara a tantas instituciones y personas? ¿Cuál fue el objetivo de manipular con tal vileza los hechos? ¿A quién respondía el gobernador de Sinaloa y su gobierno?

El descontrol del presidente y la desconfianza de Estados Unidos

El siguiente capítulo de la disputa con el país vecino del norte que escalaba hasta niveles pocas veces vistos, tuvo como pretexto la reforma al Poder Judicial que AMLO y su 4T empujaron.

La detención del "Mayo" puso tan nervioso a López Obrador que terminó lanzándose contra el embajador de Estados Unidos, Ken Salazar, envolviéndose en una de sus banderas favoritas: la soberanía.

"Los temas relacionados con México, pues nos corresponden a nosotros, no pueden venir extranjeros, ningún gobierno extranjero, a tratar asuntos que solo corresponden a los mexicanos, es un principio básico de independencia, de soberanía, es como si yo pido ir a Washington a dialogar sobre la venta de armamentos para hacer la guerra en el mundo… qué me tengo yo que meter", dijo López Obrador.

La incomodidad era evidente. López Obrador caminaba hacia el ocaso del sexenio entre contradicciones, molesto y con la herida a flor de piel, pero también desconcentrado como boxeador al que la campana acaba de salvar tras un brutal upper cut.

El día de la detención del "Mayo" Zambada en Estados Unidos, el gobierno mexicano se pasmó. No informó… porque no tenía información. Tampoco el día después, ni los que siguieron. Las autoridades estadounidenses no alertaron sobre la operación, tampoco compartieron detalles posteriores al arresto.

¿Por qué, si como se insistió, había tan buena cooperación? ¿Por qué, si como se repitió, había coordinación?

El gobierno de Estados Unidos avisó una vez que tenía bajo custodia al "Mayo" a la Secretaría de Seguridad a través de una llamada telefónica. Ni una palabra hasta ese momento al ejército ni a la Marina. El presidente fue enterado una hora después por los propios funcionarios de su administración. De los vecinos, nada. La descortesía se volvió grosería.

La forma despertaba intriga y alimentaba los nervios en Palacio Nacional. La detención y eventual juicio del capo de capos no sería favorable ni amable para AMLO y sus cercanos.

¿Por qué el gobierno estadounidense, que la misma tarde del 25 de julio ya se colgaba la medalla del arresto, no compartió un mínimo de información con el gobierno mexicano? ¿Por qué la secrecía?

Más todavía, el 26 de julio al celebrar la captura del "Mayo" Zambada y el hijo del "Chapo" Guzmán, el presidente Joe Biden agradeció el trabajo de las fuerzas de seguridad estadounidenses, pero no mencionó la colaboración transfronteriza ni al gobierno de México, mucho menos citó por nombre a López Obrador.

Biden se refirió a Ismael Zambada García y Joaquín Guzmán López como "dos de los líderes más notorios del cártel de Sinaloa, una de las empresas más mortíferas del mundo".

"Elogio la labor de nuestros funcionarios encargados de la aplicación de la ley, que han llevado a cabo esta detención, por su continuo trabajo para llevar ante la justicia a los dirigentes del cártel de Sinaloa", señaló en un mensaje sin referencia alguna a México, que más bien tenía como destinatarios a los electores estadounidenses.

El posicionamiento de Biden tomó por sorpresa en plena *mañanera* a López Obrador que fue cuestionado sin lograr articular una respuesta que dejara bien parada a su administración. "Hay que esperar a ver si la captura fue allá o aquí", dijo.

¿Cómo es que el presidente no sabía dónde se detuvo al criminal mexicano más buscado por EU?

"No tenemos información que lo hayan capturado en México… más tarde vamos a saber", ahondó.

"(La captura) es una muestra de que existe un trabajo conjunto aun cuando en este caso en específico no haya participado ni la Defensa ni la Marina, pero el que haya tomado la decisión de entregarse o ir a EU y correr el riesgo de que allá lo capturaran, significa un avance importante en el combate al narcotráfico", señaló.

¿De verdad? Si algo no mostró la detención del "Mayo" fue la existencia de un trabajo conjunto. Más aún: el presidente habló de que Zambada decidió "entregarse o ir a EU", pero sin elementos para sostener tal cosa. Como ya vimos, el propio capo negó tal cosa, y se dijo emboscado.

"No hay desconfianza (del gobierno de EU), lo capturaron allá… eso es lo que yo pienso hasta ahora", dijo apenas unos segundos después.

El secretario de Seguridad Nacional de Estados Unidos, Alejandro Mayorkas, tampoco mencionó a alguna autoridad mexicana y atribuyó todo el mérito de las capturas a "la Administración Biden-Harris" por su "enfoque implacable, exhaustivo y sin precedentes" para combatir el azote del fentanilo, aproximadamente 100 veces más potente que la morfina y 50 veces más potente que la heroína como analgésico, según la *Drug Enforcement Agency* (DEA)".

Los vecinos del norte abonaban a las sospechas.

Las preguntas se acumulaban. Había demasiadas en el aire. Muchas medias verdades. Conjeturas erráticas. Información confusa. ¿Qué sí sabíamos hasta ese momento? Que México no tuvo nada que ver con la detención, que el presidente López Obrador se enteró hasta horas más tarde. Ah, y que Estados Unidos, a decir del gobierno mexicano, decidió no compartir detalles con el gobierno lopezobradorista. ¿Por qué? Eso lo fuimos averiguando con el correr de los meses.

En un comunicado fechado el jueves 29 de agosto de 2024, la Fiscalía General de la República dio por buena, de manera tácita, la versión que Zambada narró en su carta.

El comunicado subraya que: *en la investigación del caso "Ismael "N", Joaquín "N", la Fiscalía General de la República (FGR), ha obtenido datos probatorios de una secuencia cronológica, la cual se inicia con la excarcelación de Ovidio "G", de una prisión de alta seguridad del sistema carcelario estadounidense, en fecha 23 de julio de 2024 (dos días antes del presunto secuestro de Ismael "N"); desconociéndose, hasta el momento, cuál es el estatus actual de dicha persona y su ubicación dentro del territorio norteamericano.*

Posteriormente, y cuando ya se había cometido el presunto secuestro de Ismael "N", por parte de Joaquín "N", el 9 de agosto de 2024, el

Embajador de los EUA en México manifestó públicamente que Ismael "N", había sido llevado a los EUA, contra su voluntad.

El 10 de agosto, el abogado de Ismael "N", Frank Pérez, publicó en los medios nacionales e internacionales, una declaración del presunto secuestrado en la que describe, con todo detalle, la forma como se llevó a cabo violentamente su propio secuestro; lo cual consta en la carpeta de investigación correspondiente.

Después de lo anterior, el fiscal general de los Estados Unidos de Norteamérica (EUA), en fecha 16 de agosto de 2024, manifestó a esta institución que Ismael "N", llegó a ese país contra su voluntad y que se había tenido conocimiento de varias propuestas de Joaquín "N", para entregarse a las autoridades de los EUA.

Por lo que toca a la aeronave Beechcraft 200 con la que presuntamente se cometieron los delitos referidos, y que el gobierno norteamericano permitió que fuera inspeccionada en su territorio por las autoridades mexicanas, se encontró que esta llevaba la matrícula N287KA y la serie BB1137; ambas falsas y sobrepuestas en esa aeronave; ya que los datos de investigación señalan que la matrícula legal de ese avión era N44JN y la serie original legal BB191.

Además, se obtuvo la información de que la matrícula original norteamericana de esa aeronave, en 2019, era N200TP. Posteriormente, dicha aeronave fue trasladada a Colombia, donde la dieron de alta con la matrícula colombiana HK4658G. Para después, en el 2021, obtener una nueva matrícula en los EUA, N44JN; la cual no es coincidente con la que actualmente ostenta tal aeronave, pues esta es presuntamente falsa y sobrepuesta.

Como consecuencia de lo expuesto, la vinculación entre la situación y ubicación de Ovidio "G"; la participación de su hermano Joaquín en el presunto secuestro de Ismael "N"; la violencia con la que se llevó a cabo el mismo; así como las evidentes irregularidades del avión y del vuelo del secuestro; son materia fundamental de la investigación de esta institución, por los delitos cometidos en México.

Por ello, es indispensable obtener con urgencia la información respectiva; así como también la identificación y documentación del piloto o pilotos de ese avión que hayan intervenido en dicho vuelo, cuya aproximación y aterrizaje en ese país fueron autorizados por las agencias competentes del Gobierno de los EUA; lo cual ya se ha solicitado en dos ocasiones, vía asistencia jurídica internacional; y en tres ocasiones, vía INTERPOL; y hasta el momento no ha habido una respuesta. En razón de lo anterior, la FGR seguirá requiriendo lo procedente, en este caso.

Por lo que toca a la investigación de los hechos ocurridos en Huertos del Pedregal, Culiacán, Sinaloa, relacionados con el homicidio de Héctor "N", y de las supuestas escoltas de Ismael "N", esta institución procederá de inmediato a citar a los servidores públicos de todos los niveles de la fiscalía local, incluyendo a policías y peritos, que hayan intervenido en las diligencias del fuero común, o que tengan algún vínculo con esos hechos para, con ello, precisar los datos pertinentes de su actuación.

La evidencia era contundente, la dependencia convirtió la carta del "Mayo" de 10 de agosto en su principal línea de investigación.

El Ministerio Público Federal aseguró el rancho y centro de eventos Huertos del Pedregal donde se produjo la privación de la libertad y señaló que había elementos suficientes para acusar a Joaquín Guzmán López, hijo del "Chapo" detenido junto a Zambada, por los delitos de privación de la libertad y traición a la Patria. El único cabo suelto que dejaron las autoridades federales fue la supuesta participación del gobernador Rubén Rocha Moya, sobre quien seguían acumulándose indicios.

AMLO se había ido, pero los frentes abiertos del choque con EU permanecían. Casi un mes después de dejar la presidencia, el fiscal que él llevó a la FGR, Alejandro Gertz Mañero, apareció en la *mañanera* de la presidenta Sheinbaum, el 29 de octubre de 2024, afirmando que el gobierno norteamericano no había informado lo suficiente al mexicano, y haciendo evidente el nerviosismo que a varios carcomía.

La respuesta no tardo más que unas cuantas horas en llegar. Ken Salazar apareció con las cartas enviadas al gobierno de AMLO en la mano asegurando que el gobierno de EU sí había informado.

"No se llevó a cabo ningún operativo policial en México. No era nuestro avión, ni nuestro piloto, ni nuestra gente", dijo.

Y fue más allá: "Me sorprende tanto que no se puede decir (que el arresto es) victoria del pueblo de México y de EU". "Lo que pasó en Sinaloa el 25 de julio se debería celebrar tanto por el pueblo de México como el de EU", remató.

Pero en nuestro país pocos en la cúpula gobernante festejaron la captura. Más bien varios, comenzando por AMLO, jamás lograron ocultar su nerviosismo, incomodidad y, en algunos casos, enojo.

Iniciaba el mes de noviembre y supimos, por un texto del periodista Luis Chaparro, publicado en *Proceso* (Año 48, noviembre 2024), que la captura del "Mayo" había sido una operación planeada y dirigida por "El Chapo" Guzmán desde una cárcel en EU, en colaboración con agencias estadounidenses. El reportaje, firmado desde Washington, D.C. afirmaba citando fuentes del gobierno norteamericano y de la propia familia de Zambada, que Guzmán Loera instruyó a sus hijos a entregar al "Mayo", para obtener beneficios en sus condenas una vez llevados a juicio en EU.

Verdad o no, la versión periodística encajaba en la conjetura que AMLO esbozó más de una vez en torno al caso: EU sabía, actuó a sus espaldas y se reservó información para con el gobierno mexicano. ¿Por qué?

¿No confiaban en él? Porque si eso no era desconfianza hacia López Obrador y su gobierno, se parecía mucho.

Vino después un golpe que despejó dudas, y colocó al expresidente en una incómoda posición. El 13 de noviembre, mientras el tabasqueño celebraba su cumpleaños 71 con la melodía de las mañanitas en la conferencia *mañanera* de la presidenta Sheinbaum, el aún embajador de EU en México Ken Salazar, se lanzó a la yugular.

"Desafortunadamente esa coordinación ha fallado en gran parte porque el presidente anterior (AMLO) no quiso recibir el apoyo de los Estados Unidos", dijo el embajador, al referirse a la crisis de inseguridad que azota a México.

"Ahora vemos las realidades que están pasando en Sinaloa, las muertes que se ven donde quiera. Hablar de que no hay problema, es negar la realidad. Se ven los problemas en otras partes de México. Lo que pasó con el padre Marcelo (Pérez) en Chiapas (lo asesinaron tras oficiar una misa, en San Cristóbal de las Casas), la muerte de un sacerdote bueno. La realidad es que hay un problema muy grande en México y por eso el plan de la presidenta Sheinbaum tiene que tener éxito. Y parte de lo que tiene que trabajar, es la relación entre México y EU. No se puede quedar en las explicaciones del pasado, donde queremos invertir como socios y familia en México, pero se rechaza por problemas ideológicos u otras explicaciones que no tienen que ver con la realidad de México", sentenció.

Y demolió la narrativa del sexenio lopezobradorista: "La estrategia de «abrazos, no balazoz» no funcionó".

Salazar le puso una tunda a López Obrador. Y lo hizo el día de su cumpleaños. ¿Coincidencia? En esto no hay coincidencias.

Y si hablamos de casualidades, tampoco lo es que Donald Trump anunciara por esos días que Marco Rubio sería su secretario de Estado. El senador republicano había dicho meses atrás que "López Obrador entregó parte del territorio de México a los cárteles de la droga".

El agua subía de nivel.

Rubén Rocha, el amigo incómodo

Andrés Manuel López Obrador y Rubén Rocha Moya son amigos hace más de 25 años. En 1998, por ejemplo, el primero ya hacía campaña acompañando al segundo en su intento de convertirse en gobernador de Sinaloa. Su relación es tan pública y evidente, como lo fueron los intentos del expresidente de blindar a su amigo al cierre del sexenio. Durante las giras de transición, no hubo estado que AMLO visitara más —haciéndose acompañar de Claudia Sheinbaum Pardo— que Sinaloa.

Ahí estuvo al día siguiente en que se publicó la carta del "Mayo", para cobijarlo. Y ahí estuvo, también, el último fin de semana de su sexenio, a tres días de abandonar la presidencia.

En aquella última ocasión, al tiempo en que López Obrador y Sheinbaum se encontraban en Sinaloa, un grupo delictivo abandonó una camioneta blanca con los cadáveres de varios hombres en su interior y la leyenda "Bienvenidos a Culiacán". No se cumplía aún el primer mes de la escalada de violencia entre dos grupos del cártel de Sinaloa, "Los Chapitos" y la gente de Zambada, que se detonó el nueve de septiembre, y ya se contabilizaban más de 100 asesinatos en la entidad.

Pese al baño de sangre, López Obrador decidió ir a dar un último espaldarazo a su amigo que vivía envuelto en un mar de sospechas.

Antes, el lunes 2 de septiembre la FGR solicitó al gobernador que aportara pruebas de dónde se encontraba el 25 de julio. Ese mismo día el gobernador, a quien nos acostumbramos a ver y escuchar nervioso, dijo que no había declarado, pero que lo haría si la Fiscalía lo llamaba o se lo solicitaba. Descartó cualquier vínculo con el narcotráfico y reiteró lo que ya había dicho semanas atrás, que ese día voló a Los Ángeles para visitar a su familia en California.

"Hay periodistas que tienen interés por que se me compliquen las cosas y sí, tengo que estar expuesto a que se me compliquen las cosas, porque tengo que ir contra la delincuencia, sin importar [de] qué grupo [se trate]", señaló el mandatario. "Si me investigan, nada me descubren a mí", comentó.

La versión del gobernador sobre su paradero el 25 de julio se fue resquebrajando, porque fue incapaz de despejar dudas. Más bien, las alimentó. Luis Chaparro, periodista con experiencia en temas de narcotráfico, publicó un reportaje en el que puso en duda la veracidad del viaje que el gobernador afirmó haber realizado el mismo día de la captura del "Mayo".

Basándose en fuentes del Departamento de Supervisión e Inteligencia de la Oficina de Aduanas y Protección Fronteriza (CBP) de Estados Unidos, el periodista reveló que no existían registros de que Rocha hubiera ingresado a Estados Unidos ese 25 de julio, contradiciendo la versión oficial del mandatario.

Chaparro precisó en su reportaje que los documentos que el mandatario mostró, con los que intentó demostrar que estuvo en los Estados Unidos pueden tramitarse con facilidad a través de internet. Y afirmó que una fuente le indicó que el gobernador habría dado su celular a otra persona para que la información de geolocalización también coincidiera.

Pese a las crecientes dudas, Rocha siguió sin exhibir sellos en su pasaporte o algún elemento o documento que diera fe de su estancia en EU. Y respondió, durante su conferencia semanal del 14 de octubre, desestimando los señalamientos y calificando la investigación periodística como "absurda", motivada por intereses políticos y, en el extremo, acusó a Chaparro de incitar a la violencia en su contra.

"Lo único a lo que están contribuyendo es que uno de los grupos criminales agarre rivalidad conmigo", dijo el gobernador, responsabilizando a la prensa por su seguridad.

Trató de esquivar el dardo, pero el mandatario siguió sin despejar la interrogante central, que sería muy fácil de clarificar. ¿Dónde estuvo realmente?

¿A qué grupo criminal se refería cuando señalaba que podría agarrar "rivalidad" con él?

No son pocos los materiales periodísticos que vinculan al gobernador, algunos de sus hijos y personajes clave de su administración, con "Los Chapitos", una de las escisiones del cártel de Sinaloa. Durante la crisis de violencia, entre septiembre y octubre, por ejemplo, en distintos momentos hubo mantas y volantes que hacían alusión directa a la complicidad entre el mandatario y los hijos del

"Chapo". De hecho, quizá esa sea la principal razón de la escalada que ha dejado cientos de personas muertas, secuestradas y desaparecidas en el estado.

Casi un mes después de que su amigo se mudara de Palacio Nacional, el gobernador comenzó a sentirse descobijado. Estaba más preocupado por su futuro, que por el de su estado. Más ocupado buscando arropo, que dando seguridad a los sinaloenses. El mandatario estaba desesperado por salvar el pellejo.

A 45 días de la espiral de crímenes, el 24 de octubre, fue a pedir ayuda y a implorar que no lo dejaran a su suerte.

El gobernador comenzaba a percibirse él mismo como apestado dentro de la 4T y fue por apapacho.

El coordinador de la mayoría en San Lázaro, Ricardo Monreal lo abrazó y sonriente le mostró su respaldo. Lo mismo hizo el resto del grupo parlamentario de Morena ahí y en la cámara alta.

"El gobernador nos pidió confiar en él. Y todos le creemos", declaró aquel día el senador Ignacio Mier. ¿Habrá medido sus palabras? ¿Quién en su sano juicio metería las manos por un mandatario señalado de nexos con la delincuencia organizada, por la propia delincuencia organizada?

Rocha no ha dejado de estar bajo la lupa desde que el propio líder del cártel de Sinaloa aseguró que el día en que fue secuestrado por Joaquín Guzmán López, hijo del "Chapo" y trasladado contra su voluntad a EU, donde fue detenido, se reuniría con él.

Las sospechas crecieron cuando el aparato estatal fabricó un montaje (a decir del propio Zambada y la FGR) para tratar de ocultar el asesinato del exrector de la Universidad Autónoma de Sinaloa, Héctor Melesio Cuen, enemigo político del mandatario, a la misma hora y en el mismo sitio donde "El Mayo" fue emboscado.

El gobernador se había convertido en un lastre y lucía rebasado. Ya era símbolo de incapacidad y descrédito.

Rocha se paseaba con sospechosa frecuencia por la CDMX. Buscaba cercanía con la presidenta y se colaba en cuanto evento pudiera para tomarse la foto. El 25 de noviembre, exactamente cuatro meses después de la detención del "Mayo", saliendo de un evento con Sheinbaum en Xochimilco, patinó.

"Ha habido encuentros entre grupos criminales y la autoridad", señaló ante reporteros. Más tarde, en un comunicado, el gobierno estatal negó lo dicho por el gobernador, que gustaba de culpar a los medios. "Quieren la nota roja", dijo Rocha un día después, mientras los medios reportaban la destrucción a balazos de decenas de cámaras de videovigilancia en Culiacán y el abandono de cinco cuerpos frente a instalaciones de la Universidad Autónoma de Sinaloa. Su estado, por cierto, venía de ser la entidad con más homicidios el fin de semana previo: 23 asesinatos. El gobernador ya era un cadáver político.

Sobre él, penden un montón de dudas y sospechas. Las preguntas lo envuelven. Y sucede que su suerte, ya no solo es la de él. En ese tren viajan otros, como su amigo Andrés Manuel López Obrador.

Se rompió la "pax narca"

Tras la destrucción de la ciudad y del Templo de Jerusalén por parte de las fuerzas romanas comandadas por el futuro emperador Tito en el año 70, su padre Vespasiano hizo depositar todos los tesoros arrebatados a los hebreos en su nuevo templo de la *Pax* erigido en Roma; tan solo se excluyeron los rollos de la Torá y los cortinajes de púrpura del Templo de Salomón. Había concluido la llamada "guerra judía".

Desde entonces se acuñó el término *pax romana* para referirse a un periodo de dos siglos de aparente estabilidad hacia afuera y fronteras adentro del Imperio Romano. Sin embargo, el término ha sido utilizado de manera incorrecta.

En realidad, su verdadero significado se acerca más al de nuestra historia.

Durante décadas, pero en particular desde 1971 cuando el entonces presidente de Estados Unidos, Richard Nixon inició la "Guerra contra las drogas" y creó la DEA, el floreciente negocio del narcotráfico en México había pasado de manera subrepticia a la agenda de los grandes temas nacionales. En el México del priismo setentero, los acuerdos entre los grandes grupos de los barones de la droga se hacían bajo la mirada patriarcal y cómplice de los gobernantes en turno en sus tres esferas de gobierno.

Durante las administraciones de Echeverría, López Portillo, de la Madrid, Salinas de Gortari, Zedillo, incluso Fox permeó la denominada "pax narca" entendida en el sentido romano de la palabra: no se trata tanto de "paz" en modo estricto, sino de "pacificación". No había tranquilidad y cero violencia, había acuerdos y compromisos que se respetaban bajo pena de derramamiento de sangre. "Códigos", les llamaban. Tal vez los más notables, aunque no los únicos, eran "no calentar la plaza" y "respetar" a mujeres y niños.

Esta "pax narca" no estuvo exenta de acontecimientos que saltaban a las primeras planas en los diarios de un país que lentamente perdía la ingenuidad.

Desde el inicio de la "Operación Cóndor" bajo la guía del entonces Procurador General de la República, Pedro Ojeda Paullada en los estados de Chihuahua, Sinaloa y Durango (el "Triángulo Dorado") que en 1975 tuvo la intención de destruir los cultivos de marihuana y amapola que se sembraban en sus montañas hasta la administración de Vicente Fox cuando surgieron nuevas organizaciones criminales violentas, como "Los Zetas" y "La Familia Michoacana", y desde la fuga de Alberto Sicilia Falcón, pionero en el desarrollo de túneles para escapar de prisión mediante el pago de millonarias mordidas, hasta las dos fugas de Joaquín "El Chapo" Guzmán, México vivió bajo ese extraño pacto, esa "pacificación", esa "pax narca".

La situación cambió radicalmente con la llegada de Felipe Calderón al poder en 2006. Urgido de una legitimidad puesta en duda por la teoría lopezobradorista del "fraude electoral" de 2006, el segundo panista en llegar a la presidencia empeñó todo el peso del Estado mexicano en una "guerra contra el narco" y durante su sexenio se registró el asesinato de más de 120 mil personas.

Se destapó la "caja de Pandora" y una docena de cárteles del narcotráfico lucharon entre sí y contra el gobierno por controlar el territorio y las rutas de trasiego de las drogas en el país, lo que generó luchas violentas, despiadadas, brutales, donde todos los acuerdos previos se desbarataron y no solo se "calentaban las plazas", sino que la violencia se hizo extensiva a la población civil sin distinción, niños y mujeres incluidos.

La acción del gobierno calderonista pulverizó a varios cárteles que se fueron fragmentando en células cada vez más violentas y crueles sin nada que perder y mucho que ganar. En menor medida, Enrique Peña Nieto repitió la fórmula y cosechó, en su administración del 2012 al 2018, el mismo resultado: una guerra perdida.

Al llegar López Obrador a la presidencia en 2018 se vivió una suerte de retroceso en el tiempo. Regresamos a la década de los setenta, al priismo más arcaico; ese en el que se formó el tabasqueño.

Bajo una frase que se convirtió en infame, el Estado mexicano bajó los brazos, inició el reparto de dinero a diestra y siniestra como si fuera solución mágica a la cooptación de jóvenes por parte de la delincuencia organizada y se concentró en, según sus propias palabras, "atender las causas de la violencia". Esa fue su "estrategia de seguridad".

Pero que nadie se llame a engaño. AMLO lo advirtió.

El 11 de abril de 2012, el entonces candidato a la presidencia, Andrés Manuel López Obrador dijo durante una conferencia de prensa, "la república amorosa es honestidad, es justicia y es amor. En el caso que nos ocupa de la violencia y de la inseguridad pública, podemos resumir: abrazos y no balazos".

Ese cambio de estrategia se reflejó en menos enfrentamientos de la Secretaría de la Defensa Nacional, y menos personas fallecidas a manos de las Fuerzas Armadas que en sexenios anteriores; además de menos personas detenidas por narcotráfico, y un nivel menor de aseguramiento y erradicación de drogas como la mariguana. Sin embargo, la muerte nunca se detuvo y el gobierno de López Obrador se convirtió en el que acumuló más violencia en la historia desde la Revolución Mexicana con más de 200 mil homicidios y miles de desaparecidos; en promedio, uno cada hora del sexenio.

Nada quebró esa nueva "pacificación" durante el sexenio.

Hasta que llegó el 25 de julio de 2024 y pese a los intentos desesperados de López Obrador quien nunca dejó de llamar "señor" al "Mayo" Zambada y tampoco se cansó de repetir que él y su gobierno no tuvieron nada que ver con la captura, finalmente se quebró la "pax narca" reinaugurada en 2018.

En Sinaloa comenzó a escalar el enfrentamiento entre el grupo del "Mayo" y "Los Chapitos". A partir del lunes 9 de septiembre y sin tregua, pese al cambio de administración federal el 1 de octubre, la entidad fue escenario de balaceras, bloqueos, quema de vehículos y enfrentamientos interminables con su gran caudal de muerte. Los muertos se apilaron y se contaban por cientos.

El presidente minimizó los hechos y tachó de "alarmistas" a los medios que cubrían la violencia sin fin. El gobernador aseguraba que "todo estaba en calma", mientras la realidad dictaba otra cosa. Ya no parecía haber punto de retorno. Trascendió que "El Mayito flaco", hijo de Ismael "El Mayo" Zambada, dio la orden de atacar al grupo de los "Chapitos". "El Mayito" habría buscado reunirse con Iván y Jesús Alfredo, los hijos mayores de Joaquín "El Chapo" Guzmán, para apaciguar los ánimos, pero no se concretó el encuentro… y la sangre comenzó a correr a raudales.

"Todo es culpa de los gringos"

Y entonces Sinaloa quedó sola a su suerte.

El Estado mexicano abdicó en su principal tarea: dar seguridad a las personas. Renunció a su responsabilidad. Lo hizo con toda convicción. El presidente López Obrador así lo decidió. Como los abrazos no funcionaron, mejor la rendición. Que los criminales se encarguen, que quede en ellos procurar la paz. El gobierno se lavó las manos.

¿Quién lograría contener la espiral de ejecuciones, desapariciones, balaceras, robos y bloqueos? El gobierno no. Si acaso, la buena voluntad de los criminales. Frenar la ola de violencia comenzó a depender de que los grupos de la delincuencia organizada actuasen "con un mínimo de responsabilidad", como dijo el presidente López Obrador en su *mañanera* del 13 de septiembre, pidiendo a sus integrantes hacer caso a las palabras del "Mayo" Zambada en su carta. Ver para creer.

El cese de la violencia, pues, se recargaba, insisto, en que los grupos criminales hicieran caso a las palabras del "Mayo", repetidas por AMLO, y se portaran bien. Por supuesto que no sucedió. Los muertos se acumularon. Nadie en el gobierno lopezobradorista puso orden en Sinaloa. El general Francisco Jesús Leana Ojeda, en aquel momento comandante de la Tercera Región militar, acompañado del gobernador de Sinaloa, lo dijo con todas sus letras el 16 de septiembre en plena celebración de nuestra independencia.

¿Cuándo regresará la normalidad a Sinaloa?, le preguntaron.

"No depende de nosotros: depende de los grupos antagónicos que dejen de hacer su confrontación entre ellos para que la población viva en paz y tranquilidad", aseguró Leana Ojeda quien, por cierto, fue removido de su responsabilidad al siguiente día de la toma de posesión de Claudia Sheinbaum como presidenta.

AMLO heredaba un caos incontenible. El último iba a apagar las luces. En los hechos, fuimos testigos de la renuncia del Estado mexicano a su principal obligación. Por política de López Obrador, no se enfrentaría a las bandas criminales, les pedirán que fueran "responsables" y esperarían a que "dejen de hacer su confrontación". Los ciudadanos, sin gobierno, quedaron a expensas de los criminales.

En plena desesperación, a tres días de la desafortunada declaración de Leana Ojeda, y sin un solo argumento al cual asirse, López Obrador culpó directamente al Gobierno de Estados Unidos de ser "corresponsable" de la ola de violencia que azotaba a Sinaloa.

El presidente reprochó por enésima ocasión a Washington que no tomara en cuenta al Gobierno de México en el operativo de captura de Ismael "El Mayo" Zambada ni considerara el impacto de la detención. Incluso acusó un "arreglo" y exigió a los vecinos del norte transparentar las circunstancias del arresto y detallar a qué acuerdo llegaron con "Los Chapitos" para concretarlo.

"Debido a ese arreglo, que todavía no conocemos en qué consistió, nos produjo a nosotros en Sinaloa la confrontación que se está dando", aseguró López Obrador.

La respuesta no esperó ni 24 horas. Al día siguiente en el transcurso de una gira en Chihuahua, el embajador de Estados Unidos en México, Ken Salazar, respondió a las acusaciones del presidente y negó que su país tuviera la culpa de la creciente ola de violencia en Sinaloa.

"No se puede entender cómo puede ser la responsabilidad de los Estados Unidos de las masacres que vemos en diferentes lugares, como lo que se vio en Morelos ayer o lo que se está viendo en Sinaloa, eso no es culpa de los Estados Unidos" afirmó Salazar quien fue categórico: "La realidad es que hay un problema de inseguridad y violencia".

Si la frase no encerrara una tragedia humana sin precedentes, resultaría hasta cómica: ¿Ahora resulta que la culpa es de Estados Unidos?

Andrés Manuel López Obrador reconoció de facto, en las postrimerías de su sexenio, que su "estrategia" era no tocar a los criminales; dejarlos hacer. Como los abrazos fracasaron, terminó claudicando. Por decisión (y convicción) abdicó en su responsabilidad y obligación de dar seguridad a los ciudadanos y detener criminales.

Siguió incómodo (y enojado) con la detención del "Mayo".

¿Por qué le molestó tanto? EU y millones de mexicanos, se lo siguen preguntando. Quizá pronto tengamos la respuesta.

El juicio del "Mayo": sálvese quien pueda

Empezamos con Roma, terminemos con ella.

Tal vez una de las expresiones más populares derivada de la cultura madre de Occidente (junto a la griega) sea "Todos los caminos conducen a Roma". Según diferentes estudios, el origen de la frase está en el *Milliarium Aureum*. Este monumento ubicado en el Foro del Monte Palatino fue construido en el año 20 antes de Cristo por el emperador Augusto y marcaba el punto de arranque de todas las calzadas romanas. Lo que el primer emperador de Roma quería poner en evidencia era el papel que tenía su ciudad en el planeta: nada estaba fuera de su órbita, era el centro del mundo y todo se movía bajo la atenta mirada del Imperio Romano.

El 2 de octubre de 2024 todos los caminos del narcotráfico condujeron a la Corte del Distrito Este de Nueva York donde se anunció que, por un ajuste de último momento en su calendario, Ismael "El Mayo" Zambada y Genaro García Luna comparecieran ante el mismo tribunal en Brooklyn con un par de días de diferencia.

El secretario de Seguridad Pública y zar antidrogas durante el gobierno de Felipe Calderón fue condenado a 38 años de prisión el 16 de octubre de 2024. El capo de 76 años, fundador y líder histórico del cártel de Sinaloa, tuvo su primera vista ante el juez Brian M. Cogan dos días más tarde, el 18 de octubre.

"El Mayo" conoce como pocos los entretelones del mundo del narcotráfico. Ha sido testigo de complicidades, acuerdos y pactos. Más de 60 años de carrera criminal lo colocan como una leyenda del narco. Si no lo sabe todo, lo sabe casi todo. Ahora, traicionado y sentado en el banquillo de los acusados, ¿cuánto de lo que conoce, vio, escuchó y acordó, dirá? ¿Revelará complicidades? ¿Negociará? ¿Arrastrará a políticos con los que tuvo vínculos? ¿Con cuántos priistas negoció? ¿Lo hizo también con gobiernos emanados del PAN? ¿Y de la 4T? ¿Es el gobernador de Sinaloa uno de esos personajes?

En plena ola de violencia en Sinaloa, el viernes 13 de septiembre de 2024 la entonces candidata demócrata a la Presidencia de

EU, Kamala Harris advirtió que sería implacable contra el cártel de Sinaloa, el mismo al que el gobierno lopezobradorista parecía haber tolerado hasta la complicidad.

Ni ella ni Donald Trump fueron suaves en sus señalamientos hacia los grupos criminales mexicanos. ¿Preludio de lo que vendría? ¿Advertencia?

Desde Pensilvania, estado clave en la elección presidencial de Estados Unidos, Harris prometió poner especial énfasis en el combate al narcotráfico, sobre todo, contra organizaciones criminales dedicadas a la distribución de drogas en ese país. En un evento de campaña, acusó al cártel de Sinaloa de ser el principal responsable de fabricar y distribuir "veneno" como el fentanilo entre menores y jóvenes estadounidenses.

"Como fiscal general de un estado fronterizo (California) me enfrenté a organizaciones criminales transnacionales, como el cártel de Sinaloa, que amenazan la seguridad de nuestras comunidades. Me aseguraré de procesarlos con todo el peso de la ley" afirmó.

Ese mismo día "El Mayo" Zambada se había declarado no culpable de 17 cargos, entre los que se incluyen conspiración para asesinato, narcotráfico, pertenencia a empresa criminal y posesión de armas.

Aunque la ley en Nueva York dicta que el juicio debe comenzar dentro de los 60 días posteriores a la primera comparecencia del acusado, el juez de instrucción James R. Cho hizo una excepción en este caso debido a su gran complejidad y a la abundancia de documentos para la investigación.

"El señor Zambada ha sido, y puede que siga siendo, uno de los mayores y más peligrosos narcotraficantes del mundo que con el comercio de estupefacientes y con la violencia de su empresa criminal participó en sobornos, tortura y asesinato de civiles y miembros de cárteles rivales", aseguró Francisco Navarro, Fiscal de la Corte Federal de Brooklyn, sobre el capo de capos.

"El Mayo" podría enfrentarse incluso a pena de muerte —pese a ser abolida en el estado de Nueva York en 2004— si las autoridades estadounidenses consideran que, con su papel crucial en el cártel de Sinaloa, actor principal en la crisis de sobredosis por fentanilo en Estados Unidos, incurrió en graves delitos como asesinatos en masa o crímenes de terrorismo.

El juicio del "Mayo" ha puesto a temblar a más de uno. Con temor y nerviosismo, es seguido por una clase política mexicana que atestiguó el crecimiento y empoderamiento de un grupo criminal con alcances míticos que protagonizó lo mismo series de televisión, que películas, canciones y decenas de libros. El poder sin medida alcanzado por el cártel de Sinaloa sería difícil de explicar sin la participación activa de una clase política que poco hizo por contenerlo, y más bien lucró con él. Más que adversarios, fueron aliados.

Al cierre de 2024 e inicios de 2025, la figura de López Obrador y varios de sus incondicionales más cercanos, seguían bajo el reflector. Ya no era el poder formal el que los hacía brillar, sino la lupa colocada sobre ellos. Y aunque las miradas apuntaban a Brooklyn, en realidad la atención estaba puesta en el escenario nacional.

No solo todos los caminos del narcotráfico mexicano conducían a NY, a la Corte del juez Cogan, sino también las más oscuras y retorcidas sendas de la política mexicana y sus protagonistas tenían una misma dirección.

Sálvese quien pueda. Los datos, revelaciones y documentos amenazaban con ensuciar la trayectoria de quienes se presumían libres de culpa, puros e incorruptibles. En el "año siete" el poder de defensa de López Obrador ya no era el mismo. Sin la vitrina de las *mañaneras*, su suerte ya no dependía de él mismo.

3. AMLO, PREGUNTAS Y SOSPECHAS

"Ustedes se sienten bordados a mano, como una casta divina, privilegiada…
Por encima de la ley, está mi autoridad moral".
Andrés Manuel López Obrador, presidente de México

¿#Narcopresidente?

18 de febrero de 2024. El sol cae a plomo sobre la plancha del Zócalo en la Ciudad de México. Más de 700 mil personas según los organizadores (solo un poco más de 100 mil aseguró el gobierno capitalino) llenan la principal plaza pública del país, su corazón político, en la llamada "marcha por nuestra democracia". Exigen elecciones limpias y seguras; comicios donde los ciudadanos puedan participar en condiciones de libertad, seguridad y normalidad democrática. Faltaban poco más de 3 meses para la elección federal. Tiempo después, para algunos, esas demandas nunca se cumplieron.

Repentinamente, como trueno en día sin nubes, una palabra tomó fuerza y comenzó a corearse retumbando hasta las paredes del Palacio Nacional.

"¡Narcopresidente! ¡Narcopresidente! ¡Narcopresidente!"
La arenga permaneció en la mente y oídos de los participantes mientras se potenciaba también en redes sociales, hasta alcanzar los 100 millones de retuits en X, la red social antes conocida como Twitter… fue tendencia varios meses, incluso semanas posteriores a los comicios.

Para el partido en el gobierno se trataba de una estrategia de "descrédito" en contra del presidente López Obrador y tenía evidentes tintes electorales. En realidad, venía de tiempo atrás, casi desde el inicio mismo de sexenio, pero alcanzó nuevo ímpetu luego de la publicación simultánea, el 30 de enero de 2024, de tres reportajes en medios internacionales que abordaban el mismo tema y hacían eco de la misma denuncia: "De acuerdo con una investigación realizada entre 2010 y 2011 por el Departamento de Justicia de los Estados Unidos y la DEA, el cártel de Sinaloa aportó entre 2 y 4 millones de dólares a la campaña de Andrés Manuel López Obrador en 2006".

Una de las extensas notas aparecía en el reputado medio independiente estadounidense *ProPublica*, otra en la agencia alemana de noticias más prestigiada desde finales de la Segunda Guerra Mundial, *Deutsche Welle* y finalmente la tercera en *InSight Crime*, una fundación dedicada al estudio del crimen organizado en Latinoamérica y el Caribe.

La primera publicación la firmaba Tim Golden (dos veces ganador del Pulitzer), la segunda Anabel Hernández (antes calificada como "valiente" por AMLO) y la tercera Steven Dudley.

Como consecuencia de los reportajes, la sombra de la duda cayó sobre López Obrador a quien se acusaba cada vez con mayor soltura de tener vínculos con el narcotráfico. La etiqueta #narcopresidente cobró fuerza y fue convirtiéndose en tendencia, incluso mundial.

El entonces presidente y su 4T, incluidas voces y plumas militantes, reaccionaron de manera similar: rechazaron el contenido de los textos y atizaron contra los periodistas que los publicaron.

El intento de minimizar el hashtag fracasó porque el propio señalado no dejó de citarlo *mañanera* tras *mañanera*.

Pese al cobijo en sus conferencias de un aparato bien aceitado de "periodistas" a modo y *youtubers*, AMLO lucía colérico con aquellos que permanecían fuera de su control.

Tan molesto estaba, que optó por atropellar la ley. Lo hizo sin recato ni pudor. Y lo presumió. Lo hizo, además, de manera ventajosa, desde el máximo poder y, para no dejar espacio a dudas, ante millones de personas.

En su *mañanera* del 22 de febrero de 2024, enojado por una investigación periodística del diario *The New York Times* que retomó la indagatoria de la DEA que señalaba vínculos de colaboradores y familiares de AMLO con el narcotráfico para financiar la campaña presidencial de 2018, exhibió el número telefónico personal de la periodista Natalie Kitroeff, jefa del buró de investigaciones del periódico, para México, Centroamérica y el Caribe.

Al otro día, cuestionado por la periodista Jesica Zermeño, de Univisión, justificó el acto que violó el derecho que tienen todas las personas a mantener sus datos personales como privados, argumentando que "es su derecho", que "por encima de la ley está mi autoridad" y remató diciendo que "lo volvería a hacer".

Ni el presidente ni nadie tiene derecho a hacer pública información privada de una persona, pero López Obrador evidenció en distintos momentos su desdén por la ley y el derecho de terceros. Esta solo era otra raya más al tigre.

AMLO colocaba así en situación de riesgo a una persona exhibiéndola, máxime tratándose de una periodista en un país en el que asesinan con trágica frecuencia a comunicadores.

"Ustedes se sienten bordados a mano, como una casta divina, privilegiada. Si la periodista del *NYT* está muy preocupada, que cambie su número de teléfono", recomendó el presidente a la colega agredida.

Ni ella ni nadie tendría que cambiar su teléfono por miedo a amenazas o ataques, mucho menos estos deberían ser orquestados o alimentados desde el poder.

Tras 29 minutos de intercambio entre Zermeño y López Obrador, el presidente estalló: "Bájenle una rayita a su prepotencia".

Esos 29 minutos fueron, hasta entonces, de los más caóticos de cuantos hayamos visto en una *mañanera*. El presidente se mostró molesto, descolocado y autoritario.

¿Cómo entender que el jefe del Estado mexicano se rebajara, como peleador de cantina, a amedrentar periodistas porque no le gusta el trabajo que realizan?

"¿Volvería a presentar un teléfono privado de uno de nosotros?", preguntó Zermeño.

"Claro" respondió AMLO.

"¿Qué hacemos con la ley de transparencia?", cuestionó la periodista.

"Por encima de esa ley está la autoridad moral y la autoridad política", sentenció.

Ya no había más que decir. La respuesta fue tan surreal como contundente y descriptiva.

¿No el presidente debía ser el primero en respetar la ley? ¿No lo juró ante el Congreso en su toma de posesión? "Guardar y hacer guardar la Constitución y las leyes que de ella emanen", protestó. ¿Y entonces?

Las "benditas redes sociales" ya no lo eran tanto. El dejo autoritario mostrado en el púlpito de Palacio Nacional no alcanzaba para que su narrativa permeara en las redes, donde la conversación cada vez se tornaba más hostil hacia él.

La etiqueta #narcopresidente crecía incomodando a un López Obrador que repetía hasta la saciedad que las acusaciones eran "injurias" y "calumnias", pero no atinaba a delinear una estrategia que no fuera solo reactiva. La 4T no hallaba cómo zafarse del tema.

Ana Elizabeth García Vilchis, lectora de la sección en la *mañanera* "Quién es quién en las mentiras de la semana", acusaba una campaña "feroz" de la oposición, y aseguraba que había "nado sincronizado". Mario Delgado, entonces presidente de Morena, decía que la oposición financiaba una "mafia digital" y afirmaba sin más evidencia que sus dichos, que invertía un millón de dólares como parte de una guerra sucia para afectarlos electoralmente.

Pero de poco importaba ya lo que se aclarara en Palacio Nacional o su periferia. Pese a argumentos, acusaciones, ataques, mentiras y desmentidos, la duda quedó sembrada. La etiqueta no dejó a López Obrador y, desde entonces, lo acompaña. Y ahora, en su "año siete", con más fuerza.

García Luna acusa

Quien, pese a lo endeble de su credibilidad y probidad, abonaría al tema unos días antes de que concluyera el sexenio de López Obrador, fue uno de sus villanos favoritos: Genaro García Luna.

Faltaban 13 días para la conclusión del mandato del tabasqueño y el secretario de Seguridad Pública durante el gobierno de Felipe Calderón hizo pública una carta en la que acusó que existían registros de contacto entre AMLO y líderes del narcotráfico, incluidas familiares de narcotraficantes que testificaron en su contra. Más todavía: aseguró que esa, la relación inconfesable entre los cárteles de la droga y la casta en el poder, era la razón que propulsaba la reforma al Poder Judicial.

Estos hechos son conocidos con la reciente captura del narcotraficante Ismael Zambada "El Mayo"; la carta emitida por él donde señala los vínculos del actual gobierno con él y el narcotráfico, la posición del gobierno de México contra la captura del capo y el desmantelamiento del Poder Judicial de México (jueces, magistrados, ministros y Corte), cuyos principales beneficiarios son los criminales, hechos ratificados con la suspensión de recientes relaciones oficiales entre México y Estados Unidos", dijo el exfuncionario.

La carta apareció fechada el 13 de septiembre. Redactada por García Luna a mano, desde el Centro de Detención Metropolitano en Brooklyn, Nueva York, donde se encuentra recluido desde diciembre de 2019. Con letra apretada, temblorosa, llena de vocales redondas pero mal cerradas, denunció lo que calificó como persecución política armada tanto por las autoridades estadounidenses como mexicanas, y nuevamente se declaró inocente ante las acusaciones de vínculos con el narcotráfico.

Genaro García Luna narró que, en 2019, fue arrestado en Texas por agentes de la DEA y aseguró que, desde el primer momento, se le ofreció un acuerdo con la fiscalía para reducir su condena si aceptaba el cargo de culpabilidad.

Según García Luna, este acuerdo no tenía como objetivo denunciar a narcotraficantes, sino implicar a personas e instituciones que afectarían "el desarrollo, la paz pública y la vida institucional del país".

Y ya encarrerado en el reparto de culpas, acusó a los fiscales de intentar involucrarlo mediante grabaciones encubiertas, realizadas por compañeros de celda; pruebas que, según el exfuncionario, fueron desechadas por la corte que lo juzgaba.

No es que la palabra de García Luna gozara de confianza y credibilidad. Pero el río sonaba y las aguas parecían moverse en una misma dirección.

¿Cuánto valen los dichos de un criminal, capaz de decir cualquier cosa con tal de obtener un beneficio ante la justicia? Muy poco. Pero la calumnia "cuando no mancha, tizna", decía AMLO, y la investidura presidencial ya estaba sucia en el ocaso. Ya no se trataba tanto de quién lanzara el dardo, sino que el blanco era el mismo. No eran voces aisladas. Era un coro en el mismo sentido.

Otra vez, el aparato de comunicación del gobierno mexicano hizo su tarea: minimizó la carta, rechazó las acusaciones evidenciando que ni García Luna ni nadie podían tocar al líder máximo de la 4T ni con el pétalo de una palabra.

El saludo a la mamá del "Chapo":
¿Acuerdos inconfesables?

Con esa carta, aparentemente García Luna brindaba una despedida al presidente y remachaba el epíteto de #narcopresidente que tanto incomodaba al aún habitante de Palacio Nacional.

Sin embargo, como señalamos, las preguntas y sospechas acompañaron al tabasqueño casi desde el inicio de su administración cuando intentó contrastar y desmarcarse de la fallida "guerra" contra el narco iniciada por Felipe Calderón.

De hecho, uno de los acontecimientos que ocasionó que su administración fuese vinculada con el crimen organizado se registró poco después de cumplir 60 días al frente del Gobierno federal.

El 12 de febrero de 2019, Joaquín Guzmán Loera, uno de los iconos del cártel de Sinaloa, fue encontrado culpable de narcotráfico en Estados Unidos. Horas después su madre, María Consuelo Loera Pérez, envió una carta al entonces presidente pidiendo su intervención para repatriar al narcotraficante a México y conseguir visas humanitarias para ella y parte de su familia.

En la carta, aseguró que su hijo había sido entregado ilegalmente a las autoridades estadounidenses por el gobierno de Enrique Peña Nieto, además de referir que llevaba más de cinco años sin reunirse con él.

El hecho trascendió como cualquier otra noticia de interés general para luego yacer en el olvido noticioso de un país devorado por el vértigo informativo.

México se encontraba en la efervescencia del nuevo gobierno que —prometió— demostraría que, tras 18 años de campaña, López Obrador sí sabría cómo hacerlo, limaría sus aristas más radicales y gobernaría para todos. "Abrazos y no balazos" aparecía como la fórmula mágica para acabar con la violencia… habría que tener paciencia y dejarle florecer bajo el "beneficio de la duda".

Poco más de un año después, en marzo de 2020, López Obrador dejó boquiabiertos a millones con un acto que desataría más preguntas y sospechas.

Durante una de tantas visitas a Badiraguato, Sinaloa, cuna de Joaquín "El Chapo" Guzmán y de otros narcotraficantes, el presidente de México que siempre llamó "señor Guzmán" al líder criminal, se encontró con la madre del narco, y la saludó de mano.

El encuentro quedó registrado en un video de 30 segundos de duración, en el que se escucha a López Obrador decir con naturalidad y casi afecto: "Te saludo, no te bajes. Ya recibí tu carta".

Aunque el breve episodio entre la madre de Guzmán Loera y López Obrador ocasionó un sinfín de comentarios e interrogantes, fue solo el remate a una idea que germinaba en la mente de muchos: había vínculos, relaciones inconfesables, amistad o, en el menor de los casos, respeto entre el presidente y la familia de quien ya era reconocido como el capo del narcotráfico más importante del siglo XXI cuyo nombre alcanzaba alturas míticas.

Para propios y extraños, las aguas alcanzaban su cauce natural, y entonces el "culiacanazo" cobró sentido. El 17 de octubre de 2019, Culiacán fue escenario de múltiples enfrentamientos armados, narcobloqueos y otras acciones criminales, consecuencia de la detención de Ovidio Guzmán López, "El Ratón", el menor de "Los Chapitos".

Pese a que todo apuntaba que López Obrador había conseguido su primera gran detención del sexenio y que —como se repetía en el discurso oficial— no habría impunidad para nadie, en un hecho inaudito, pocas horas después de la captura, el presidente ordenó su liberación. El argumento para hacerlo fue débil, inconsistente y escandaloso.

"Lo más importante es la protección de los ciudadanos, proteger la vida de los seres humanos en general", dijo AMLO, reconociendo la debilidad del Estado frente al poder criminal.

El "culiacanazo" desnudó lo endeble del aparato de seguridad y justicia, y en los hechos se convirtió en uno de los mayores fracasos en materia de combate al crimen en el sexenio de López Obrador.

Aquel 17 de octubre, el entonces presidente dio la instrucción directa, según relató él mismo, de liberar a Guzmán López, que estaba en poder de un grupo de élite de la Secretaría de la Defensa, en Culiacán.

Alrededor de las 16 horas de ese día, Ovidio fue capturado en el interior de una casa ubicada en la calle José Muro del Pico, del Fraccionamiento "Tres Ríos". Menos de media hora más tarde, los elementos el ejército pidieron al presunto narcotraficante persuadir a sus hermanos para que ordenaran el cese al fuego y los enfrentamientos que se habían desatado en Culiacán.

Esposado y sometido por los soldados, habló por teléfono con su hermano Iván Archivaldo Guzmán. "Paren todo el desmadre", les dijo. Su hermano se negó y amenazó al personal militar y sus familias. Alrededor de las 16:30 horas se reportaron los primeros militares heridos por las agresiones de los grupos armados.

Hasta ese momento, el presidente —según sus propios dichos— no tenía conocimiento del operativo. Fue hasta las 16:45 horas, que le informaron lo que ocurría.

Una hora después de la detención, a las 17:04 horas se reportaron agresiones a instalaciones militares en distintos puntos de la capital sinaloense; así como el robo y quema de vehículos. Además de una fuga masiva de reos del penal de Aguaruto.

Poco antes de las 19 horas, el presidente decidió liberar a Ovidio Guzmán y retirar a los elementos militares. Solo así se detuvo el caos.

La vergonzosa derrota tuvo su segunda parte casi dos años y medio después, el 5 de enero de 2022, cuando el menor de "Los Chapitos" fue finalmente detenido.

A cuatro días de la llegada del presidente de EU Joe Biden a México, "El Ratón" fue recapturado y trasladado al penal de Altiplano para luego ser extraditado a la Unión Americana.

Queda, a manera de corolario, una acotación final.

La investigación del Departamento de Justicia y la DEA en torno a las aportaciones del narco a la campaña o las campañas de

López Obrador (origen de las notas de Golden, Hernández, Dudley y Kitroeff) no "concluyó" descartando que el entonces candidato recibiera dinero del narco. Fue simplemente "clausurada" por razones políticas en 2011.

Esto significa que la puerta está cerrada, pero no con candado. ¿Podría reabrirse? Quizá se mantenga el carpetazo, sí, pero no es impensable que la investigación sea reabierta en algún momento, o que información adicional aparezca a la luz de casos como el del "Mayo".

¿#Narcopresidente?

Imposible sostenerlo, al menos por ahora, pero tampoco es descartable del todo.

El hecho es que la DEA sí investigó a López Obrador, al principio sin conocimiento de los principales funcionarios de la Embajada de Estados Unidos en México, y la investigación no desembocó en una exoneración. Simplemente fue interrumpida o archivada. ¿Así permanecerá para siempre?

Cinco días antes de abandonar Palacio Nacional y entregar la banda presidencial, Andrés Manuel López Obrador se jactó en su *mañanera*:

"Es célebre ya, es otro timbre de orgullo la campaña de «AMLO presidente narco», que alcanzó millones de vistas. (...). Y estoy muy contento porque son como pruebas de ácido para medir el nivel de consciencia, de información, de la confianza de nuestro pueblo. Y en todos esos ataques, en todas esas lanzadas, salimos adelante".

¿Resistirá el "plumaje que no se mancha", que tanto presumió López Obrador, señalamientos, sospechas, conjeturas y afirmaciones en una Corte estadounidense? ¿Aguantará ser mencionado en un eventual juicio al "Mayo"?

Palabras y dichos fueron lo que hundieron a García Luna, que terminó sentenciado a 38 años y tres meses de cárcel. No hubo elementos de prueba; ninguna llamada, video o fotografía. Así funciona la justicia en EU. ¿Qué hace pensar que no ocurrirá lo mismo con el expresidente López Obrador?

En el "año siete", su manto protector ya no es el teflón que lo acompañó durante su sexenio. El "año siete" lo camina en solitario. ¿Quién podría afirmar que los carniceros de ayer no serán las reses de mañana?

Sinaloa: el sospechoso triunfo de la 4T

El 6 de junio de 2021 en Sinaloa, como en otros 14 estados del país, se realizaron elecciones para gobernador. También estaban en juego 40 diputaciones locales y 18 presidencias municipales en la entidad.

Esos comicios eran la primera gran prueba para la maquinaria electoral de la 4T, después de arrasar en la elección presidencial de 2018.

El nombre de Andrés Manuel López Obrador ya no aparecía impreso en las boletas y, en el caso de Sinaloa, el triunfo de su candidato a la gubernatura, Rubén Rocha Moya, no lucía sencillo. Morena no gozaba de estructura territorial ni tenía en campo un gran despliegue de operadores electorales.

El PRI, que había gobernado Sinaloa a lo largo de toda su historia, perdió por primera vez una elección en 2010, cuando Mario López Valdez "Malova", expriista, ganó arropado por la alianza PAN-PRD-Convergencia-PT. Su administración terminó manchada por la sombra de la corrupción y el PRI volvió al poder estatal de la mano de Quirino Ordaz Coppel quien ganó la elección de 2016, postulado por la coalición PRI- Nueva Alianza-Verde, con una cómoda victoria de casi 428 mil votos (41.7%) frente a los poco más de 267 mil (26%) de Héctor Melesio Cuen Ojeda, del Partido Sinaloense (PAS), que obtuvo el segundo sitio por encima del PAN y Morena, que apenas alcanzaron el 3.8%.

En ese entonces, el carisma de López Obrador no tuvo mayor influencia en el electorado de Sinaloa, y su partido quedó relegado, hasta casi perder el registro en la entidad.

Seis años después, las cosas fueron muy distintas: la 4T ganó la gubernatura. Pero ese triunfo no estuvo ajeno a sospechas y extrañas situaciones que se alinearon para hacer posible la llegada de Rocha Moya al poder. Esas dudas y movimientos inusuales aportan elementos para entender lo que sucede en el convulso estado, dilucidan pactos inconfesables y arrojan pistas de contubernios indecibles.

¿Cómo fue que en solo seis años Morena creció electoralmente de 3.8% a 56.6%, con lo que arrasó en 2021?

Tres eran los factores clave para el triunfo: trasladar la aprobación de AMLO al terreno electoral, hacerse de la estructura electoral del PRI y, no menos importante, gozar de la venia del crimen organizado que tácitamente cogobierna: el cártel de Sinaloa. Rocha Moya cubrió sobradamente todos los requisitos.

La operación de la 4T fue todo menos discreta. Desfondaron al PRI, y el entonces gobernador se alineó. Tanto, que Quirino Ordaz a la postre fue premiado con la embajada de México en España. Todo fue evidente. Demasiado obvio.

Además, el exmandatario permitió —con un caudal de omisiones, en el menor de los casos—, que la delincuencia organizada operara a placer. Ni siquiera hubo que guardar las apariencias. Y le pagaron bien, porque al que obedece y se alinea, en la 4T le va bien.

Los hechos son como sigue. No hay mayor secreto.

Toda la noche del 5 de junio y la madrugada del día 6 se llevó a cabo un operativo *sui generis* que, apuntan las evidencias, selló un pacto entre criminales y políticos, aunque a veces las fronteras ya no dividan a unos y otros.

Testimonios publicados por el semanario *Río Doce*, y el periodista Héctor de Mauleón en *Nexos*, no dejan demasiado espacio a la imaginación.

La mesa para el triunfo morenista se puso horas antes de que iniciara la jornada electoral.

En la madrugada del 5 de junio fue privado de la libertad el secretario de Organización del PRI estatal, José Alberto Salas Beltrán, quien tenía consigo los datos de la estructura electoral y la lista de nombres y responsabilidades.

Con la información obtenida tras el secuestro, el cártel de Sinaloa inició la cacería de operadores priistas, particularmente del candidato a la alcaldía de Culiacán, Faustino Hernández.

"Te cerraban el paso varias camionetas, te apuntaban a la cara cinco, seis hombres armados, te subían a golpes e improperios a la parte trasera de sus vehículos y te cubrían la cara con cinta canela", relató una de las víctimas, refiere de Mauleón.

Decenas de operadores del PRI fueron llevados a casas de seguridad, con los ojos vendados y las manos atadas detrás de la espalda, según un reportaje publicado por *Río Doce*.

En medio de un clima normalizado de violencia, los levantados fueron interrogados y retenidos.

En las horas previas a la apertura de casillas el cártel de Sinaloa desactivó la estructura electoral del aspirante a la capital sinaloense. Con datos a la mano, que incluían nombres de jefes de sección, de colonia y regionales, se desmanteló el aparato electoral al que se enfrentaría Morena.

Entre las denuncias presentadas por las dirigencias nacionales de PAN-PRI y PRD ante la Organización de Estados Americanos (OEA) se refiere que también hubo cientos de llamadas y mensajes intimidatorios "Déjate de pendejadas. Mañana no te quiero ver en la calle", advertían.

La operación tuvo como objetivo hacer ganar al candidato de la 4T a la alcaldía de Culiacán, Jesús Estrada Ferreira, y al aspirante a la gubernatura, Rubén Rocha Moya, según el testimonio de otra de las víctimas, que habló con el periodista Ismael Bojórquez.

Muchos de los operadores retenidos fueron puestos en libertad y abandonados, con vendas en los ojos, poco antes del cierre de casillas, en caminos próximos a Culiacán.

La operación coordinada no ocurrió solo en la capital del estado, se amplió a Los Mochis, El Fuerte, Elota, Guamúchil, Concordia, Badiraguato, Guasave, Escuinapa y Cosalá. En todos esos municipios hay testimonios que refieren que hombres encapuchados y armados levantaron personas, amagaron a funcionarios de casilla, amenazaron a presidentes de las mismas y operadores electorales, robaron paquetería electoral (incluidas urnas) y cometieron asesinatos.

Casi nadie denunció. El miedo pudo más. El propio candidato a la gubernatura de la alianza opositora a la 4T, Mario Zamora Gastelum se quedó solo en su impugnación. No hubo abogado en Sinaloa que quisiera acompañar las denuncias. ¿Y del gobernador Ordaz Coppel? Nada. Ni una palabra. Silencio que parecía confirmar la complicidad.

Rocha Moya y Estrada Ferreiro obtuvieron el triunfo a la gubernatura y la alcaldía de Culiacán, respectivamente. Ese día no solo votó el narco, sino que se sentó un peligroso precedente: los criminales ya estaban a cargo.

Ese triunfo electoral de la 4T en Sinaloa, ¿fue un caso aislado? ¿O se convirtió en estrategia electoral en todo el país? Durante 2021 y 2024, las dos elecciones federales celebradas en el sexenio de López Obrador, se mató a más políticos que jamás en la historia reciente. Fueron procesos electorales manchados por las balas del crimen. Según datos e información recabada por Integralia Consultores, en la primera, asesinaron a más de 140 actores políticos, de los que 36 eran aspirantes; en la segunda, mataron a 268 personas entre políticos o expolíticos, funcionarios o funcionarios públicos, candidatos o aspirantes (39), familiares de actores clave y víctimas colaterales. Un baño de sangre. En ambos comicios, Morena arrasó. ¿Casualidad? A la luz de los saldos electorales y sus consecuencias, no lo parece.

4. AGUAS AGITADAS EN EL OCASO

"En lo que a mí corresponde, en mi carácter de titular del Ejecutivo federal, actuaré con rectitud y con respeto a las potestades y la soberanía de los otros poderes legalmente constituidos".
Andrés Manuel López Obrador, presidente de México,
8 de agosto de 2018,
al momento de recibir su constancia como presidente electo

El poder absoluto de la 4T y la irrelevancia de la oposición
Demasiadas batallas confluyeron en la recta final del gobierno de Andrés Manuel López Obrador. Demasiados frentes para un gobierno que estaba por decir adiós. El presidente no bajó la intensidad, decidido a exprimir cada segundo del sexenio, no dejó de abrir frentes y no mostró la menor intención de ceder el escenario a Claudia Sheinbaum, incluso la víspera de que ella asumiera la presidencia el uno de octubre de 2024.

La detención del "Mayo" Zambada, el 25 de julio de 2024, importunó su adiós, distrajo su narrativa y sigue pendiente sobre su cabeza como una amenaza a su legado.

Como López Obrador fue incapaz de dar información certera sobre la captura de uno de los criminales más buscados por Estados Unidos y solo pudo navegar entre los cuestionamientos, volvió a su zona de confort: el conflicto. Abrió más frentes, atizó contra los críticos, contra los opositores y literalmente disparó contra todo lo que se moviera. Agitó las aguas para que la corriente que se llevó al "Mayo" no lo atrapara.

Por eso, en el ocaso, se propuso ganar varias batallas. No solo se trataba de empujar sus prioridades, sino de colocarle márgenes al próximo gobierno —para no extraviar el camino trazado—, construir su legado y, quizá lo más relevante para él: trascender. López Obrador que no pocas veces tomó decisiones pensando en cómo la Historia (sí, con mayúsculas) contaría su gobierno, pisó el acelerador y antepuso su vanidad a su responsabilidad.

Le dejó un camino minado a Claudia Sheinbaum y fomentó el sentido de su propia trascendencia. No solo su sexenio se trataría de él y lo tendría a él como protagonista, también el de Sheinbaum debía desembocar en su figura. La trascendencia de su persona lo abarcaría todo, el mantra debía seguirse repitiendo tan fuerte que él pudiera escucharlo hasta "La Chingada", su Quinta en Palenque, Chiapas: "Es un honor, estar con Obrador".

Por eso las últimas dos semanas de agosto fueron claves, y ni se diga el mes de septiembre.

Las guerras las ganó hacia finales de agosto: el jueves 22 y viernes 23. En 48 horas dio pasos en firme para imprimir su sello al sexenio que se iba y acotar al que estaba por nacer. El 23 de agosto, de hecho, fue un día redondo: el INE le entregó a Morena y sus aliados (PT y Partido Verde) lo que no habían obtenido en las urnas; la mayoría calificada en la Legislatura que estaba por comenzar.

Curiosamente, ese día mostró uno de sus mejores rostros, uno que lo distinguió: el desdén. Esa característica tan definitiva del alma mexicana que Octavio Paz la bautizó en *El laberinto de la soledad* como "el ninguneo".

"No quiero decir que los ignoremos o los hagamos menos, actos deliberados y soberbios. Los disimulamos de manera más definitiva y radical: los ninguneamos. El ninguneo es una operación que consiste en hacer de alguien, ninguno".

Por eso se lanzó contra organizaciones, partidos políticos, empresarios y ciudadanos que alertaban sobre una posible sobrerrepresentación de la 4T. Simplemente "los ninguneó". Este triunfo trascendental lo obtuvo en el INE el viernes 23 de agosto, cuando en votación dividida de 7 a 4, la mayoría de los Consejeros avaló que Morena y aliados en San Lázaro pudieran reformar la Constitución a placer, y dejó al partido-movimiento de López Obrador a solo tres escaños del mismo escenario en el Senado.

La oposición todavía descolocada, en el pasmo por el brutal triunfo morenista en los comicios de junio, solo atinó a redefinir el famoso "bloque de contención" que había detenido las iniciativas presidenciales en la cámara alta durante el sexenio anterior. Aunque ahora la situación lucía diferente y arriesgada para repetirse: solo tres escaños separaban a Morena de la deseada "mayoría calificada", una cantidad que podría considerarse pequeña para quien posee y puede administrar sin cortapisas ni restricciones todos los recursos del Estado mexicano. Así que la pregunta que se hacía casi todo México era: "¿A cómo el kilo de senador?" ¿Qué estaría dispuesta a hacer la 4T para tener los votos que le faltaban?

La respuesta llegó con la aprobación de la reforma al Poder Judicial en el Senado, que vivió una toma del pleno por manifestantes contrarios a la misma y el subsecuente cambio de sede bajo la conducción errática de Gerardo Fernández Noroña como presidente de la mesa directiva.

Para ese momento, dos senadores que llegaron bajo las siglas del PRD —que ya había perdido el registro, tras no alcanzar el 3% de la votación en la elección de junio de 2024— habían dado el salto a la 4T: José Sabino Herrera, de Tabasco, y Araceli Saucedo, de Michoacán. Ellos brincaron días antes de que comenzara la Legislatura, el 1 de septiembre.

Entre risas, como quien hace una travesura, los senadores que llegaron electos por la alianza opositora PAN-PRI-PRD, argumentaron —es un decir— que "el PRD ya ni existe, ni modo que nos corran".

La oposición, pues, estaba contra las cuerdas. Tenían el número exacto para frenar cualquier reforma constitucional. Pero bastaba que un solo senador diera el bandazo para que Morena y sus aliados pudieran hacer y deshacer a placer.

La semana previa a la votación de la reforma al Poder Judicial, ciudadanos y opositores al régimen habían desplegado una intensa campaña (sobre todo en redes sociales) para asegurar que los 43 senadores de PAN, PRI y MC se sostuvieran firmes, y entonces Morena y sus aliados no consiguieran la mayoría calificada, pero los acontecimientos siguientes demostraron que para obtener el exterminio de los contrapesos al poder absoluto de Palacio Nacional, había voluntarios en la oposición con la cola tan larga y expedientes tan abultados, que estaban dispuestos a entregarse, sin pudor.

Los 43 senadores habían comprometido en público estar presentes en la sesión y votar en contra de la reforma.

Pero hubo dos "Judas". Con esos dos votos, la 4T lograba el desmantelamiento del Poder Judicial. Era el "regalo" de despedida, como lo llamó el entonces presidente de Morena, Mario Delgado, a López Obrador.

El primero fue el senador veracruzano panista (hasta ese momento), Miguel Ángel Yunes Márquez. Se dobló y no resistió, se desdijo de sus palabras y con un inconfesable acuerdo con la 4T —que abarcó a su familia— quedó manchado de por vida.

Yunes, presionado por el coordinador de Morena, Adán Augusto López, tomó la decisión de pedir licencia por "problemas de salud" a su escaño para que su padre, Miguel Ángel Yunes Linares asumiera como su suplente, lo justificara y defendiera. Horas más tarde, súbitamente se recuperó y apareció, para dar el neurálgico voto que el oficialismo necesitaba para aprobar la reforma al Poder Judicial.

La 4T tenía 85 votos. Le faltaba uno. Yunes lo entregó. Curioso caso en que una de las familias más confrontadas con AMLO lo despidió de la presidencia con semejante presente.

El primer "Judas", pues, fue veracruzano. Pudo ceder a la presión y a los amagos disfrazados de oferta —siempre se puede—, o mantenerse firme y convertirse en referente de la oposición; prefirió doblarse, se acobardó.

Quizá ponderó que las circunstancias actuales le garantizarán impunidad y tranquilidad. Quizá consideró que la promesa de cerrar carpetas de investigación alcanzaba como pago y le apostó al olvido público.

Se dejaron amedrentar por quienes no les tienen consideración ni respeto. ¿En serio creerán que un acuerdo con Adán Augusto López les garantizará inmunidad frente a Rocío Nahle, gobernadora de Veracruz? ¿Piensan que la mandataria no los tocará en seis años? ¿Qué les dejará operar a sus anchas en Veracruz y les "respetará" sus territorios, Boca del Río y el Puerto? El tiempo dirá si acertaron o no en su cálculo político. Por ahora, les queda solo el descrédito y la deshonra de mentir y acobardarse.

Pero había que asegurar, porque dejarlo todo en manos de la veleta Yunes era demasiado arriesgado. Por eso se necesitaba otro "Judas". Fue un campechano de MC.

De cinco senadores naranjas, uno cooperó con su ausencia para que la 4T construyera la mayoría calificada. El escapista Daniel Barreda y su partido, dijeron con todas sus letras que votarían en contra de la reforma, pero al senador se lo tragó la tierra en el momento clave. El día de la sesión nadie supo de él. ¿Dónde se escondió?

Él, que llegó al Senado de rebote, pues era el suplente del candidato Eliseo Fernández Montúfar, a quien bajaron de la contienda una semana antes de la elección por ser prófugo de la justicia en Campeche, aseguró que estuvo retenido contra su voluntad.

"El día 10 de septiembre recibí una llamada telefónica de mi madre en la madrugada donde me decía que mi padre había sido llevado a una comparecencia judicial en la ciudad de Campeche. Inmediatamente tomé el primer vuelo", dijo al leer un breve mensaje en una atropellada conferencia de prensa una semana después de su sospechosa desaparición.

¿Se fue sin avisar a nadie en su partido? Si le ocurrió lo que asegura, ¿para qué leerlo? ¿Lo dicho fue la realidad o una construcción de hechos que no sucedieron?

Barreda dijo que a las 10:30 horas llegó al lugar donde también estaba el diputado Paul Arce: la sala de Juicios Orales de Campeche, donde se encontraba retenido su padre.

"Durante casi 12 horas estuve incomunicado y bajo la condición de que si me retiraba procesarían a mi padre. Durante todo este tiempo no me fue posible hablar con ningún senador o senadora", afirmó.

¿Ni ir al baño? ¿Una llamada? ¿Ir a la puerta? ¿No pudo decirle a alguien que avisara de su paradero?

La presidenta del Tribunal Superior de Justicia de Campeche, Virginia Leticia Lizama, lo desmintió unos días después, en una entrevista. Dijo que no estuvo en la Sala de Juicios Orales en la entidad el día que se aprobó la reforma.

"Ni fueron detenidos ni tuvieron ninguna audiencia. El padre de él no tiene ninguna causa en su contra, entonces, el argumento se cae (…) Fue el actuario y revisó todo el edificio, las bodegas, los baños, todo, y pues el señor no estaba. Entonces, no sé dónde estaría, pero en el edificio, en el momento, no estaba", señaló.

¿Mintió Barreda? Eso parece.

Porque si estuvo privado de la libertad ilegalmente, seguramente ya habría presentado la denuncia por secuestro, ¿no? ¿Por amenazas? ¿Quién le impidió retirarse del lugar? ¿Por qué no lo dijo? ¿O es mentira?

Él, su coordinador Clemente Castañeda y el líder del partido Dante Delgado, quedaron a deber varias explicaciones. Y Barreda, desde ese día se convirtió en un legislador poco confiable y del que hasta sus compañeros de partido se burlan.

Con Yunes y Barreda, la 4T lo había logrado, tenían una mayoría calificada artificial, que bastaba para meterle mano a la Constitución cuando quisieran y como quisieran.

Jamás, ni siquiera en tiempos de la aplanadora tricolor que convertía en senadores a los caballos del emperador, se había visto un espectáculo de tal catadura de abyección política. La oposición pasó, en los hechos, a ser mera espectadora. De ser un actor pequeño y casi insignificante, transitó a la irrelevancia.

Así, el Congreso se convirtió en súbdito del Ejecutivo. Lo que ordene el presidente es lo que se hace. Sus deseos son órdenes. En los hechos presenciamos el fin de la separación de poderes ordenada (todavía) por el artículo 40 de la Constitución. Las leyes se pueden borrar de un plumazo sin mayor obstáculo y sin pudor. También se renunció a vivir en una República representativa. Para la mayoría de la 4T no es necesario escuchar a las minorías, ni a los ciudadanos ahí representados. Ellos están ahí para acatar instrucciones y aplastar al adversario.

El parlamento había dejado de servir como espacio de diálogo. No se "parla", se avasalla. Es una arena para ensañarse con la minoría y mostrar músculo siempre que se pueda.

La lógica es que en el contraste la 4T gana. Y políticamente puede ser. Pero en la división quién pierde es México.

Reforma al Poder Judicial: tufo autoritario

La gran batalla del tramo final del gobierno de López Obrador fue una guerra sin cuartel. El presidente "humanista" y "respetuoso" de las potestades y la soberanía de los otros poderes legalmente constituidos se obstinó en aniquilar al Poder Judicial.

De eso se trató desde un inicio su iniciativa de reforma constitucional. Quería controlar al Judicial que tantos dolores de cabeza le dio y tantos proyectos (por ilegales) le frenó. Quería demostrar que podía demolerlo todo. El poder era suyo, y era absoluto.

45 días antes de concluido el sexenio, conocimos el dictamen que la mayoría de Morena y aliados buscaría aprobar (con decenas

de modificaciones, que endurecieron lo enviado por AMLO), lo que derivó —40 días antes del fin del gobierno— en una protesta no vista antes por parte de integrantes del sistema de impartición de justicia: cientos de jueces y magistrados de todo el país fueron a un paro masivo para pedir, uniéndose a miles de trabajadores que dos días antes habían también entrado en suspensión de labores, que ese dictamen fuera desechado, luego de ser ignorados en sus peticiones y propuestas.

Los integrantes del Poder Judicial doblaron la apuesta. Su demanda, pues, ya no era solo ser escuchados, sino descartar el dictamen, lo que se antojaba imposible. El presidente los llenó de calificativos y volvió a su práctica favorita para desacreditarlos: los ninguneó. Les llamó "paleros" y les dijo que "a la mayoría de los mexicanos no les importará su paro". A 35 días del fin, el lunes 26 de agosto, Morena, PT y Verde, avalaron el documento.

El texto fue más radical que lo que se presentó en un inicio. Lejos de modular la iniciativa y conceder algunos puntos a integrantes del Poder Judicial que mostraron preocupaciones atendibles sobre la carrera judicial y el perfil, preparación y experiencia que requeriría un juzgador, por ejemplo, la 4T radicalizó la propuesta que tuvo cambios, sí, pero para endurecerla: todos los ministros, magistrados y jueces serían elegidos a través del voto popular. No importaría tanto el mérito ni la trayectoria, sino la popularidad.

No tendrán, pues, que ser buenos jueces, sino buenos candidatos. Más aún, Morena y sus aliados incorporaron la tómbola como mecanismo cuando haya muchos aspirantes buscando el mismo cargo, tal y como lo propuso López Obrador apenas unos días atrás, en la *mañanera* del 30 de julio de 2024.

El impacto de lo que empujó AMLO y su 4T es una bomba cuyo rango de destrucción aún es incalculable.

Desde luego se necesitan cambios en el Judicial, y en todo el sistema de procuración e impartición de justicia, comenzando por las policías, ministerios públicos y fiscalías —que no estuvieron consideradas en la iniciativa presidencial, pues no pertenecen a este poder sino al Ejecutivo—, pero de ahí a demoler lo existente, barrer parejo y destituir jueces y magistrados cambiándolos por populares candidatos capaces de ganar una elección o suertudos que puedan salir sorteados en una tómbola, fue un sinsentido. La reforma que Palacio Nacional se entercó en avalar olía más a vendetta que a eficacia, más a revancha que a mejora.

Nadie podrá decir que no hubo suficientes signos de alarma. Las alertas se encendieron desde muchos y muy diversos frentes, pero nadie en la 4T quiso escuchar. Los legisladores de la mayoría no tuvieron siquiera que leer lo que avalaron, solo debían seguir indicaciones para cumplir el deseo de López Obrador... y eso hicieron.

En el ocaso de su sexenio, el presidente condujo al país a un río revuelto que en buena medida marcó su adiós. Pero las consecuencias del capricho ya no las pagaría él.

Él delineo la ruta de la radicalización y, ante un convulso panorama (con la crisis económica llamando a la puerta y la violencia desbordándose), la 4T echó mano de sus mejores distractores. En un inicio, parecieron anecdóticos.

Hubo quienes, por ejemplo, amagaron con encarcelar jueces que no eran "obedientes", o quienes amenazaran con llevar a juicio político a 8 de 11 ministros de la SCJN que no se alinearon. Otros comenzaron a coquetear con la idea de atacar la propiedad privada (delimitando, por ejemplo, las noches que el propietario de una casa o departamento podía disponer de ellas y ofertarlas a través de plataformas como Airbnb). Pero el mayor golpe vino de quienes se sentían (porque lo tenían) con el poder de avasallar.

Unas semanas después del inicio del sexenio de Sheinbaum, sus diputados y senadores dieron un duro golpe cargado de una buena dosis de autoritarismo. La 4T exhibió un peligroso talante. Modificaron la Constitución para que se haga solo su voluntad. Borraron de un plumazo la posibilidad de que cualquiera, sintiéndose violentado o transgredido en sus derechos, tenga algún mecanismo para defenderse de lo que considera un atropello. Desaparecieron los recursos de inconstitucionalidad, las impugnaciones a reformas constitucionales y hasta los amparos contra modificaciones eliminaron. Se regalaron el poder absoluto disfrazándolo de otra reforma que "el pueblo pidió en las urnas", la de supremacía constitucional.

Tras ese golpe demoledor, ya nadie puede impugnar cambios constitucionales. Solo ellos pueden hacer y deshacer; escribir lo que les plazca o borrarlo si se les antoja. También, en los hechos, se brincaron convenciones y tratados internacionales firmados por México.

El pretexto fue eliminar obstáculos a las reformas. En el fondo quedó vulnerada la capacidad de los ciudadanos para protegerse de abusos. Desde entonces pueden aprobar cualquier cosa. Lo que sea. Tienen un cheque en blanco. Ellos deciden qué sí y qué no es constitucional, quién sí y quién no tiene derechos.

Aquel cambio hacía suponer lo peor. Lo que atestiguamos tenía pocos referentes en el presente, aunque algunos inquietantes en el pasado.

Por ejemplo, la "ley habilitante" (oficialmente "Ley para el remedio de las necesidades del pueblo"), aprobada el 23 de marzo de 1933 en Alemania, significó el inicio del empoderamiento absoluto del dictador Adolfo Hitler. Dinamitó cualquier contrapeso y extinguió la separación de poderes. Fue el tiro de gracia de la república parlamentaria y el soporte jurídico del nacimiento de la Alemania nazi. En pocas palabras, se trató del instrumentó que legalizó el totalitarismo.

A través de esa modificación, lograda tras perseguir y encarcelar a legisladores de partidos opositores, los nacionalistas consiguieron poderes dictatoriales disfrazándolos de legales. Esa ley concedió a Hitler y su gabinete el derecho a aprobar leyes sin la participación del parlamento, enterrando así cualquier asomo de democracia. En otras palabras, le entregó el control total.

Apenas había comenzado el "año siete" de López Obrador y los saldos ya pasaban sus primeras facturas. La inquietante realidad mexicana cada vez lucía menos como una democracia, y se asemejaba más a un régimen vertical, donde el "pueblo" era manoseado en el discurso, pero en los hechos el poder se concentraba —con preocupante velocidad— cada vez en menos manos.

Se había ido AMLO. Ya no estaba formalmente en el poder. Pero las vendettas que acarició, el resentimiento que lo consumió y la división que propició, seguían ahí. Y se habían propagado. El 5 de noviembre, que coincidió con la fecha de la elección en EU que catapultó de vuelta a la Casa Blanca a Donald Trump, quedaría inscrita como la fecha en que la SCJN se murió, y con ella, buena parte del Poder Judicial como lo conocimos.

Unos días antes, ocho de sus 11 integrantes (todos menos las ministras afines a la 4T, Lenia Batres Guadarrama, Yasmín Esquivel Mossa y Loretta Ortiz Ahlf) habían presentado su renuncia efectiva a partir del 31 de agosto de 2025, como se establecía en la reforma al Poder Judicial publicada en el Diario Oficial de la Federación el 15 de septiembre de 2024, y con ello declinaban participar en el proceso de elección inédito que, sobre las rodillas y a todo vapor se organizaba (es un decir).

Pero aquel martes se puso el último clavo en el ataúd. Ese día se acabó la Suprema Corte de Justicia de la Nación como máximo tribunal garante del espíritu de la constitución y los derechos de los ciudadanos ahí plasmados; se derrumbó un pilar de la democracia; se murió la República como existía.

Para los aplaudidores de la 4T, la elección de jueces, magistrados y ministros nos dará un mejor Poder Judicial de la Federación. La reforma que la aplanadora de Morena y aliados aprobó en tiempo récord y cobijó con otra modificación constitucional —igualmente veloz—, la reforma de supremacía constitucional solucionará, han dicho, la corrupción, el nepotismo y la ineficacia en la impartición de justicia. Ojalá tengan razón, pero se antoja difícil. Al contrario, lo aprobado sobre las rodillas parece encaminarnos a un pantano.

Para los críticos del régimen, estamos en la antesala de la "dictadura". Se acabó la división de poderes, el sistema de contrapesos y la SCJN no será más que una oficialía de partes al servicio del Ejecutivo, que de por sí ya controla el Legislativo.

Lo que veremos en el correr de los próximos meses será el caos. La organización del proceso electoral será además de muy costosa (aunque le autorizaron apenas la mitad), en exceso confusa. Elegir a cientos de jueces, magistrados y ministros, colocando requisitos a ras de suelo (licenciatura en derecho, cinco cartas de referencia de vecinos, "ensayo" de tres cuartillas que justifique su postulación) no permite ser demasiado optimistas sobre el perfil de quienes llegarán.

La victoria de la 4T, luego de que el Pleno de la Corte no alcanzara la mayoría de ocho ministros para contener partes de la reforma al Poder Judicial fue, en los hechos, un triunfo más de AMLO que, a 35 días de dejar la presidencia, seguía haciéndose sentir.

México camina rumbo a un fango jurídico, político y económico que tendrá que seguir sorteando la presidenta Sheinbaum.

López Obrador se salió con la suya. Había obtenido la victoria que tanto quería. La revancha que largamente acarició. Desmanteló al poder que detuvo ilegalidades y actos arbitrarios durante su administración. Tenía, ahora sí, el "regalo" prometido.

Desde luego el Judicial estaba lejos de ser perfecto. El nepotismo en su interior era innegable, había corrupción y su eficacia estaba lejos de resultar presumible. Pero en muchas de sus áreas funcionaba bien, había profesionales, se premiaba el mérito, se permitía hacer carrera y su autonomía ayudaba a mantener contrapesos sanos en una democracia, además de generar condiciones de certeza jurídica que abonan a un estado de derecho y propician la inversión.

Había mucho de mejorable, sin duda, pero no se mejora destruyendo. Mucho menos golpeando hasta la saciedad. Reformar para mejorar conlleva —o debería conllevar— trabajo político, cuidado de las formas y legalidad. Asaltar al Poder Judicial de la

Federación como se hizo, lejos de fortalecer, debilita a quien empujó esas transformaciones.

Guardia Nacional: el Ejército no volverá a los cuarteles

El 22 de septiembre de 2024 los diputados de Morena, empeñados en obsequiar al presidente dignos presentes de despedida, le regalaron un deseo largamente anunciado y hondamente acariciado: el paso de la Guardia Nacional a la Secretaría de la Defensa. En comisiones, la 4T avanzó la transferencia de un cuerpo que debía ser civil, militarizándolo. Luego hizo lo propio el pleno por mayoría calificada. Fue solo trámite su aprobación en el Senado tres días después en una cámara alta que ya no era ni la sombra de cualquier intento opositor.

El paso de la Guardia Nacional, institución que recibió más de mil 800 quejas por violaciones graves a los derechos humanos a lo largo del gobierno lopezobradorista, a la Secretaría de la Defensa significó en lo legal el traslado de su control y administración a la esfera militar cuando antes estas eran facultades de la Secretaría de Seguridad y Protección Ciudadana. La disposición le asignó las funciones de seguridad pública a las Fuerzas Armadas de forma permanente, es decir, le otorgó la facultad de enfrentar a grupos criminales, homicidas, extorsionadores o cualquier delincuente.

Y fue más allá: le entregó fueros especiales bajo el argumento del combate a la delincuencia. Por ejemplo, fuero militar a la Guardia Nacional; le confirió facultades de investigación al igual que la policía y el Ministerio Público, y abrogó para el Congreso (dominado por la mayoría oficialista) la facultad de expedir leyes que regulen la participación del Ejército, Armada y Fuerza Aérea en materia de seguridad interior y en el apoyo a la seguridad pública.

Por si fuera poco, será el Senado (dominado también por la mayoría del partido en el poder) el encargado de ratificar los nombramientos del titular de la Comandancia de la Guardia Nacional, designado por el Ejecutivo a propuesta del titular de la SEDENA. Todo queda entre amigos.

Todo esto no rayaría entre el escándalo y la esquizofrenia si no fuera porque López Obrador advirtió en innumerables ocasiones durante su eterna campaña de 18 años, los "riesgos de la militarización" de México. Parafraseando a José Emilio Pacheco "en el gobierno nos convertimos en aquello que odiamos como oposición". Sus palabras lo dibujan de cuerpo entero.

"Felipe Calderón le ha declarado la guerra al narcotráfico usando al Ejército, pero esto no es la solución. No podemos convertir el país en un cuartel y hacer que los problemas de seguridad sean tratados con armas. El Ejército debe regresar a sus cuarteles, y el gobierno debe atender las causas profundas que generan la inseguridad y la violencia: la falta de empleo y oportunidades".

19 de marzo de 2008, en Villahermosa.

"Es un grave error seguir utilizando al Ejército en trabajos de seguridad pública. Estamos viendo cómo se están violando derechos humanos, cómo se está incrementando la violencia y cómo la gente está sufriendo las consecuencias de esta estrategia fallida. El Gobierno federal debería invertir más en programas sociales, en educación y en empleo, no en armamento ni en soldados en las calles".

9 de diciembre de 2010, en Zacatecas.

"Nosotros siempre hemos defendido que no se puede resolver la inseguridad con el uso de la fuerza. La violencia no se enfrenta con más violencia. Sacar al Ejército a las calles es poner en riesgo la vida de ciudadanos inocentes. La paz no se construye con armas, sino con justicia social, oportunidades para todos y la mejora de las condiciones de vida de la gente".

1 de julio de 2012, en Chiapas.

"La Ley de Seguridad Interior es un retroceso. Pretende legalizar lo que no debe legalizarse, la militarización del país. Yo estoy a favor de que el Ejército regrese a los cuarteles y que se fortalezca a la policía civil con capacitación y mejores condiciones laborales. No es con soldados en las calles como se va a pacificar a México, sino atendiendo las causas que originan la violencia: la pobreza, la marginación y la falta de oportunidades".

4. Aguas agitadas en el ocaso

22 de noviembre de 2017 en Oaxaca.

"No podemos seguir apostando a una estrategia que ha fracasado, que ha costado miles de vidas y que ha generado más violencia. Vamos a reorientar los esfuerzos del Estado para garantizar la paz. La militarización no es la solución. El Ejército debe cumplir con su función de proteger la soberanía, no de patrullar las calles. Vamos a pacificar al país con empleo, educación y bienestar".

7 de febrero de 2018, en Monterrey.

Mintió como en otras tantas cosas. Quizá podría justificar el bandazo si la Guardia Nacional hubiera marcado diferencia notable en el combate al crimen y los índices probaran su eficacia. No es así. El sexenio lopezobradorista es el más sangriento del que haya registro, con sus casi 200 mil homicidios y más de 50 mil desaparecidos.

AMLO atropelló con los hechos, cada uno de sus dichos. Dijo que estaba en contra de la militarización, del Ejército en las calles y que regresaría a las Fuerzas Armadas a los cuarteles. Mintió. Él terminó militarizando la vida pública, empoderando al Ejército y entregándoles el control de la seguridad pública. En el ocaso del sexenio, justo una semana antes de irse cumplió otro de sus deseos escondidos y postergados: reformó la Constitución para entregar al Ejército la seguridad.

Pero tampoco habría que sorprendernos demasiado. Año con año, López Obrador empoderó a las Fuerzas Armadas. Les dio control y cuantiosos recursos. Para 2024, por ejemplo, se aprobaron más de 67 mil 526 millones de pesos para la Guardia Nacional: 14 veces más que lo asignado en 2020. También se entregaron, en 2024, 247 mil 551 millones de pesos a la SEDENA: 121% más que el año anterior. Y a la Marina igual se le apapachó: 68 mil 596 millones de pesos, lo que equivalió a 64% más que en 2023.

Pero esa cascada de dinero no fue todo. Las Fuerzas Armadas también recibieron un caudal de recursos a través de la asignación de obras, manejo de puertos, aeropuertos, así como vía el control de distintas empresas estatales creadas a lo largo del sexenio de López Obrador.

Así que la manga ancha en atribuciones fue solo la cereza en el pastel de una militarización largamente construida. Tampoco esa factura la pagará él.

El ataque a los críticos: la víctima siempre fue él

El año era 1170 y el enfrentamiento entre el Rey de Inglaterra Enrique II con su antiguo canciller del reino y mejor amigo, Thomas Becket, se encontraba en la cúspide de su animosidad. Las razones eran muchas, pero el cura y el noble se enfrentaban básicamente por la relación siempre tumultuosa entre la Iglesia y la Corona y el derecho de los tribunales eclesiásticos a juzgar a los clérigos.

Las crónicas relatan que, en sus momentos de mayor furia, cuando la exasperación alcanzaba límites insospechados, Enrique II no cesaba de gritar a quien lo escuchara: "¿No habrá nadie capaz de librarme de este cura turbulento?" o "Es conveniente que Becket desaparezca". Estos gritos de furia fueron interpretados como una orden directa por cuatro caballeros de la corte inglesa.

Reginald Fitzurse, Hugo de Morville, William de Tracy y Richard Brito planearon el asesinato de Thomas Becket y el martes 29 de diciembre de 1170 en el atrio de la Catedral de Canterbury mientras asistía a vísperas con la comunidad monástica, el "cura turbulento" fue rodeado y los cuatro caballeros le asestaron varios tajos en la cabeza con sus espadas.

El crimen cimbró a Europa y aunque Enrique II nunca cesó de afirmar que todo era un malentendido, cargó para siempre con el estigma del asesinato.

A lo largo de seis años, Andrés Manuel López Obrador actuó como un monarca exasperado: sembró odio contra periodistas y todo aquel que fuese mínimamente crítico de su administración. Atribuía toda denuncia, observación o crítica a la ilegitimidad moral de quien la emitía.

Ninguna observación a su régimen era válida porque quien la hacía era, aseguraba remachando cada mañana, corrupto, conservador, neoliberal, mentiroso o inmoral. Significaba lo mismo que fuera un periodista, los padres de un niño con cáncer, una madre buscadora, la hermana de una víctima de feminicidio, o un científico, cineasta, intelectual, político opositor o ciudadano que participa en una manifestación.

Al presidente le sobraban insultos. De hecho, el escritor Gabriel Zaid llegó a contabilizar hasta 80 adjetivos denigrantes utilizados por López Obrador en cada *mañanera*. "Un artista del desprecio y de la descalificación" lo describió.

Como el monarca absoluto que nunca ocultó desear ser, señor de horca y cuchillo, amo de vidas y haciendas, él determinaba cada mañana quién tenía derechos y quién no.

Los que le reclamaban llamaban a explicaciones, esbozaban una crítica, presentaban datos, contrastaban sus dichos con sus hechos, descubrían incongruencias o cachaban mentiras, eran golpistas, mercenarios, conservadores, saqueadores, hipócritas, clasistas y traidores a la patria.

En cambio, los disciplinados y obedientes eran purificados. Y, en el extremo, hasta los narcotraficantes eran merecedores de todo el respeto. A ellos pedía, haciendo gala de su "nuevo humanismo mexicano", portarse bien o, amagaba tiernamente, los acusaría con sus mamás.

El 14 de diciembre de 2022 en una de sus conferencias, al momento de defender sus proyectos insignia de los "conservadores", arremetió sin pudor contra un grupo de comunicadores.

"Imagínense si nada más escucha uno a Ciro o a Loret de Mola, o a Sarmiento no pues es hasta dañino hasta para la salud. Si los escucha uno mucho le puede salir a uno un tumor en el cerebro".

Al día siguiente, un grupo de individuos atentó contra la vida del periodista Ciro Gómez Leyva, conductor de Radio Fórmula e Imagen Televisión y uno de sus principales críticos. Desde el poder no hubo vuelta atrás, ni siquiera se utilizó el argumento de Enrique II de Inglaterra: fue un malentendido. Al contrario, se subió la apuesta y se justificó el intento de asesinato. Incluso desde el púlpito de la *mañanera* esbozó la posibilidad de un atentado orquestado por "opositores" para "perjudicarlo", y en el absurdo, hasta al periodista responsabilizó. Total, que la víctima siempre era él. No había espacio para disputarle ese lugar.

En ese nivel navegó de punta a punta el sexenio. Organizaciones internacionales, sociedad civil, intelectuales y el mismo gremio periodístico le pidieron en innumerables ocasiones que cesara el acoso. Al principio parecía que no dimensionaba el peso de sus palabras. Con el tiempo quedó claro que fue una estrategia de intimidación de opositores y constante victimización de sí mismo.

Cuando llegaba a lamentar algún ataque contra un comunicador o —más extraño aún— ofrecía condolencias por el homicidio de un periodista (más de 70 fueron asesinados), apenas demoraba unos minutos para volver al insulto y ataque contra la prensa.

Alguna vez el expresidente, quizá en un lapsus, confesó en su *mañanera* que sentía "gozo" cuando insultaba a sus críticos y opositores, porque los consideraba profundamente hipócritas. Esta agradable sensación de superioridad moral que sentía cada mañana que manifestaba su exasperación contra sus críticos, no es muy distinta a los gritos iracundos de Enrique II.

"¿No habrá nadie capaz de librarme de este cura turbulento?", espetaba el Rey. ¿Qué esperaba AMLO que ocurriera con su colérico rosario de ataques, insultos y groserías hacia críticos y opositores?

5. BASTÓN SIN MANDO

"El que vive en esta casa es el señor presidente…
pero el señor que aquí manda, vive en la casa de enfrente".
Luis González González, *Los días del presidente Cárdenas*, 1981

Camino cercado

Uno de los fenómenos políticos más extraños del "año siete" de cada gobierno es el de "calar" al mandatario de la naciente administración y evaluar así su independencia con el antecesor, su velocidad de reacción, su capacidad de movimientos y los métodos que utilizaría para hacer sentir el peso de su poder.

A Miguel Alemán, por ejemplo, lo puso a prueba en 1946 el Sindicato de Trabajadores Petroleros —que había roto con la CTM— apenas 19 días después de asumir el poder: estallaron una huelga y paralizaron el suministro de combustible. Alemán no dudó y enseñó la mano dura; mandó al Ejército a atender las instalaciones petroleras al otro día de escalado el conflicto, el 20 de diciembre.

Cuando concluyó la huelga y el poderoso sindicato petrolero se reunió a limar asperezas con el mandatario, la cúpula del sindicato se sinceró:

"Pero si nomás lo estábamos calando, señor presidente".

"Pues ya me calaron, hijos de la chingada", contestó secamente el "cachorro de la Revolución".

Cada quién su estilo. Salinas no se dejó "calar" y de manera fulminante metió a la cárcel a Joaquín Hernández Galicia "La Quina". Y Zedillo puso un estate quieto a Salinas encarcelando a Raúl, su hermano. A Fox lo "caló" el PRI, que le detuvo un sinfín de reformas metiendo un freno de mano en el Legislativo, que el "presidente del cambio" nunca pudo quitar. Elba Esther Gordillo al frente de sus huestes magisteriales "caló" a Felipe Calderón y Enrique Peña con distintos resultados.

¿Habrá quien quiera "calar" a Claudia Sheinbaum?

Por lo pronto, a la primera mujer presidenta la comenzó a "calar" quien le entregó la banda presidencial: Andrés Manuel López Obrador. Le colocó demasiados obstáculos y un estrecho margen de maniobra. En los hechos, le heredó un camino cercano. Le entregó el "bastón", pero no necesariamente el mando. No pocos comparan lo que está en curso con el "Maximato" de Plutarco Elías Calles, y quizá por eso algunos se froten las manos para atestiguar la ruptura, o al menos el distanciamiento político de Sheinbaum hacia su antecesor. Difícilmente sucederá en el corto plazo. Es demasiado arriesgado y muy poco lo que la presidenta ganaría en términos políticos.

AMLO le construyó diques de contención y le acotó los márgenes para operar. Le puso piezas claves en posiciones estratégicas y le impuso decisiones difíciles de sortear.

El poder presidencial es mucho, pero para ejercerlo a plenitud se requiere hacerse del control de las áreas neurálgicas; son las venas por donde corre la sangre del poder.

El dinero, por principio de cuentas. No solo quién abre y cierra la llave (la Secretaría de Hacienda y Crédito Público), sino quién lo recauda (el Servicio de Administración Tributaria). Casi a la par, y con mayor relevancia tras la herencia del régimen que se fue, las Fuerzas Armadas. En tercer lugar, el Congreso. De manera paralela, el partido. Y, desde luego, el aparato de inteligencia e investigación (el Centro Nacional de Inteligencia y la Unidad de Inteligencia Financiera). La cereza en el pastel es la Fiscalía General de la República, porque ahí se recarga buena parte del aparato de procuración de justicia, y desde ahí se pueden administrar los tiempos de la misma: se priorizan o traspapelan carpetas de investigación, se conducen investigaciones y se solicitan o no, a discreción, órdenes de aprehensión.

En buena medida, el paraguas para ese dominio se consigue con eficaces operadores que pueden articular desde Gobernación, la Jefatura de la Oficina de la Presidencia o algún área a la que se le dé ese relieve. ¿Quién opera para la presidenta?

Prácticamente la mitad del gabinete de la presidenta es heredado. No solo en las secretarías, sino también en otras posiciones del gabinete ampliado y dependencias clave, está la mano del expresidente. Nunca un gobierno saliente había colocado a tantos de sus funcionarios en el gobierno entrante.

Sheinbaum ratificó en sus cargos a Rogelio Ramírez de la O como secretario de Hacienda y Crédito Público; Ariadna Montiel Reyes al frente de la Secretaría de Bienestar; Marath Baruch Bolaños López como secretario del Trabajo y Previsión Social, y Zoé Robledo en el IMSS. También mantuvo en su cargo al titular del SAT, Antonio Martínez Dagnino.

Lázaro Cárdenas Batel, ex coordinador de asesores de AMLO es el jefe de la Oficina de Presidencia; el excanciller Marcelo Ebrard, es secretario de Economía; el exembajador de México ante la ONU, Juan Ramón de la Fuente, está al frente de la Secretaría de Relaciones Exteriores (SRE), y Raquel Buenrostro, exsecretaria de Economía, se quedó en la Secretaría de la Función Pública.

Alicia Bárcena, que era secretaria de Relaciones Exteriores, migró a la Secretaría de Medio Ambiente y Recursos Naturales (SEMARNAT), y Edna Vega Rangel, subsecretaria de Ordenamiento Territorial y Agrario de la Secretaría de Desarrollo Agrario, Territorial y Urbano (SEDATU), se convirtió en la titular de la dependencia.

María Luisa Albores, secretaria de Medio Ambiente y Recursos Naturales en el sexenio que se fue, se quedó como encargada de la nueva dependencia de Alimentación para el Bienestar, que surge de la fusión de DICONSA y SEGALMEX.

También los dos más recientes voceros de AMLO, Jesús Ramírez y César Yáñez, encontraron cobijo. El primero como coordinador de Asesores de la presidenta; el segundo como subsecretario en Gobernación.

Además, Sheinbaum ratificó a Raquel de la Luz Sosa Elizaga como directora general del Organismo Coordinador de las Universidades para el Bienestar Benito Juárez García y a Jorge Mendoza Sánchez como director general del Banco Nacional de Obras y Servicios Públicos (Banobras).

También dejó en sus cargos a Paco Ignacio Taibo II como titular del Fondo de Cultura Económica (FCE); María Eugenia Navarrete Rodríguez, como titular de la Junta Federal de Conciliación y Arbitraje; Diego Prieto Hernández, como director general del Instituto Nacional de Antropología e Historia (INAH); Flor de María Harp Iturribarría, titular del Servicio Geológico Mexicano (SGM) y Laura Fernanda Campaña Cerezo como titular del Instituto del Fondo Nacional para el Consumo de los Trabajadores (INFONACOT).

Nombró a María del Rocío García Pérez como nueva titular del Sistema Nacional DIF, cargo que ya había ocupado un tramo del sexenio anterior. Y a Nuria Fernández Espresate, titular del Sistema Nacional DIF al cierre de la administración lopezobradorista, la colocó como titular del Sistema Nacional de Protección Integral de Niñas, Niños y Adolescentes (SIPINNA).

Santiago Nieto, extitular de la UIF ahora está a cargo del Instituto Mexicano de la Propiedad Industrial (IMPI).

Luciano Concheiro Bórquez, exsubsecretario de Educación Superior, es el titular de la Autoridad Educativa Federal de la Ciudad de México (AEFCM); Víctor Suárez Carrera, exsubsecretario de Autosuficiencia Alimentaria, encabeza de Procuraduría Agraria (PA), y Carlos Emiliano Calderón Mercado, coordinador de la Estrategia Digital de AMLO, está al frente de CFE Internet Para Todos. La lista es larga.

Sheinbaum, pues, tiene la legitimidad de los votos y ocupa la Presidencia, pero López Obrador la rodeó con los suyos e impulsó a sus leales para trascender el sexenio a través de terceros. Se fue sin irse. Y se construyó un año siete de poder e influencia.

La presidenta tiene márgenes acotados sobre los dineros.

Ramírez de la O, el único secretario de Hacienda que dijo que "sí" a todo lo propuesto por López Obrador, incondicional del obradorato y cuyo mayor "mérito" fue mantener la "estabilidad económica", un "manejo sano de las finanzas públicas" y un nada presumible crecimiento de sólo 0.8% durante todo su sexenio —el más bajo en 40 años— fue una ficha heredada; aunque saltó del barco cuando el sexenio de Sheinbaum apenas cruzaba los primeros cinco meses: el viernes 7 de marzo de 2025 se convirtió en la primera baja del gabinete. También el titular del SAT, Martínez Dagnino, es funcionario transexenal; amigo cercano de Andrés Manuel López Beltrán, *Andy*, hijo del expresidente. Pieza inamovible.

Así que ni quien reparte ni quien recauda llegaron con Sheinbaum.

En el terreno de las Fuerzas Armadas, el Ejército y la Marina tienen su propia dinámica y las posiciones los titulares de la Defensa y Marina responden, sí, institucionalmente a la presidenta, como Comandanta en jefa, pero políticamente a quien empoderó como nunca a militares y marinos, y les abrió las puertas de par en par de la vida pública y económica.

En el primer caso, el general de división Ricardo Trevilla Trejo llegó tras ser jefe del Estado Mayor, desde donde modernizó al

Ejército, fortaleciendo la parte operativa y administrativa ajustándola a los *nuevos tiempos* delineados en el sexenio lopezobradorista. La ruta es clara: continuidad. El almirante Raymundo Pedro Morales Ángeles, por su lado, representa un relevo generacional en la Semar; llega luego de encabezar el proyecto del Tren Interoceánico, uno de los proyectos prioritarios de López Obrador. Su cercanía con el gobierno que se fue es innegable.

¿Qué hay del Congreso?

Los líderes de Morena tanto en la Cámara de Diputados como en el Senado (Ricardo Monreal Ávila y Adán Augusto López Hernández, respectivamente) están lejos de ser incondicionales de Sheinbaum. De hecho, ambos han jugado más bien el rol de adversarios. Monreal, marcadamente desde que la hoy presidenta le ganó la candidatura a la Jefatura de Gobierno de la Ciudad de México en 2017-2018, y López Hernández fue el más feroz combatiente que tuvo Sheinbaum en la contienda interna de Morena en 2023-2024. En aquel momento, hubo lluvia de señalamientos y acusaciones entre ambos equipos.

¿Quién opera para la presidenta, entonces?

Monreal y López Hernández tienen agenda propia, aliados propios, historias propias, intereses propios, y proyecto propio. ¿Trabajan para la presidenta? ¿Sheinbaum confía en ellos? En todo caso, son aliados tangenciales no elegidos por ella, sino colocados en esas posiciones como parte del acuerdo del que López Obrador fue articulador y garante, para evitar rupturas en su 4T durante el proceso interno del que emanó la candidatura presidencial. Son parte de la sombra del expresidente, de su legado. Hasta el Congreso llegan sus tentáculos.

Hay un personaje incondicional del expresidente que, con bajo perfil incide e influye potentemente: Alejandro Esquer, secretario particular del tabasqueño que continúa con un rol de estrecha cercanía con el exmandatario y hoy ocupa un escaño en el Senado. Quien ponga atención a la dinámica en la cámara alta se dará cuenta que en votaciones y sesiones clave, Esquer lleva mano. Es, a los ojos de quienes conocen los entretelones, la vía directa de AMLO con los legisladores. Los oídos y boca.

En cuanto al partido, Sheinbaum tampoco maneja los hilos. De hecho, Morena parece cobrar vida propia más allá del poder presidencial, cosa que no ocurrió con AMLO a la cabeza, cuando el exlíder morenista Mario Delgado fue solo un instrumento de Palacio Nacional.

Luisa María Alcalde Luján, icono del morenismo desde sus inicios, encarna el relevo generacional en mancuerna con Andrés Manuel López Beltrán, "Andy", ungido con el 100% de los votos en el más reciente Consejo Nacional de Morena, como secretario de Organización. Van juntos.

En lo que toca a la inteligencia e investigación, la presidenta sí logró colocar a uno de sus más cercanos y confiables colaboradores, Omar García Harfuch, quien ha tenido que hacerse de margen para trabajar, acorralado por inamovibles lopezobradoristas e inercias echadas a andar. En la UIF, no está de más decir lo obvio: Pablo Gómez Álvarez, su titular, no está ahí por su conocimiento técnico ni su historia como sagaz investigador en el terreno del seguimiento de objetivos, sino por motivos políticos. ¿Responde a la presidenta?

En la FGR también hay un territorio ocupado. El poderoso fiscal Alejandro Gertz Manero fue impulsado por López Obrador y su permanencia no necesariamente depende de la presidenta. Fue elegido para un periodo de nueve años y todo apunta, no se irá antes, terminará su encargo hasta febrero de 2028.

AMLO encontró en Julio Scherer Ibarra a un eficaz operador el primer tramo del sexenio, y en Adán Augusto López a quien cubriera esa posición tras la caída del poderoso consejero jurídico. Luego de la salida de Gobernación del segundo, el expresidente ya no tuvo demasiado interés en ese campo. Los tiempos eran otros, venía la campaña, luego la elección y después la recta final: la radicalización. No se trataba de cerrar frentes, sino de abrirlos, y para eso, López Obrador se pinta solo.

Pero Sheinbaum hereda una posición distinta, una en la que los frentes que le abrió su antecesor no le ayudan, al contrario. La presidenta debe cerrar muchos de esos flancos. ¿A quién puede encargar esa tarea? ¿Quién está a cargo de la operación política? ¿La secretaria de Gobernación, Rosa Icela Rodríguez? Por supuesto que es leal a la 4T y al proyecto de la presidenta, pero por encima de esas lealtades, está la que le tiene al expresidente, a quien lo une más que un vínculo político, uno afectivo. López Obrador tiene en la titular de Bucareli a una de las personas de mayor confianza.

Los vacíos se llenan. Y cuando la operación política escasea, puede ser interpretada por quienes intentan avanzar agendas propias, como debilidad. Ante la debilidad, se impone la fuerza. Eso ocurrió cuando la presidenta apenas atravesaba el umbral de los primeros cinco meses de su sexenio, y en pleno golpeteo de Donald Trump y su gobierno.

Sheinbaum presentó en febrero de 2025 una iniciativa contra el nepotismo que, de acuerdo con su propuesta, debía entrar en vigor para el proceso electoral de 2027.

Pero sucedió lo no visto durante el sexenio de AMLO: los legisladores de la 4T contradijeron a la presidenta. No solo no le aprobaron lo que defendió públicamente, sino que le metieron mano a la propuesta y avalaron algo en contrasentido. En el discurso decían estar contra el nepotismo, pero la ambición pudo más que la disciplina y obediencia.

Senadores y diputados de Morena y aliados aprobaron que se prohibiera el nepotismo, sí, pero hasta 2030, para salvar sus propios proyectos políticos personales. Senadores como Saúl Monreal, hermano de David, gobernador de Zacatecas; Félix Salgado, padre de Evelyn, gobernadora de Guerrero; y Ruth González, esposa de Ricardo Gallardo, gobernador de SLP, se opusieron a que les cortaron las alas. Unos cuantos jalaron el reflector, pero eran muchos los intereses que la presidenta pisaba.

Pese a los reclamos airados de Sheinbaum desde la mañanera, sus palabras fueron desoídas. Los legisladores de Morena, PT y Verde votaron en bloque e hicieron lo que quisieron.

"Se va a ver muy mal quien se postule (en 2027 para suceder a un familiar)", les dijo. Pero no les importó. La iniciativa no solo desnudó la ambición de más de uno, sino que exhibió las divisiones internas.

Mientras algunos legisladores de Morena, manifestaron tibiamente su inconformidad con lo aprobado, la mayoría prefirió mirar hacia otro lado y guardar silencio cómplice. La unidad y disciplina ya no era la de antes. Impensable que a López Obrador le hubieran movido siquiera una coma en cualquier iniciativa presentada; acá no solo la reescribieron, sino que fueron en sentido contrario al espíritu de lo presentado por Sheinbaum.

Los vacíos se llenan. Algunos, entre ellos los coordinadores parlamentarios de la mayoría en el Senado, Adán Augusto López, y en cámara de diputados, Ricardo Monreal, parecían medir a la presidenta. La pregunta seguía siendo la misma: ¿Quién opera para ella? Porque en río revuelto, cada quien lleva agua a su molino.

"Hay dos clases de lealtades -escribió el presidente de la Argentina, Juan Domingo Perón en 1954- la que nace del corazón que es la que más vale y la de los que son leales porque no les conviene ser desleales".

¿"Calar" a la presidenta Claudia Sheinbaum? Parece que eso ya lo hizo el expresidente López Obrador... y más de uno quiere seguir el ejemplo.

La manzana envenenada

Consumado el golpe al Poder Judicial, y aceitada la maquinaria de la 4T para atropellar a quien se atravesara, México caminó rumbo al fango jurídico, político y económico con el que se encontró la presidenta Sheinbaum.

En el papel, el expresidente López Obrador se salió con la suya. La venganza estaba hecha. Su mayoría, compuesta de súbditos en el Legislativo le dio el "regalo" prometido. Para eso los llevó al Congreso; se la debían. AMLO les dio instrucciones, ellos las obedecieron. Faltaba más.

Asaltar al Poder Judicial como se hizo al final de la anterior administración y al principio de la nueva, en caóticas sesiones que dejan dudas razonables sobre lo legal de las mismas, lejos de cohesionar, dejó frentes abiertos.

El camino de esa reforma, que significa un parteaguas en la vida pública, estuvo tapizado de impugnaciones, batallas legales y desacatos. Todo el proceso legislativo fue desaseado y se desoyeron los recursos ordenados por jueces tanto a su paso por el Congreso, como antes y después de su publicación en el Diario Oficial de la Federación. La ruta dejó una estela de dudas legales y mermó la legitimidad de lo aprobado.

Se trató de una reforma mal diseñada e impuesta por el partido en el poder (sin escuchar ni incluir opiniones distintas), promovida por un presidente desentendido de las consecuencias (total, él ya se va…), votada entre extorsiones y amenazas (las presiones a senadores, el caso de la negociación a cambio de impunidad a Yunes y la extraña desaparición de Barreda, de MC), ignorando reclamos legítimos y advertencias de muchos y muy diversos sectores.

La reforma condujo al país a un pantano. Fuimos testigos de una lluvia de recursos jurídicos, y lo seremos también del terremoto que conlleva lo puesto en marcha a toda prisa en términos políticos y, sobre todo, económicos.

¿Cuántos miles de millones de dólares de inversión extranjera dejarán de llegar? ¿Serán los 35 mil millones de billetes verdes frenados por la incertidumbre de la reforma (*The Wall Sweet Journal*), los únicos que dejarán de arribar? ¿Y el golpe siguiente, el de eliminar cualquier posibilidad de impugnar reformas a la Constitución? ¿Genera o destruye condiciones de certeza y legalidad? ¿Propicia la confianza que buscan los capitales que, a final de cuentas, son los que generan empleos y prosperidad?

No hay un solo indicador que permita albergar demasiado optimismo. Por el contrario, del Fondo Monetario Internacional a las calificadoras, pasando por bancos, empresas, inversionistas y fondos, alertaron sobre riesgos y potenciales peligros. No era buena idea hacer lo que se estaba haciendo, mucho menos en la forma en que se hacía.

Seguía siendo parte de la herencia lopezobradorista. En su "año siete", AMLO seguía vigente con el legado de un escenario inestable y convulso.

Quien arrasó en las urnas y debía llegar en condiciones de calma y holgura a tomar el poder, lo hizo transitando un camino minado desde el día uno de su gobierno. El presente de bienvenida que le dejó López Obrador, más bien pareció manzana envenenada.

Ya no hay dinero en el cajón

El gobierno de Andrés Manuel López Obrador arrancó su administración e inició su año siete de la misma manera: con decisiones que implican un potente golpe económico con gran radio destructivo. En los hechos, las dos decisiones (de arranque y cierre) significaron una demostración de fuerza. No eran racionales, sino simbólicas. No eran responsables, pero representaron golpes de autoridad. Para que no hubiera dudas de quién manda.

La decisión de inicio fue la cancelación del nuevo aeropuerto que se construía en Texcoco, anunciada el 29 de octubre de 2018, pese a que su enlace con el sector empresarial, Alfonso Romo Garza (jefe de la Oficina de la Presidencia entre 2018 y 2020) afirmó que la obra no se dinamitaría.

Esta determinación, "legitimada" a través de una consulta popular endeble, envió un mensaje claro: López Obrador estaba dispuesto a deshacer proyectos multimillonarios y acuerdos previos para imponer su visión, sin importar los costos económicos o la reputación del país. Fue un inmejorable símbolo de arranque sobre lo que vendría: había que destruir lo que oliera al pasado y edificar lo nuevo a partir de nuevos símbolos.

La forma también fue ilustrativa, se dijo que la decisión se tomó a través de una consulta popular. En realidad, fue la manera de disfrazar una determinación ya tomada por AMLO.

La decisión en su "año siete" fue similar.

En el ocaso del sexenio, las reformas propuestas, particularmente la del Poder Judicial y la que llevaba a la extinción los organismos autónomos, fueron un acto de venganza disfrazado de golpe de autoridad.

La reforma al Poder Judicial no buscaba un mejor sistema de impartición de justicia, era una revancha contra el Poder que contuvo las ilegalidades que desde Palacio Nacional intentaron cometerse. Una vendetta que pretendió dinamitar "obstáculos" y un peligroso intento por socavar la independencia de uno de los pilares fundamentales de cualquier democracia.

En ambas decisiones la constante fue la vena autoritaria que nada tiene que ver con una nueva forma de hacer política, sino con las más viejas prácticas del presidencialismo vertical.

Un presidente que no vio más allá de sí, al que poco importaron las consecuencias de sus decisiones, y que gobernó pensando en lo que deseaba que la historia contara de él y su gobierno.

El daño a la reputación y a la economía no fue para él, y ni siquiera tendrá que ver con los grandes capitales (esos migran de un lado a otro buscando condiciones para asentarse), sino para millones de mexicanos que no tuvieron ni tendrán un mejor empleo, un mayor ingreso y un futuro más próspero.

La irresponsabilidad con la que se impusieron los deseos presidenciales dejó las finanzas públicas en una posición endeble. Parte de la herencia del "año siete" apunta a una tormenta económica.

En el sexenio de López Obrador salieron 335 mil millones de pesos en capitales de extranjeros que estaban invertidos en instrumentos del gobierno. No se había visto tal cosa desde el gobierno de Zedillo.

No fue simple necedad ni tampoco un ímpetu transformador. Se trató del capricho de consumar su revancha hacia el Poder Judicial por las decisiones legales que le impidieron al presidente ejecutar varias de sus decisiones y proyectos transgrediendo la ley.

Esa cruzada se convirtió en el "error de septiembre", que millones de mexicanos —muchos de los cuales votaron por Morena— pagarán. Los más jóvenes nunca vivieron una crisis de fin de sexenio. Me incluyo. Pero el presidente saliente rompió la tradición de cinco sexenios al hilo sin sobresaltos, y produjo con su obstinación y protagonismo un cisma no visto en 30 años.

Cerca de cumplirse tres décadas de la última gran crisis de fin de sexenio, conocida como "el error de diciembre", provocada en buena medida por la mala gestión del déficit de casi 29 mil millones de dólares heredado del gobierno de Salinas al de Zedillo, la falta de inversión a consecuencia del levantamiento del EZLN en Chiapas el primero de diciembre de 1994, y el asesinato del candidato presidencial Luis Donaldo Colosio.

El país y el mundo han cambiado. La endeble economía mexicana de entonces hoy tiene más resortes: la autonomía del Banco de México (aún) que propició un mejor manejo de la moneda, un Poder Judicial independiente del Ejecutivo (aunque en vías de extinción) y reservas internacionales robustas (223 mil 998 millones de dólares, al corte de cierre del sexenio).

En lo que no cambió demasiado México, fue en el anhelo de trascender de quienes estaban por abandonar la presidencia. López Obrador y Salinas antepusieron el ego a su responsabilidad, y colocaron por encima su figura a su investidura. Salinas tuvo un "año siete" muy complicado. Resultó el responsable político de la crisis de 1995 y no pudo poner un pie en México sino hasta varios años después... ah, y su hermano Raúl terminó encarcelado. ¿Qué consecuencias traerá para AMLO su "error de septiembre"?

El tabasqueño no reparó en que, en su ánimo de revancha, sacudió el estable escenario económico. Bancos y calificadoras, además de inversionistas nacionales y extranjeros alertaron sobre los riegos de avanzar en la reforma al Poder Judicial, sobre todo en lo que implicaba la votación de jueces, magistrados y ministros.

Fitch advirtió que el gobierno de Sheinbaum "enfrentará importantes desafíos económicos", dijo que esa reforma y otras propuestas de López Obrador "podrían afectar el perfil institucional de México". Morgan Stanley, por su parte, aconsejó a sus inversionistas "reducir su exposición en México", y alertó que "los cambios en materia judicial podrían contribuir a elevar las primas de riesgo del país y limitar los gastos de capital".

El panorama económico se fue oscureciendo cada día más.

"¿Le gustaría que desaparecieran los órganos autónomos?", le preguntaron en su *mañanera* del 11 de julio de 2024.

"Sería una muy buena reforma administrativa que ahorraría unos 100,000 millones de pesos al año —contestó seguro de sí López Obrador— y no pasa nada, porque no se despide trabajadores, es nada más quitar el copete de privilegios, cortarlo. Que la función del Instituto de la Transparencia pase a Economía, que el Instituto de Comunicaciones pase a la Secretaría de Comunicaciones, que todos los institutos, organismos autónomos que tienen que ver con la industria eléctrica pasen a la CFE y los de petróleo a Pemex. Todos los crearon cuando la idea central del gobierno era privatizar, entonces necesitaban ese andamiaje para defender sus intereses".

Así, con la certeza que se desprende de la cerril ignorancia, el expresidente presumía su intención de colocar obstáculos a la inversión privada en México, pero al mismo tiempo hacerse de recursos porque, en realidad, el dinero que había en el cajón se lo fue gastando.

Esa mancuerna legal que implicaba desaparecer y cooptar al Poder Judicial y los órganos autónomos, fue una mezcla perfecta para ahuyentar la inversión privada que tiene una relación de 7 a uno sobre la inversión privada. AMLO no dimensionaba el impacto: el capital extranjero invertido en México en acciones e instrumentos de deuda públicos sumaba más de 500 mil millones de dólares, algo así como el 30% del PIB.

Pese a la relevancia de la inversión privada, su voz no fue escuchada.

¿Qué pedían a gritos inversionistas, empresas (mexicanas y extranjeras), bancos, fondos y un largo etcétera de actores, para seguir apostando por México, generando empleos y detonando prosperidad? Tres cosas: reglas del juego claras para competir y un marco jurídico sólido para resolver conflictos, Estado de derecho fuerte donde se respete la ley y exista división de poderes, y estabilidad de mediano y largo plazo, porque las inversiones no ven rédito de hoy para mañana.

Lo empujado por AMLO en su tramo final incumplió esas tres condiciones elementales. Pocos quieren arriesgar en circunstancias donde no hay piso parejo y las reglas cambian a capricho, tampoco hay demasiados interesados para enfrentar al poder del estado en desventaja y con todo el aparato en contra (Ejecutivo, Legislativo y Judicial). La reforma, pues, significó un golpe a la confianza.

Agotados los resortes internos, hay quienes apostaron por los contrapesos externos: el T-MEC, las calificadoras y sus grados de inversión, acudir a organismos internacionales… pero el daño a la estabilidad y certeza ya era inocultable.

Atacar las condiciones que favorecen a la inversión, es casi suicida, a menos que lo que se busque sea espantar capitales y que el Estado lo abarque todo, lo que es todavía una idea más nociva.

Pero cuando detrás de una acción tan irresponsable está, además, como principal motivo la venganza personal, es aún peor. Las consecuencias las termina pagando la mayoría. Y el responsable del desastre rara vez aparece para dar la cara. Eso es lo que atestiguamos. López Obrador está cómodo en su Quinta "La Chingada", mientras el país se va asfixiando económicamente por sus decisiones heredadas.

Los datos, todos, van en el mismo sentido. La realidad cobra facturas.

El crecimiento económico del sexenio lopezobradorista, por ejemplo, fue el más bajo reportado en los últimos 36 años, con menos de 1%. Y aunque AMLO hizo malabares para justificarlo e incluso lo vendió como un "éxito", hubo otro indicador que ni él pudo disfrazar de buena nota: la deuda. Su gobierno la elevó a un monto sin precedente: 6.6 billones de pesos. Por primera vez, superó el 50% del total del tamaño de la economía: más del 51%.

López Obrador echó mano del dinero en el cajón, lo dilapidó a manos llenas para cumplir sus deseos de perpetuarse a través de sus obras y decisiones.

Presupuesto comprometido

En el último tramo de gobierno del "segundo presidente más popular del mundo", la Secretaría de Hacienda no dejó de sacar la cartera para asegurar, a punta de billetes, la instauración del segundo piso de la 4T.

De enero a julio del año 2024, los requerimientos de deuda del sector público se incrementaron 60% respecto al mismo periodo del año anterior. La administración federal había reportado para ese mismo periodo de 2023 un desbalance fiscal cercano a los 620 mil 300 millones de pesos. Al cierre de julio de 2024 el boquete ascendió a más de 1.04 billones de pesos, la cifra más alta de la que se tiene registro desde 2008, año en que comenzó a publicarse el dato.

El legado lopezobradorista en términos de las finanzas públicas, era desastroso y complicaba el arribo a la presidenta, quien estaba obligada a hacer malabares para equilibrar el desbalance entre sus gastos e ingresos, con un déficit público tan alto desde el primer día de su gestión. Un presupuesto y unas finanzas comprometidas son los aderezos extra a la manzana envenenada heredada por López Obrador.

Y es que, en plena despedida, el gobierno del tabasqueño no escatimó en gastos. Durante los primeros siete meses del último año, el gasto público se elevó 11% respecto al mismo periodo del año anterior y alcanzó la cifra de 5.4 billones de pesos, mientras que los ingresos crecieron de forma más marginal, apenas 3.3%, para llegar a 4.4 billones de pesos.

Puertas adentro, tan solo el desembolso en dádivas disfrazadas de programas sociales (con alto lucro electoral), creció más de 10%, mientras que la inversión directa en infraestructura se elevó más del 15%.

Para ese año, el secretario Rogelio Ramírez de la O, proyectó un déficit fiscal equivalente al 5.9% del Producto Interno Bruto (PIB), un nivel no visto en más de 30 años. El funcionario, que repitió en el cargo con Sheinbaum, defendió este nivel de déficit tan alto con el argumento de que se trata de un alza puntual, necesaria para concluir las obras emblemáticas de López Obrador y no dejar pendientes.

Las obras, por cierto, no se concluyeron, y los pendientes fueron heredados al nuevo gobierno.

En la borrachera del fin de sexenio se dejó a la economía endeble y expuesta a vaivenes. En el arranque del gobierno actual el estilo no cambió demasiado. Era difícil. La presidenta llegaba con enorme expectativa y buscó cumplirla aprisa. Se anunciaron más programas sociales y más gasto en apoyos. El asistencialismo seguía siendo la ruta. ¿Por qué habría de ser distinto, si al antecesor le dio tan buenos dividendos políticos? El asunto es que los recursos se iban terminando y la cobija presupuestal ya no alcanzaba para cubrirlo todo.

¿De dónde aparecerá el dinero? El gobierno solo puede o recaudar más, o gastar menos. Lo segundo no lo haría. ¿Qué estrategia seguiría para lo primero?

Pero el pantano económico no era solo un asunto de sumas y restas en las finanzas públicas. La temeraria reforma al Poder Judicial se convirtió en un elemento nocivo para el de por sí complejo panorama económico. El radio expansivo de esa bomba no se limitaba solo a lo político y jurídico.

Quizá el mayor impacto vendrá en lo económico. ¿Quién en su sano juicio querrá invertir en un terreno judicial pantanoso, con nula certeza jurídica y falta de estado de derecho? ¿Qué empresa emprenderá un proyecto cuando las leyes se maquilan a capricho y cambian según los humores políticos? ¿Con qué confianza?

A las muchas voces preocupadas por lo que vendrá, de empresarios, académicos, organizaciones, se sumó el 22 de agosto, 30 días antes del fin del sexenio, la del embajador de EU en México, Ken Salazar, quien durante tres años como representante en nuestro país fue en extremo cauto y cercano al presidente López Obrador, con quien estableció una buena relación personal.

En un pronunciamiento inédito del que era portavoz, que reflejaba el sentir del gobierno de Joe Biden, alertó sobre potenciales riesgos. No hubo desperdicio en sus palabras.

"Las democracias no pueden funcionar sin un Poder Judicial fuerte, independiente y sin corrupción", dijo en conferencia de prensa. Y fue más allá: "basándome en mi experiencia de toda una vida apoyando el Estado de Derecho, creo que la elección directa de jueces representa un riesgo mayor para el funcionamiento de la democracia de México".

Y puso el acento en la crisis económica que podría conllevar entercarse con la reforma, como sucedió.

"El debate sobre la elección directa de jueces (…) amenazan la histórica relación comercial que hemos construido, la cual depende de la confianza de los inversionistas en el marco legal de México", apuntó.

No es ningún secreto: más allá de la soberanía y el discurso nacionalista, siempre taquillero, la realidad es que México recarga su economía en el intercambio comercial con EU. Sin esa relación, nuestro país se sumergiría en una profunda crisis. ¿Eso buscó AMLO generando un tiradero a días de abandonar Palacio Nacional? ¿Estaba "calando" a Sheinbaum?

En los mismos términos, Empresas Globales, que agrupa más de 60 empresas internacionales, como Nestlé, AT&T, General Motors, Pepsico, HSBC y un largo etcétera, que representan el 10% del PIB en México, hicieron un "llamado al Poder Ejecutivo y Poder Legislativo para que se garantice la independencia judicial en beneficio de la certeza jurídica y la protección a las inversiones". Poco después, también, el embajador de Canadá, Graeme C. Clark dijo en entrevista que "hay preocupaciones" de los inversionistas por la reforma al Poder Judicial.

La factura por pagar es muy alta, no solo en el corto plazo. Implicará pagar con menor crecimiento económico y una reducción en la generación de empleo (de por sí muy baja, ya que el expresidente presumía haber logrado en su administración 400 mil empleos por año, cuando nuestro país debería estar teniendo, al menos, un millón de fuentes de trabajo formal anualmente).

El *nearshoring*, por ejemplo, resultó uno de los primeros damnificados. Las multinacionales estadounidenses y de otros países invierten donde hay certeza y confianza. No apuestan ni corren riesgos donde se cambian las reglas del juego abruptamente, no hay estado de derecho ni respeto a la legalidad.

El regalo de López Obrador, esa manzana envenenada en su "año siete", nos condujo a un escenario "espanta inversiones". Sin certeza jurídica, con instituciones frágiles y falta de estado de derecho sumado a la violencia creciente.

A 22 días de haber asumido, malas noticias llegaron al reino del segundo piso de la 4T que confirmaban los malos augurios mientras la naciente administración se empeñaba en desacatar decisiones judiciales (con el visto bueno del Congreso de mayoría morenista), culpando al pasado "neoliberal" de los males actuales y seguir la batalla con los molinos de viento españoles exigiendo disculpas de una historia mal contada: el Indicador Global de la Actividad Económica (IGAE), se contrajo 0.3% en agosto del 2024 afectado sobre todo por el desplome del sector agropecuario y por la caída de la industria.

No cumplía aún un mes en Palacio Nacional la presidenta, y la herencia económica del lopezobradorismo ya asomaba la cabeza. La desaceleración económica era inocultable. El día 23 del sexenio el INEGI dio a conocer otro dato que pasó casi de noche, pero alertaba sobre los saldos por pagar, el sector manufacturero, estrechamente ligado a las exportaciones, clave para nuestro país, había registrado una caída de 1.1% en septiembre. El dato ilustraba la complejidad que tendría la conformación del presupuesto para 2025. Porque no es lo mismo un recorte con una economía en expansión, que una en proceso de contracción en la actividad económica.

Reducir inversión cuando se crece, reduce capacidad de crecimiento, pero cuando la actividad viene en caída o se reduce el presupuesto, multiplica la caída. Si se quiere reducir en 50% el déficit fiscal en 2025 —como se propuso— tendríamos que dejar de gastar o invertir poco más de 750 mil millones de pesos, lo que sería —para ilustrar— más del total del presupuesto destinado a programas sociales en 2024, unos 720 mil millones de pesos.

Al otro día, un dato negativo más, se reportaba la cuarta caída al hilo en la industria de la construcción, que suele arrastrar a muchas otras, -15.3% en agosto.

De ese tamaño tendría que ser el ajuste. De ese tamaño era ya la ralentización de la economía. Y como fichas de dominó se enfilaban las malas noticias. Los ingresos petroleros se venían abajo. Ya la Secretaría de Hacienda había pronosticado una reducción en los ingresos petroleros en 2024 respecto a 2023, de 23%, y la realidad hacía buena la estimación. En el corte de caja de los primeros siete meses del año, los ingresos petroleros del sector público cayeron 7.9% real anual. Peor aún, la parte correspondiente al Gobierno federal registró un desplome: 60.4%. Los ingresos por la actividad petrolera —explotación, proceso y comercialización de hidrocarburos— que son capturados por el gobierno mediante el cobro de impuestos, derechos y otros instrumentos fiscales apenas alcanzaron los 97 mil 82 millones de pesos. La cifra quedó muy por debajo de los 233 mil 742.7 millones recaudados en el mismo periodo de 2023, o de los 169 mil 62.7 millones que se tenían programados. Un desastre.

Otra de las grandes apuestas de AMLO, salvar a PEMEX, fracasaba. La empresa no solo era ya la petrolera más endeudada del planeta, sino que representaba el mayor fracaso fiscal del lopezobradorismo.

Para septiembre, las exportaciones petroleras ya habían caído 44.9% y otras también cruciales, como las automotrices, se habían venido abajo 7.4%.

Los datos no eran buenos. El panorama se iba nublando y había pronóstico de lluvia.

A punto de terminar octubre de 2024 llegó un golpe que pareció demoledor: el FMI redujo por tercera vez su pronóstico de crecimiento para el año que corría y para 2025, cuando apenas arañaría el 1%. Pero el cisma era mayor: la economía mexicana, que en 1999 se situó como la octava más grande del mundo, y que al término del sexenio de AMLO ya se encontraba en el lugar 13, pasaría en el "año siete" al lugar 15, cayendo así dos peldaños más.

La previsión no era fortuita, venía acompañada de una desaceleración en el consumo, una caída en la creación de empleo, incertidumbre por las recientes reformas y la ralentización de la inversión extranjera, entre otros puntos. Era otro rostro de la herencia.

El jueves 14 de noviembre, a 45 días de iniciado el sexenio de Sheinbaum, apareció otra mala noticia, *Moody's Ratings*, una de las calificadoras más influyentes, cambió de estable a negativa su perspectiva para la calificación crediticia de México, debido a un "debilitamiento de la formulación de políticas y del entorno institucional", en buena medida porque con la reforma al Poder Judicial se corre el riesgo de "erosionar los controles y contrapesos del sistema judicial", trayendo "un posible impacto negativo en la fortaleza económica y fiscal de México". Eso, sumado a los pasivos de PEMEX que amenazan con cobrarle la factura a las finanzas públicas, eran otro golpe a la estabilidad y certeza. Por más que el gobierno de Sheinbaum intentaba transmitir confianza y optimismo, la terca realidad se imponía.

Menos de dos semanas después, el 25 de noviembre, otra de las calificadoras, *HR Ratings* tomaba la misma decisión, cambiaba su perspectiva de la deuda soberana de México de estable a negativa. La calificadora soportaba su ajuste en el "deterioro de las proyecciones de crecimiento económico", el aumento en la deuda neta del país (que estimaba podría alcanzar un alarmante 54% al cierre de 2025) y la "desaceleración de la actividad industrial", especialmente "en el sector de la construcción y manufactura". ¿Qué provocaba lo anterior? Menor inversión interna y falta de demanda externa.

Por si algo hiciera falta, ese mismo día, Donald Trump endurecía el discurso, aranceles del 25% a México (y Canadá) desde el día uno de su presidencia. El peso no resistía el golpe y se depreciaba casi 3% en unas cuantas horas, alcanzando los 20.83 por dólar al mayoreo y 21.23 al menudeo, su mayor nivel en dos años y medio.

Los canadienses también pintaban su raya. "Es insultante compararnos con México", decía el primer ministro de Ontario (la economía más grande de Canadá), Doug Ford, sobre la propuesta arancelaria de Trump. Ford ya había dicho días antes que a su país le convenía sacar a México del T-MEC. Lo mismo afirmó en aquel momento la primera ministra de Alberta, Canadá, Danielle Smith. Nuestro país perdía aliados a paso veloz.

Ni la vecindad con la economía más grande del mundo que nos lleva a pertenecer a una región (Norteamérica) que concentra el 30% del PIB mundial, ni ser el país con más acuerdos comerciales del planeta, alcanzaban para contener el desastre provocado por las políticas irresponsables del lopezobradorismo. El cielo económico se oscurecía cada vez más para nuestro país. 2025 ya pintaba para ser un año de estancamiento y, quizás, recesión económica.

La crisis llamaba a la puerta, aunque se pretendía ocultar la realidad con *otros datos*. El viernes 15 de noviembre supimos que el transexenal secretario de Hacienda, Rogelio Ramírez de la O, quería seguir nutriendo un mundo de fantasía. La mañana de ese día presentó ante el Congreso su propuesta de paquete económico 2025. Decirle optimista, se queda corto. Apostó por PEMEX, la empresa petrolera más endeudada del planeta (deuda que cargamos los mexicanos), habló de un inexistente dinamismo en el consumo y un crecimiento en el empleo que no era cierto. En eso recargó una propuesta tan ingenua como irresponsable.

Mientras que en el mundo real el dólar se vendía ese viernes en $20.49 (aún sin Trump en la presidencia, ni los aranceles utilizados como moneda de cambio o la revisión del T-MEC echada a andar), él lo proyectaba debajo de los $18.70 para 2025.

En la borrachera del poder, aparecía la irresponsabilidad y ligereza. El senador Oscar Cantón Zetina, tabasqueño que se precia de ser uno de los más cercanos a AMLO, en lugar de contribuir a arreglar algo, descomponía lo que no entendía. Ante el amago con aranceles a México, proponía cambiar a EU por China. La ignorancia era temeraria. "China es la verdadera amenaza al imperio norteamericano", decía para justificar lo insensato de su propuesta.

Hacienda estimaba un crecimiento de entre 2% y 3% de la economía nacional, cuando nadie apostaba por tal cosa, Banco de México y el FMI, por ejemplo, proyectaban a lo sumo poco más de 1%. El gobierno mexicano anclaba a ese optimismo un montón de cálculos para gastar más (que no mejor) y reducir la deuda. Sonaba muy bien, pero era improbable. Pero si no se llegaba a ese número (como no se llegará), la situación puede descomponerse dramáticamente, porque habrá que jalar la cobija de los recursos públicos y sacar la tijera para realizar recortes.

Apenas se había puesto sobre la mesa la propuesta económica del Gobierno federal y *Moody's* apuntó lo inviable de la misma: México crecería apenas 0.6% en 2025. El optimismo oficial chocaba con la realidad.

En el paquete se echaron al vuelo números sin mayor soporte que los buenos deseos. Reducir el déficit a 3.2% sonaba bien, pero era una misión imposible. Sobre todo, si revisamos que México cerró 2024 con un déficit equivalente al 6% del PIB, algo así como 1.8 billones de pesos, su nivel más alto en 36 años. Otro saldo de la herencia lopezobradorista que pasaba recibo en el "año siete".

Aquella propuesta económica fue una danza de cifras alegres que ya no eran sostenibles. Mientras hubo ahorros de los regímenes *neoliberales*, las finanzas públicas soportaron, pero AMLO dejó el cajón vacío; gastó a manos llenas el dinero que no era suyo.

El expresidente comprometió el presupuesto a su sucesora y, de paso, le endilgó una pesada losa que cargar a los mexicanos.

Ni él ni su secretario de Hacienda estarían ahí para asumir el costo del desastre. López Obrador dejó en marcha una crisis financiera, y Ramírez de la O renunció el 7 de marzo de 2025, cuando el nuevo sexenio aun no llegaba a los seis meses. Se fue mientras la incertidumbre se contagiaba por los constantes amagos arancelarios de Trump, y sin mayores condiciones de certeza que ofrecer. *Tiró la toalla* cuando todas las estimaciones económicas iban en picada y mientras naufragaba su irresponsable propuesta económica que, a todas luces, no se cumpliría.

6. LA DISPUTA POR LA HERENCIA LOPEZOBRADORISTA

"Es más fácil ser dogmático que negociador, ser intolerante que tolerante; es más fácil dividir que juntar".
Jesús Reyes Heroles, secretario de Gobernación 1976 –1979

Las tribus en Morena

Un día después de tomar posesión, Claudia Sheinbaum Pardo dedicó su primera *mañanera del pueblo* al movimiento estudiantil y aseguró no solo ser "Hija del 68". Dijo que tuvo la oportunidad de visitar en la cárcel de Lecumberri a Pablo Gómez, uno de los líderes del Consejo Nacional de Huelga, preso del 68 a 71 del siglo pasado, cuando ella tenía entre 6 y 9 años.

En el "año siete", seguían los símbolos. Si el primer decreto de AMLO como presidente fue para la creación de la Comisión para la verdad del caso Ayotzinapa, investigación que seis años después permaneció empantanada, la primera conferencia de la presidenta también tenía una carga histórica: 2 de octubre, no se olvida.

No solo se trataba de una pasarela de gustos y preferencias con carga ideológica. Fue y seguirá siendo, una de las características de Morena en el poder, apropiarse del pasado.

Desde 2018, por ejemplo, le han cambiado los nombres y nomenclaturas a una decena de calles y espacios particularmente de la Ciudad de México en un recrudecimiento del uso del pasado para legitimar discursos excluyentes, relatos imaginarios y manipular, descontextualizar y tergiversar la historia hasta desnaturalizarla y mitificarla.

Esta búsqueda de legitimidad histórica que pretende apropiarse del arco narrativo "de los buenos" de nuestra historia, desde Cuauhtémoc hasta Lázaro Cárdenas (ni uno más después de 1940) pasando por los inevitables Hidalgo, Juárez, Madero, Villa y Zapata con algunos favoritos personales como Ricardo Flores Magón, Felipe Carrillo Puerto o Felipe Ángeles obedece casi a un recurso político de orfandad.

Morena no tiene trayectoria ni demasiada legitimidad histórica en la vida pública. Su espectacular ascenso hacia el poder fue vertiginoso, demasiado rápido y acompañado de una mezcolanza de personajes desdibujados ideológicamente que aterrizaron en el partido en busca de una rebanada del pastel.

El partido-movimiento que AMLO construyó, demoró menos de cinco años entre su creación formal (obtuvo su registro ante el INE el 9 de julio de 2014) y su triunfo en la elección presidencial de 2018. Un fenómeno jamás visto. Sus victorias encuentran distintos argumentos, de la figura de López Obrador y su consistencia discursiva, a las extenuantes giras por cada rincón del país, pasando por las numerosas sospechas en polémicas contiendas electorales que incluirían la participación directa de grupos criminales.

Este año, el "año siete", Morena vive un momento de esplendor, lo controla todo. Ganó holgadamente la presidencia (dos a uno), se hizo de la mayoría calificada en el Senado y cámara de diputados, gobierna 24 de 32 entidades, y controla la mayoría de los congresos locales.

Pero el partido es un revoltijo donde todos caben. Bueno para ganar elecciones; malo para darle estructura ideológica y homologar un proyecto, más allá del lugar común, no mentir, no robar y no traicionar al pueblo.

La paradoja de la factura que asoma la cabeza y carga como pecado de origen es, precisamente, el origen de sus cuadros: cascajo, trapecistas y oportunistas, mezclados con aquellos que iniciaron en las bases, se asumen *puros* y miran con desdén a los recién llegados.

"Se recibe cascajo", podría decir algún letrero de bienvenida al partido. Y es que sus militantes y simpatizantes, vienen de todos los partidos políticos, sobre todo del PRD y el PRI, aunque también hay muchos expanistas.

Su ADN es una cruza de perredismo sectario y priismo trasnochado.

Del antes todopoderoso tricolor heredó la voluntad monolítica del partido único; la gran aplanadora dirigida por el "señor presidente" y puesta a su servicio y disposición; el verticalismo donde no se mueve una hoja (mucho menos una coma de cualquier iniciativa enviada al Congreso) sin el visto bueno de Palacio.

Del PRD arrastra la pulverización, el afán de agruparse en tribus (prohibidas en los estatutos) que terminaron por extinguir al sol azteca, y el choque entre corrientes (expresiones, le llamaban elegantemente) internas.

En la 4T hay un río revuelto de tribus, grupos y subgrupos. Muchos de ellos no tienen en común nada más que la ambición de poder y la aspiración de cargos y recursos económicos. Lo que es un hecho es que varios de sus integrantes se disputan la herencia "lopezobradorista" y querrán convertirse en herederos del tabasqueño.

El caricaturista Rafael Barajas "El Fisgón", director de la escuela de cuadros del movimiento-partido, quien echa a andar a los *puros* conocidos como "los camisas guindas" tanto en redes como en las calles, y el ideólogo Pedro Miguel (Arce Montoya) son quienes encabezan a los "duros" de Morena. Presumen cercanía con AMLO y miran con desdén a quienes llegan envueltos en banderas de otros partidos.

En esa periferia, perfiles como Martí Batres Guadarrama, ex jefe de gobierno de la CDMX, Clara Brugada Molina, actual jefa de gobierno, César Cravioto Romero, secretario de Gobierno capitalino o Jesús Ramírez Cuevas, exvocero de López Obrador, se asumen como la expresión más *pura*.

Hay quienes colocarían en ese grupo al presidente del Senado, Gerardo Fernández Noroña, pero en realidad él camina por su cuenta y sin pertenecer a tribu alguna.

"Los tabasqueños" paisanos del expresidente se dividen a su vez entre aliados y amigos. Ahí caben desde Adán Augusto López Hernández, *hermano* distanciado de AMLO, hasta Octavio Romero Oropeza, incondicional del expresidente.

"Los Claudios" cuyas figuras más emblemáticas son, entre otros, Omar García Harfuch, Luz Elena González, Iván Escalante, Carlos Ulloa, Alfonso Brito y Paulina Silva, son los más cercanos a la presidenta Sheinbaum; y curiosamente sus mayores resistencias se ubican en el ala *dura*, desde donde no pocas veces los miran con desdén, pese a que son más eficientes y pulcros en su actuar público.

Aunque con profundas diferencias entre ellos, hay una creciente vertiente sindical. Como en los tiempos del PRI, el que se mueve, no sale en la foto. Líderes que encabezan potentes sindicatos están plegados a la 4T, sin mayor ideología que el poder y el acceso a él. Pedro Haces Barba, de la CATEM (central que agrupa cientos de sindicatos y poco más de 7 millones de obreros) es el más poderoso y su alianza con Ricardo Monreal ha convertido a ambos en la fuerza dominante en San Lázaro; Ricardo Aldana, del sindicato Petrolero; Alfonso Cepeda, del SNTE; y Napoleón Gómez Urrutia, líder minero, son solo algunos ejemplos.

Luego están varios gobernadores y otros cercanos a ellos, que tienen un grupo político propio y buscan expandir su área de influencia. Delfina Gómez Álvarez del Edomex, por ejemplo, aunque quien toca el pandero ahí se llama Horacio Duarte, su secretario de Gobierno. Algo parecido sucede con los Monreal, cuyo control en

Zacatecas es casi absoluto. O con los Salgado, que se han entronado en Guerrero, y tienen línea directa con López Obrador.

Están, además, figuras con larga trayectoria y, en algunos casos, prestigio, como Juan Ramón de la Fuente, Marcelo Ebrard o Esteban Moctezuma, que son vistos con recelo por considerárseles demasiado "fifís". Tienen peso, influencia y poder, pero sufren torpedeo constante de las bases que no los quieren demasiado. Algo parecido le sucede a Ricardo Monreal, que hace de las redes que ha construido desde hace décadas el epicentro de su poder; él participa en distintas pistas y su influencia lo convierte en factor de poder en múltiples esferas, de la política (sobre todo en el Legislativo) a la económica (vínculo con empresarios) pasando por la mediática.

Entre los más jóvenes destacan Luisa María Alcalde y Marath Bolaños, vinculados ambos con Andrés Manuel López Beltrán, hijo de AMLO. Y funcionarios que van transitando las agitadas aguas buscando sortear las coyunturas, como Zoé Robledo o Mario Delgado.

Por supuesto hay otros grupos que se han enquistado, del encabezado por René Bejarano-Dolores Padierna, al creciente poder de Ariadna Montiel, Secretaria del Bienestar, pasando por expresiones que controlan cachos de estados o alcaldías, como los hermanos Moreno en Venustiano Carranza (Julio César fue impulsado por la presidenta para encabezar la Comisión de Justicia en la cámara de diputados. O Adrián Ruvalcaba en el poniente de la CDMX.

Los grupos y subgrupos son muchos. Pero aun en esa dinámica, por encima de ellos, hay un personaje con alta influencia y cercanía con AMLO: Alejandro Esquer es a los ojos de los enterados, como anoté, la correa de transmisión del expresidente. Quien fuera su secretario particular, y que hoy ocupa un escaño en el Senado, se hace sentir cuando debe. Maneja un bajo perfil y funge como boca y oídos de López Obrador en sesiones y votaciones neurálgicas. Es su representante.

Poco más afuera, pero no tan lejos, se encuentran los aliados coyunturales.

Los "Verdes", que a su vez están divididos internamente. La cabeza de esa ala sigue siendo Jorge Emilio González Martínez, que de "niño" ya no tiene nada. Él y el senador Manuel Velasco Coello mantienen a raya al partido del tucán y deciden a quién abren y a quién no las puertas del negocio. Ahí, por ejemplo, han dado cobijo a tránsfugas priistas como Eruviel Ávila o Jorge Carlos Ramírez Marín.

A propósito, están los expriistas llegados en diferentes momentos. Unos, embajadores que pactaron su rendición con AMLO, como Omar Fayad, exgobernador de Hidalgo o Quirino Ordaz, exgobernador de Sinaloa. Otros que fueron parte de una negociación *sandwich*, con el expresidente y Sheinbaum, como Alejandro Murat, exgobernador de Oaxaca. Y unos más que ya correspondieron a la actual presidenta, como Alejandra del Moral, excandidata en el Estado de México.

El PT, que se cuece aparte. Ahí es el "profe" Alberto Anaya el que, enquistado en la dirigencia desde hace cuatro décadas, lo decide todo. Él y una pequeña cúpula gobiernan el partido, se reparten las posiciones, candidaturas y recursos.

Cada uno de estos grupos o tribus o corrientes posee su propia parcela política y sus distintos grados de influencia, pero todos tienen un común denominador: buscan heredar un pedazo de pastel que "dejó" López Obrador. En el "año siete", van por el testamento.

Los grupos, todos, tienen vasos comunicantes con otros, pero también están, cada vez más, afilando cuchillos. Porque, una vez que el tabasqueño termine de irse, desaparecerá lo único que mantiene cohesionado al movimiento y esas tribus o corrientes: él. AMLO es el pegamento. Y sin ese imán que los une la batalla entre liderazgos podría ser descarnada.

Morena no se ha institucionalizado. No es un partido consolidado. Es el partido de un solo hombre y depende de la voluntad de un solo hombre: Andrés Manuel López Obrador y será él, solo él, el "fiel de la balanza" al momento de definir al recipiendario de su legado.

114

El relevo es *Andy*

El Movimiento de Regeneración Nacional pervivirá mientras Andrés Manuel López Obrador siga en él. Suena lapidario y, quizá, a "cliché", pero es verdad.

Es la realidad del "año siete" en el que no pocos críticos ven un cogobierno del tabasqueño con Claudia Sheinbaum.

López Obrador es el cemento que une a Morena. Es el punto de gravedad del movimiento-partido entre el gobierno saliente y el entrante en su primer relevo presidencial. ¿Alguien duda que tiene la última palabra entre los morenistas?

En su "año siete" es todavía dogma y nadie en Morena se atrevería a desacatarlo, porque es ley. Y aunque esté lejos de ser un partido institucionalizado, como ya vimos, sí es la columna, el escudo y la trinchera del gobierno. Es el refugio de la 4T.

Pero ¿qué ocurrirá en Morena si el gran Tlatoani, como ha dicho, realmente cumple su palabra y se retira de la vida pública?

Una muestra de lo que podría pasar la vimos el 22 de octubre de 2024 cuando, *Andy*, hijo de AMLO, que semanas atrás había sido designado por aclamación secretario de Organización de Morena, asumió en plenitud su nueva posición y tomó control de Morena.

En una reunión con legisladores morenistas lanzó dos mensajes contundentes. Primero, llamó a aumentar la militancia del partido en 10 millones de simpatizantes en un año. Segundo, aseguró que "nuestro riesgo es generar nuestra propia oposición, dividirnos y alimentar a nuestra oposición". Y fue más allá. Dijo que Morena se convirtió en "una máquina de ganar elecciones", aunque a veces de forma "desordenada".

¿Andy es solo él, o representa a su padre? ¿Habla por él, o es la voz del expresidente?

López Beltrán se quejó de que la aplanadora electoral no se hubiera convertido en una máquina que aceitara y engrosara la membresía partidista. ¿A quién iba el regaño?

"Queremos ser el partido más grande que ha tenido este país y vamos a ponernos la meta de en un año afiliar a 10 millones de simpatizantes. Con esto no solo vamos a dar el tamaño a nuestro partido, el tamaño que corresponde y vamos a democratizar el partido porque hemos crecido tanto que ahora es difícil ver quién es nuestro adversario", detalló *Andy*.

Al igual que su padre, hizo gala del supremo desdén que le motiva la oposición y también la "ninguneó". Aseguró que esta no tiene ninguna oportunidad de levantarse, por lo que el verdadero riesgo de Morena es la división.

"Esa es la política y esa es la escuela que nos enseñó a hacer nuestro dirigente nacional Andrés Manuel López Obrador y ese es el legado que vamos a ayudar a proteger", enfatizó el hijo del ex presidente de la República en un acto que se leyó de manera clara y puntual con un solo mensaje: el relevo es *Andy*, a través de él, López Obrador quiere seguir al mando.

En un rol secundario, la dirigente nacional de Morena, Luisa María Alcalde, hizo un llamado mesurado, como para no opacar al sol naciente: llamó a los legisladores a realizar asambleas informativas, difundir los alcances de las iniciativas del expresidente y superar la "gritería" y "las campañas de los medios adversarios" en contra de dichas disposiciones.

Ni en Morena, ni en ningún otro partido u organización, existe un líder de la magnitud del expresidente López Obrador. Su poder es tan completo y absoluto como no se veía en México desde el ejercido por Plutarco Elías Calles a la muerte de Álvaro Obregón.

Si el 14 de septiembre de 2024 con su designación como secretario de Organización de Morena, se hizo evidente, a partir de ese 22 de octubre fue inocultable: la correa de transmisión del tabasqueño, es su hijo. La entrega del bastón de mando fue a él.

De la misma manera que los monarcas absolutos ingleses de la dinastía *Plantagenet* presentaban al "príncipe de Gales" (título concedido al heredero en vida del monarca) ante la multitud reunida bajo los balcones del Palacio de Balmoral, López Obrador *in absentia* hizo lo propio con *Andy*. Pero, López Beltrán es un heredero perseguido por la sospecha, las dudas y acusaciones. Un príncipe con muchas sombras.

Es el heredero, el relevo, pero su camino no está sembrado de rosas.

Las acusaciones de corrupción salpican a la familia

"La familia como el sol: entre más lejos mejor", reza la conseja popular y en materia presidencial mexicana la máxima se ha seguido con diferentes matices y ha tenido distintos resultados a lo largo de la historia.

Maximino Ávila Camacho fue el original "hermano incómodo" del México postrevolucionario. Su carácter, bravatas, desplantes y escándalos amenazaron con descarrilar la nominación presidencial de Miguel Alemán, pero una oportuna y misteriosa "indigestión" acabó con su vida antes de que se convirtiera en un verdadero dolor de cabeza para la naciente familia priista.

Fernando Casas Alemán fue jefe del Departamento del entonces Distrito Federal durante el sexenio de su primo Miguel, y el parentesco le alcanzó para amasar una considerable fortuna producto de la corrupción en proyectos de infraestructura, como el levantamiento de escuelas, gimnasios, mercados, jardines infantiles, pavimentación de calles y avenidas, alumbrado e introducción de tuberías para el agua potable. Sin embargo, ese vínculo no le alcanzó para aspirar a "la grande".

Luis Echeverría tuvo un hermano actor de la llamada "Época de oro" del cine mexicano y ya siendo presidente le dio un empleo dentro del gobierno. Francisco Luis Rodolfo Echeverría Álvarez, mejor conocido en el mundo artístico como Rodolfo Landa, fue nombrado director del Banco Nacional Cinematográfico en septiembre de 1970, desde el que impulsó la creación del Festival Internacional Cervantino, la fundación del Centro de Capacitación Cinematográfica y la creación de la Cineteca Nacional.

José López Portillo fue el campeón del nepotismo presidencial hasta la llegada del otro López, Obrador. "Pepe", como le decían, terminó con su hermana Alicia como secretaria particular de la Presidencia; Margarita, otra de sus hermanas, encabezando Radio, Televisión y Cinematografía de la Secretaría de Gobernación, la todopoderosa censora de los medios; su primo Guillermo como "zar del deporte" en el Instituto Nacional del Deporte; su propia esposa Carmen dirigía, sin cargo formal, las actividades culturales del Instituto Nacional de Bellas Artes; su hija Paulina era impulsada, a punta de billetes, como una naciente estrella de la música pop con disco producido por Bebú Silvetti a cargo del erario nacional, y "el orgullo de su nepotismo", su hijo José Ramón, fue subsecretario de Programación y Presupuesto, y el verdadero impulsor de la nacionalización de la banca en 1982. El sucesor de López Portillo, Miguel de la Madrid, escribiría años después:

"Volviendo a José Ramón, él llevará la carga de haber sido uno de los principales responsables del desprestigio de su padre".

Raúl Salinas de Gortari, "*Mr. Ten Percent*", fue el hermano incómodo de Carlos, acusado de amasar una fortuna gracias a su ingreso a la política y como resultado de las mediaciones, negocios, tráfico de influencias y riquezas ilícitas en las que estuvo involucrado. El mayor escándalo que protagonizó el hermano mayor de la familia Salinas ocurrió en 1994 cuando fue acusado de ser el autor intelectual del asesinato de su cuñado, José Francisco Ruiz Massieu.

Pues bien, todos palidecen frente al nivel alcanzado durante la presidencia de Andrés Manuel López Obrador. Desde videos filtrados donde se observa a sus hermanos recibiendo dinero en efectivo en sobres amarillos, hasta la Casa Gris donde vivió su hijo José Ramón, pasando por la empresa de Chocolates y siembra de cacao Rocío —beneficiada por el programa Sembrando Vida—, los amigos de su hijo "Bobby" consentidos en la compra de balastro para las obras del Tren Maya, incluso los negocios de su prima

Felipa Obrador, quien habría recibido contratos por 4 mil millones de pesos de PEMEX durante el sexenio pasado.

Pese a ser casos documentados y denunciados públicamente por medios de comunicación y organizaciones como "Mexicanos Contra la Corrupción y la Impunidad" (MCCI), todos los parientes del presidente han gozado de inmunidad.

Los hechos, relatados por MCCI, son contundentes:

El 20 de agosto de 2020 se filtraron videos de Pío López Obrador, hermano del presidente Andrés Manuel López Obrador, recibiendo dinero de David León. Presuntamente fueron recursos utilizados para financiar la campaña presidencial de López Obrador.

Al día siguiente de la revelación del video, AMLO declaró que: "como se están ventilando casos graves de corrupción como el de Lozoya, nuestros adversarios buscan equiparar las cosas y decir que todos son lo mismo... en el caso del video de mi hermano, hay notorias diferencias en relación con los otros asuntos".

El 24 de agosto de 2020 la FGR abrió la carpeta de investigación correspondiente por los delitos de operaciones con recursos de procedencia ilícita, delitos electorales y delitos relacionados con actos de corrupción.

El INE solicitó a la Fiscalía tener acceso a la carpeta de investigación de este caso; sin embargo, la información le fue negada bajo la excusa del secreto ministerial. Ante la negativa, el INE promovió un juicio electoral ante el Tribunal Electoral del Poder Judicial de la Federación (TEPJF), órgano que resolvió que la FGR debía brindar la información solicitada al INE.

La FGR, empeñada en mantener la carpeta de investigación bajo llave, promovió una controversia constitucional ante la SCJN para que no tuviera la obligación de entregar la información. En abril del 2022, la ministra Yasmín Esquivel le otorgó una suspensión a la FGR para que no entregara la información. Tiempo después, la controversia fue desechada.

El 24 de octubre de 2022, después de más de dos años que el escándalo salió a la luz, la FGR decidió darle carpetazo al caso y no ejercer acción penal en contra de Pío López, permitiendo que el caso quedara impune y el hermano del presidente, intocable.

El 8 de julio de 2021 se filtraron videos donde Martín Jesús López Obrador, también hermano del presidente, recibía dinero en efectivo por parte de David León. Dinero que presuntamente fue utilizado para la campaña presidencial en 2018.

Se presentaron quejas y denuncias ante el INE y la FGR, pero hasta la fecha, no se reportan avances en la investigación.

El 3 de diciembre de 2020, una investigación periodística reveló que Felipa Obrador Olán, prima del expresidente López Obrador, era propietaria de una empresa contratista de PEMEX: Litoral Laboratorios. La empresa ha recibido millonarios contratos. Investigaciones periodísticas revelan que Felipa Obrador habría sido beneficiada con contratos hasta por 4 mil millones de pesos.

Ante esto, el presidente López Obrador expresó que: "No somos iguales, aunque se trate de familiares no va a haber corrupción".

PEMEX rescindió los contratos que tenía con Felipa Obrador, dado que el entonces presidente había expresado que no podrían asignarse contratos a sus familiares.

A pesar de ello, el 9 de noviembre de 2022 se reveló que la empresa Litoral Laboratorios, propiedad de Felipa Obrador, obtuvo un contrato con el ISSSTE el 14 de febrero de 2022, el cual terminaría hasta el 14 de julio de 2022.

Al día de hoy, no ha habido ninguna investigación ni consecuencia por el presunto conflicto de interés o tráfico de influencias que puedan existir en este caso.

La familia como el sol…

José Ramón y Gonzalo: entre casas grises, chocolates y balastro

El 16 de agosto de 2019, a 8 meses y 15 días de la toma de posesión de Andrés Manuel López Obrador, su hijo mayor José Ramón

López Beltrán y su esposa Carolyn Adams ocuparon la que más tarde sería conocida como la infame "Casa Gris", una mansión con un valor superior al millón de dólares ubicada en una zona privada del fraccionamiento Jacobs Reserve en Texas propiedad de Keith L. Schilling, que en ese año era ejecutivo de la empresa *Baker Hughes*.

La casa, conviene destacarlo, consta de 447 metros cuadrados de construcción con finos acabados en piedra y madera, cuatro habitaciones, cuatro baños completos, tres estacionamientos, sala de doble altura, cocina, bar, salón de juegos, una sala de cine y una alberca climatizada de 23 metros de largo.

Exactamente ese día, en el primer año de un gobierno que presumía su honradez a toda prueba, una filial de *Baker Hughes* en Estados Unidos firmó un jugoso contrato con *Pemex Procurement International* (PPI) en su sede en Houston. Los documentos, hechos públicos por una investigación de MCCI, muestran que en los dos meses siguientes (entre el 23 de agosto y el 23 de octubre de 2019), PPI asignó a dos filiales de *Baker Hughes* otros siete contratos que, en conjunto, sumaron 1 millón 94 mil dólares, equivalentes a más de 20 millones de pesos.

Llegó entonces el año 2020, los nombres de los hijos de López Obrador comenzaron a aparecer en medios de comunicación e investigaciones, pero no de la manera que se hubiera deseado en Palacio Nacional: aparecieron los primeros señalamientos de actos de corrupción cometidos por la parentela de quien gustaba aparecer como el Maximilien Robespierre de la Revolución Francesa: "incorruptible".

Ese año 2020 abrió, en medio de una gran celebración, pero también de muchas sospechas, la primera de las tiendas de "Chocolates Rocío" situada en la calle de Guatemala número 20, en el Centro Histórico de la Ciudad de México. La oferta era chocolates de alta gama y un precio no necesariamente accesible para alguien que gane el salario mínimo, pero que se volvieron los obsequios infaltables para los asistentes en las reuniones y eventos de Palacio Nacional.

El 28 de noviembre de 2021 una investigación periodística reveló que a través del programa "Sembrando Vida" se inició el cultivo de cacao en Tabasco, pese a que la comunidad no estaba de acuerdo con este cultivo. Esto, apuntan los críticos, con la finalidad de beneficiar a Hugo Chávez Ayala, quien era compañero de escuela de Andrés Manuel López Beltrán, *Andy* con quien presuntamente tiene vínculos empresariales a través de la venta de cacao para su empresa "Chocolates Rocío".

Inmediatamente el presidente salió en defensa de sus hijos y sus chocolates. De acuerdo con López Obrador, su abuelo materno les heredó un terreno de "al menos 52 hectáreas", ubicado en el municipio de Teapa, Tabasco, donde comenzaron a sembrar cacao para hacer chocolate. Evidentemente, rechazó de manera tajante, que sus hijos se vieran beneficiados con los programas del gobierno. Todo ello, sin ofrecer ninguna prueba como sí lo hizo la investigación periodística.

En 2022 se hizo público el escándalo de la llamada "Casa Gris" que involucraba a José Ramón López Beltrán, su esposa Carolyn Adams y Keith L. Schilling. En ese momento se desconocía el acuerdo firmado desde 2019, pero lo que sí se sabía era de otros contratos entre PEMEX y *Baker Hughes* por al menos 150 millones de dólares en obras de Petróleos Mexicanos (PEMEX). Sin embargo y pese a la existencia de documentos que señalaban lo contrario, José Ramón insistió en que solo rentó el lugar y negó alguna compra millonaria.

Pero la sombra de sus casas y propiedades lo persiguió al año siguiente. En 2023, documentos hackeados a la Secretaría de la Defensa Nacional por el colectivo "Guacamaya", revelaron que José Ramón mantenía como domicilio particular en la Ciudad de México una casa propiedad de Guillermina Aurea Álvarez Cadena, asistente de la directora del diario *La Jornada*, Carmen Lira, con quien el expresidente mantiene una relación de profunda amistad. *La Jornada*, por cierto, pasó de una crisis económica brutal que llevó al periódico casi a la extinción (y fue prácticamente rescatado por el gobierno de Peña Nieto) a nadar en la abundancia: recibió durante la administración presidencial de López Obrador, contratos por cientos de millones de pesos. Para ilustrar, en 2023, *La Jornada* fue el medio de comunicación que más recursos recibió del gobierno lopezobradorista, por encima de televisoras y radiodifusoras: 242.26 millones de pesos, 9.46% del total del gasto en publicidad (Artículo 19).

José Ramón repetía el mismo esquema cuando se trataba de casas: el hijo del presidente vivía en propiedades de un proveedor del Gobierno federal.

Para el año 2024, en plena efervescencia electoral, tuvo lugar la denuncia de la entonces candidata de oposición Xóchitl Gálvez Ruiz, quien señaló a los hijos del mandatario por presuntamente haber participado en la adquisición de balastro, piedra utilizada en cantidades enormes durante la construcción del Tren Maya.

El desencadenante del hecho tuvo lugar el 25 de marzo de ese año, cuando se reportó el descarrilamiento de una de las obras insignia del gobierno lopezobradorista, al momento en que uno de sus pesados convoyes maniobraba para un cambio de vías. Ese mismo día la candidata del PAN-PRI-PRD anunció que había presentado una denuncia por presunta corrupción en la compra de balastro. De acuerdo con Gálvez Ruiz, la demanda se dio por la asignación de contratos para la compra de la roca. Acusó que hubo un costo de más de 120 millones de pesos.

Al realizar la inevitable defensa de los suyos, López Obrador argumentó que este tipo de denuncias son un ejemplo de "guerra sucia" en su contra y forman parte de una campaña para desprestigiar a su movimiento y a su familia. Lo de siempre.

Ese mismo año, bajo el calor de las campañas, Gonzalo López Beltrán, *Bobby*, también se vio envuelto en acusaciones de presuntos actos de corrupción, luego de la filtración de un audio para vincularlo con el tráfico de influencias en minas del sur de México. De acuerdo a un reporte difundido por MCCI, Jorge Amílcar Olán

Aparicio, uno los mejores amigos de Gonzalo, supuestamente habla con alguien por teléfono y afirma que se trata de *Bobby*, el menor de los López Beltrán, y al parecer le facilita un permiso para explotar unas minas en el estado de Oaxaca.

En la trama que involucra a los hijos del expresidente se encuentran otros nombres, en especial Olán Aparicio, a quien se señala como "prestanombres" de la familia López Beltrán y que mantiene sus "oficinas" en el lujoso King Cole Bar del Hotel St. Regis a unos pasos del Paseo de la Reforma en la Ciudad de México. Ahí tenían (o ¿tienen?) lugar las reuniones con contratistas, funcionarios, intermediarios, aprovechados y zalameros en lo relativo a las obras insignia, obras medianas y hasta meros remozamientos de parques o malecones.

7. ESCÁNDALOS SIN ACLARAR

"Un político pobre, es un pobre político".
Frase atribuida a Carlos Hank González,
político mexiquense, 1927 – 2001

SEGALMEX, el nuevo barril sin fondo

Nunca una frase política ha sido tan universalmente utilizada para justificar la corrupción galopante de un sistema avasallador, todopoderoso y corrupto como lo fue el priista en la década de los 70 del siglo pasado. Pero la corrupción no se quedó en ese tiempo y ese espacio: la corrupción no se ha ido nunca. La encuesta Nacional de Calidad e Impacto Gubernamental publicada por el INEGI en 2024 subraya que 83.1 % de los mexicanos consideró muy frecuente la corrupción en el gobierno. Aunque en el discurso López Obrador prometió acabar con ella y hasta aseguró haberlo hecho, la corrupción lo trascendió.

La frase "un político pobre, es un pobre político", ¿es obra de Carlos Hank González? y ¿significa realmente que la corrupción y la política van de la mano? Hay dos versiones de la historia: al-

gunos aseguran que el verdadero autor es Carlos Alberto Madrazo Becerra, y data de cuando ambos Carlos tuvieron sus primeros
acercamientos en la década de los 40 a través de la Confederación
de Jóvenes Mexicanos. Se conocieron cuando Madrazo Becerra era
víctima de una persecución brutal por parte del presidente Manuel
Ávila Camacho y su secretario de Gobernación, Miguel Alemán
Valdés, que se extendió hasta 1948 y tuvo como puntos culminantes
el desafuero de Madrazo en 1945 y su ingreso a la cárcel. Luego de
ese atribulado momento, Madrazo hizo el siguiente comentario: "un
político sin dinero vale para pura chingada". A Hank le gustó la frase
y la popularizó.

Una segunda versión es referida por Joaquín Herrera Díaz,
en su libro *Hank, la élite del poder en México*, publicado en 1997, donde precisa: "Se cree que Jorge Mario [Hank Weber] su padre fue
contratista para más de un gobierno del Estado de México, donde
Isidro Fabela fue un buen promotor de obras y siempre pregonó a
sus socios y discípulos, asegurar el bolsillo con esfuerzo propio antes
que pensar en engrosarlo con dinero del erario. De él es la frase «un
político pobre, es un pobre político»".

Sea una frase que la valida o que la condena, la corrupción
ha formado parte del Gobierno mexicano desde su institucionali-
zación en 1940 y se convirtió en escándalo y furia popular durante
los sexenios de Miguel Alemán, Luis Echeverría, José López Portillo,
Carlos Salinas y Enrique Peña Nieto, al grado de motivar campañas
moralizantes que iban desde la frase de toma de posesión de Adolfo
Ruiz Cortines en 1952 "…Y seré inflexible con los servidores públicos que se aparten de la honradez y la decencia" hasta la de Ernesto
Zedillo en 1995 "Acabaremos con la impunidad y emprenderemos
una lucha sin tregua contra la corrupción", pasando por la gris "re-
novación moral de la sociedad" de Miguel de la Madrid.

En buena medida, la ola que llevó al poder a Andrés Manuel
López Obrador en 2018 estuvo propulsada por el incombustible
hartazgo popular a la corrupción y desfachatez del sexenio de En-

rique Peña Nieto. Las frases contra la corrupción pronunciadas por López Obrador durante su sexenio llenarían libros. No hubo día en que no volviera al tema. El primer día del gobierno, el 1 de diciembre de 2018, aseguró que durante su administración: "No habría amiguismo, nepotismo e influyentismo".

Fue una mentira más.

La creación de Seguridad Alimentaria Mexicana (SEGAL-MEX) fue anunciada con bombo y platillo el 16 de agosto de 2018, 45 días después de que López Obrador ganara las elecciones y tres meses y medio antes de que tomara las riendas del Ejecutivo.

Desde las escalinatas de la casa de transición —una casona blanca y roja ubicada en el número 216 de la calle Chihuahua de la colonia Roma de la Ciudad de México— Andrés Manuel López Obrador anunció la creación del organismo con el que su gobierno buscaría garantizar el abasto de alimentos básicos para las personas más pobres del país y que conjuntaría las obligaciones de DICON-SA y LICONSA. Al frente del mismo colocaría a Ignacio Ovalle, un exfuncionario de administraciones priistas quien encabezó la extinta Compañía Nacional de Subsistencias Populares (CONASUPO) durante los primeros años del sexenio de Carlos Salinas. Ovalle era, además de un viejo conocido de AMLO, su amigo.

Más tardó SEGALMEX en formalizarse como institución, que el saqueo en comenzar. La corrupción fue inocultable.

El quebranto millonario no solo fue reconocido por el propio expresidente López Obrador como "el único acto de corrupción de su gobierno", sino que es uno de los desvíos de recursos más cuantiosos e importantes en la historia, alcanzando una afectación patrimonial de 12 mil 802 millones de pesos. Para ilustrar: casi el doble de la llamada *Estafa Maestra*, en el gobierno de Peña Nieto, cuyo desvío ascendió a unos 7 mil millones de pesos.

Descubierto el entramado de corrupción, Ovalle dejó el cargo el 19 de abril de 2022, aunque la corrupción nunca se sancionó. El monto de lo sustraído equivale a 449 mil pesos desviados por hora, durante cada uno de los mil 187 días que Ovalle estuvo en la dirección de SEGALMEX.

El dinero se esfumó. Solo se recuperaron 955 millones de pesos, es decir, menos del 10% de los recursos desviados. Se buscó inculpar como máximo responsable a René Gavira Segrestre, exdirector de Administración y Finanzas —el funcionario de mayor rango vinculado a proceso— y quien le reportaba directamente a Ignacio Ovalle, pero al exdirector de SEGALMEX, no lo rozó la justicia.

El esquema del quebranto consistió en utilizar dinero público para colocar bonos bursátiles y mientras estos aumentaban su valor, las ganancias eran transferidas a Gavira Segreste, pero cuando se registraban pérdidas estas eran absorbidas por la empresa. Luego se detectó otro esquema de desvío, que consistió en la existencia de una nómina paralela de 400 personas que cobraban sin trabajar.

La titular de la Procuraduría Fiscal de la Federación, Grisel Galeano García, informó en su oportunidad que por estos actos de corrupción se presentaron 156 denuncias.

De ellas se obtuvieron 47 órdenes de aprehensión; sin embargo, solo en 26 casos se vinculó a proceso penal; 9 de ellas son exservidores públicos y 17 particulares. El exdirector, Ignacio Ovalle que dirigió SEGALMEX cuando ocurrieron las irregularidades, no ha sido alcanzado en las investigaciones de los desvíos multimillonarios en esa entidad, pese a que los delitos incluyen delincuencia organizada, operaciones con recursos de procedencia ilícita (conocido comúnmente como lavado de dinero), defraudación fiscal, uso ilícito de atribuciones, peculado y enriquecimiento ilícito, entre otros.

A pesar de que existen pruebas de que Ovalle autorizó la compra de certificados bursátiles con recursos de la dependencia, la FGR no ha presentado ninguna acusación en su contra y en los hechos cuenta con un manto de protección. Ha sido debidamente purificado en actos y palabras por el único capaz de perdonar todos los pecados. El amigo de AMLO vive el "año siete" libre y sin preocupaciones. Para él no hubo ni un dejo de incomodidad. El amiguismo también se enraizó en la 4T.

Por cierto, hasta el momento nadie, absolutamente nadie, ha sido sentenciado por el fraude más grande en la historia de México.

Sobres amarillos purificados

Aunque López Obrador insiste en que su administración se distinguió por una tolerancia cero a la corrupción, sus acciones dicen lo contrario. Los hechos resultan incontrovertibles.

Son demasiados los políticos que forman parte de su círculo que, exhibidos en actos de corrupción, no han tenido consecuencias pese a haber participado en prácticas ilícitas.

Podríamos mirar en el retrovisor el año 2004, el tiempo de los llamados "video escándalos", cuando su principal operador político y secretario particular (René Bejarano) y otros cercanos a él, como los exdelegados Carlos Imaz y Ramón Sosamontes, fueron videograbados recibiendo fajos de billetes que no podían guardar —por la cantidad— en bolsas de mano, y debían recurrir a los bolsillos de sacos, pantalones y hasta en los calcetines, de manos del empresario Carlos Ahumada.

Cuando se cuestionó a López Obrador sobre las acciones de sus compañeros, él en ese momento jefe de Gobierno de la capital apuntó a un "complot" de la "mafia del poder". Nunca cambió la narrativa victimizante y de hecho ahí la descubrió: si sus allegados caían en la corrupción era porque habían sido engañados por "los malos", "los conservadores", "los neoliberales", "sus enemigos" y los habían hecho pecar. Pero él no era responsable de nada. De hecho, él era siempre la víctima.

De manera simultánea, pero sin molestas videograbaciones, el entonces jefe de gobierno del entonces Distrito Federal recibió, a decir de Carlos Navarrete, exdirigente del Partido de la Revolución Democrática (PRD), mucho dinero para su campaña electoral en el 2006.

En entrevista con Fernando del Collado, conductor del programa *Tragaluz*, Navarrete aseguró que el expresidente recibió maletas con dinero en efectivo durante su campaña presidencial de 2006. "Me consta, fui partícipe", dijo. El dinero era de origen público, "a través de senadores, diputados, gobernadores, presidentes y jefes de gobierno". Navarrete detalló que él mismo fue testigo y partícipe de este financiamiento. Aseguró que el dinero era tanto que era entregado en efectivo y en maletas.

"Los video escándalos" no terminaron por afectar la gran popularidad de la que gozaba López Obrador y nunca se hizo público que recibía maletas de dinero en ese momento. López Obrador, pese a las evidencias de corrupción en su entorno, quedó muy cerca de ganar la presidencia en 2006.

No hubo cambio de narrativa ni discurso nuevo en 20 años. Los fajos de billetes, las maletas y los sobres amarillos (como en el caso de sus hermanos) fueron debidamente purificados y santificados por aquel que perdona todos los pecados.

Las revelaciones de Navarrete coinciden con los señalamientos aparecidos en el libro *El Rey del Cash* de la periodista Elena Chávez quien acusa al exmandatario y su círculo más cercano de colaboradores y amigos, de crear y mantener un esquema de corrupción en el que millones de pesos del erario público fueron desviados para sostener el proyecto político del tabasqueño.

Como si hiciera falta una tercera vía para confirmar la corrupción galopante que permeó en su campaña de 2006, Elena Chávez sostiene que durante ese proceso electoral, esta se financió a través de "moches" en efectivo, que los titulares de cada oficina de gobierno del entonces Distrito Federal, entregaban de manera mensual al secretario privado de AMLO, Alejandro Esquer (también su secretario particular durante su sexenio), quien determinaba las cuotas de acuerdo a la nómina de cada dependencia. Es decir, él sacaba el cálculo de "cuánto ponía cada quien", o en términos llanos "la pedrada de acuerdo al sapo".

La cuota, que se fijó en 10% de la nómina de cada dependencia, era trasladada de manera personal por Esquer hasta la Fundación "Honestidad Valiente" que administraba Gabriel García Hernández, uno de los principales operadores electorales y políticos de López Obrador. El esquema se habría mantenido durante otros periodos de gobierno, más allá de 2006.

Esta podría ser la respuesta a una pregunta que millones de mexicanos se han hecho por largo tiempo: ¿De qué vivió López Obrador de 2006 a 2018?

Como resulta lógico deducir el expresidente calificó este libro como "un acto de deshonestidad intelectual", y agregó "se han escrito como 10 en contra y van a escribirse otros 10 o 20. Nada más que yo tengo un escudo protector que es mi honestidad".

Sin embargo, habría que poner en duda dicho escudo protector. De hecho, la promesa hecha en su toma de posesión sobre que "no habría amiguismo, nepotismo e influyentismo" quedó solo en palabras.

Ya vimos los casos de sus hijos y nos faltó agregar algo: además de una docena de amigos, los hijos del presidente López Obrador tuvieron en la nómina federal al menos a cuatro de sus primos. Entre ellos, Rodrigo Beltrán Campero Calderón, coordinador administrativo en la SEP, responsable de la preparación de licitaciones y Martha Alicia Magdaleno Medina, asesora jurídica en PEMEX y en la dirección general de la CFE bajo las órdenes directas de Manuel Bartlett Díaz.

Ya que hablamos del hombre al que "se le cayó el sistema" en 1988, hay que destacar que cuando asumió la presidencia en 2018, López Obrador lo designó director general de la Comisión Federal de Electricidad, y un año después le agradeció públicamente por limpiar la corrupción la CFE. Sin embargo, el polémico Bartlett Díaz ha estado involucrado en casos de corrupción más de una vez.

Por citar solo un ejemplo, no solo omitió su relación con 12 empresas en su declaración ante la Secretaría de Función Pública, también, la empresa *Cyber Robotic Solutions*, propiedad de su hijo León Manuel Bartlett recibió contratos millonarios. Y ni hablar del racimo de casas que su cónyuge tiene y que también omitió declarar.

Los casos de corrupción en el sexenio del hombre con el "escudo protector" de la "honestidad" al frente, se repiten de tal manera que, si no fuera un crimen contra los mexicanos y un escándalo de proporciones monstruosas sería en verdad tediosa.

En el "año siete" un manto de impunidad ha cubierto los presuntos actos de corrupción de familiares de López Obrador (hijos y hermanos incluidos); los moches en el DIF; la utilización de la Fiscalía General de la República por parte del fiscal Alejandro Gertz Manero contra sus enemigos; las operaciones con empresas fantasmas de la Cooperativa Cruz Azul; las irregularidades en el Instituto Para Devolverle al Pueblo lo Robado, los vínculos del gobierno con bandas dedicadas al huachicol de combustible y los desvíos en los Centros de Desarrollo Infantil.

Otros casos donde a sus titulares no se ha molestado ni con el pétalo de una averiguación previa, tal vez por contar con su debido manto protector son los actos de corrupción en la Comisión Nacional de Cultura y Deporte (CONADE) de la mano de Ana Gabriela Guevara y los contratos millonarios de medicamentos con empresas relacionadas al exsuperdelegado en Jalisco y actual senador, Carlos Lomelí.

"Este gobierno no será recordado por corrupto, nuestro principal legado será purificar la vida pública de México y estamos avanzando", aseguró tajante López Obrador en su informe de gobierno del 1 de septiembre de 2020.

En el "año siete" hay todavía muchas dudas en el aire. Las sospechas no se han disipado.

"Hay aves que pasan el pantano y no se manchan, mi plumaje es de esos", dijo más de una vez el expresidente. Pero el plumaje sí terminó sucio. Y las manchas salpicaron a más de uno.

¿Dónde quedó el dinero de los damnificados?

En 2017, mientras cientos de personas perdían su patrimonio, perdían a sus familiares, y mientras se recuperaban en hospitales y algunos perecían entre los escombros tras los sismos del 7 y 19 de septiembre, la ayuda internacional comenzó a fluir a nuestro país. México recibió donativos en dólares estadounidenses, canadienses y euros que llegaron a sumar más de 91 millones de pesos, pero no se sabe cómo ni en qué se gastaron.

También se desconoce dónde terminaron los donativos del Fideicomiso "Fuerza México" en el que se concentró la ayuda nacional, porque no hubo mecanismos de control, administración ni distribución, y no hubo seguimiento al destino del dinero y, por tanto, no se pudo determinar si se utilizó de manera eficiente.

En este río revuelto donde no pocos se aprovecharon de la desgracia ajena, Morena y Andrés Manuel López Obrador no quedaron como meros espectadores. Crearon una trama de financiamiento irregular para su campaña a la presidencia.

El eterno candidato presidencial apareció en varios spots invitando a donar en el fideicomiso cuya creación había instruido él mismo: "Por los demás" fue un acto violatorio de la regulación electoral ya que no se reportó ante el Instituto Nacional Electoral, se nutrió en su mayoría de recursos ilegales o al menos difíciles de rastrear y se retiró el dinero de manera opaca. Todo ello configuró un fraude a la ley que el INE sancionó con 197 millones de pesos.

Todo inició cuando el entonces aspirante presidencial por Morena realizó una serie de declaraciones públicas en diversos medios de comunicación e incluso durante la celebración del primer debate presidencial organizado por INE, sosteniendo que Morena donaría el 50% de las prerrogativas públicas para gastos de campaña en 2018 para destinarlas directamente a los damnificados de los sismos de septiembre de 2017.

Esto era completamente violatorio de la legislación electoral pues los partidos tienen expresamente prohibido, por encomiable que parezca el propósito, regalar dinero. Existe un mecanismo adoptado por el INE para que los partidos que así lo deseen puedan renunciar a sus prerrogativas económicas o en su caso donarlo. Así hicieron en ese momento todos los partidos políticos y de esta manera transfirieron a la Secretaría de Hacienda montos que terminaron sumando 380 millones 400 mil pesos, de los cuales 258.6 correspondían al PRI, 51 a Movimiento Ciudadano, 50 al PAN, 10.6 al Partido Verde Ecologista de México y 10.2 al Partido Encuentro Social. Morena, mediante este mecanismo, no donó ni un centavo.

Al mismo tiempo, López Obrador expresamente invitaba a sus militantes, simpatizantes y público en general a realizar aportaciones para apoyar a los damnificados por los sismos a través de un fideicomiso manejado por su partido. "Por los demás" se constituyó en Banca Afirme S.A., el 25 de septiembre del 2017, con el número 73803 y número de cuenta para recibir aportaciones 133-121765. La dirección de este instrumento era la misma que la acreditada y oficial de Morena.

La investigación del INE arrojó resultados concluyentes e inquietantes. Se concluyó, por ejemplo, que el famoso fideicomiso "Por los demás" no recibió ninguna transferencia o cheque de Morena, lo cual implicó que por más declaraciones que hizo López Obrador, su movimiento nunca renunció a su financiamiento público y no donó un solo peso del partido a los damnificados de los sismos.

En el mejor de los casos se podría acusar a López Obrador de hacer algo que le sale muy bien: mentir, debido a que el financiamiento público de Morena nunca fue utilizado para ayudar a los damnificados del sismo. Sin embargo, por las características del fideicomiso y su relación con el llamado Movimiento de Regeneración Nacional fue necesario investigar su operación y funcionamiento, lo que permitió identificar una compleja trama de financiamiento paralelo ilegal creada para favorecer al partido y que se ocultó deliberadamente a las autoridades.

Con la información provista por las autoridades financieras y fiscales, se logró identificar que, en su operación, el fideicomiso "Por los demás" realizó una serie de conductas atípicas que representaban un intento de fraude al conjunto de reglas electorales, en particular a la transparencia del origen y destino de los recursos para su debida fiscalización. Es decir, de manera cínica y cruel, Morena utilizó a los damnificados y sus necesidades como una mera pantalla, como solo un pretexto, para ocultar su financiamiento ilegal recibido en sobres amarillos debidamente bendecidos.

Para empezar, entre el 26 de septiembre de 2017 y el 31 de mayo de 2018, ingresaron 2 mil 155 aportaciones al fideicomiso "Por los demás" por un monto de 78 millones 818 mil 566 pesos con 37 centavos. Esta cifra se integró con cheques, depósitos en efectivo y transferencias bancarias.

De ese monto, casi 13 millones de pesos fueron aportados por 55 personas relacionadas directamente con Morena; se trataba de legisladores o candidatos de Morena a puestos de elección popular en la elección de 2018. Tal vez estos ocuparon el lugar de las maletas que el exlíder del PRD, Carlos Navarrete describió en la elección de 2006.

3 millones 200 mil pesos fueron donados por 6 personas morales, lo que también violaba las leyes electorales. Las personas morales estaban acreditadas como Servi Trans S.A. de C.V, Casaruz S.A. de C.V, Selva Madre S.A. de C.V, Papelería "Copi Playa" S.A, Comercializadora y Distribuidora y Comercializadora Bibi- Eit S.A. de C.V.

Sin embargo, lo más preocupante en la de por sí inquietante trama, apareció al momento de determinar el origen de 44 millones 400 mil pesos. Todos ellos a través de depósitos en efectivo que violaban la normatividad misma del fideicomiso y que nunca debieron ser aceptados. Por la manera en que se manejó ese dinero, fueron prácticamente imposibles de fiscalizar para fines de auditoría por parte de las autoridades. Por si hubiese que agregar más irregularidades, los depósitos se hicieron bajo un patrón completamente atípico en el que un grupo pequeño de personas en plazas bancarias perfectamente ubicadas (Arcos, CN Gobierno D.F., Gobierno D.F., Insurgentes, Izazaga, Iztapalapa, Metepec, Pericoapa, Plaza de la República, San Ángel, Satélite, Tecnoparque, Tlanepantla, Toluca, Toluca Centro y Vallejo) realizaron los depósitos bancarios con diferencia de solo segundos.

De hecho, entre el 26 y 29 de diciembre de 2017, ingresaron a las cuentas del fideicomiso "Por los demás" casi 13 millones de pesos en distintos depósitos que iban de los 25 mil a 200 mil pesos... todos en las mismas sucursales.

Así entró... pero ¿cómo salió?

De manera sencilla y predecible: entre el 26 de septiembre de 2017 al 31 de mayo de 2018, se retiraron en efectivo 64 millones 481 mil 760 pesos del fideicomiso a través de 169 cheques expedidos a 70 personas. 56 de ellas, es decir 80%, pertenecían a Morena: 12 participaban en la dirección del partido, 39 estaban en la nómina, 8 eran militantes y 9 fueron candidatos en 2018.

El resto del dinero fue entregado directamente a 15 fideicomisos más ligados al partido de López Obrador. En ningún caso existe evidencia o prueba documental, que se haya destinado un peso a los damnificados. Lo que sí existe es la evidencia de que el dinero "de las prerrogativas de Morena y de los ciudadanos para los damnificados" acabó en los bolsillos de sus funcionarios, militantes y candidatos.

Todo terminó en una multa a Morena por 197 millones de pesos y una investigación que no tuvo ningún eco. Andrés Manuel López Obrador se convirtió en presidente de México en la elección de julio de 2018 y asunto cerrado.

La frase "un político pobre, es un pobre político", ¿significa realmente que la corrupción y la política van de la mano?

Según la consultora *Transparency International*, existen países con poca corrupción, en particular los escandinavos. Esto podría deberse a la influencia de la ética luterana que no prevé la confesión de los

pecados para lograr la absolución y quizá también a que estas sociedades, de corte socialdemócrata, son relativamente homogéneas. Sus
ciudadanos se sienten iguales y no toleran que alguien saque ventajas
de forma ilegal. Sin embargo, parecen ser solo excepciones.

"Si el honor fuese rentable y dejase dinero, todos serían hono-
rables", escribió Tomás Moro. Para López Obrador no hubo honor,
ni gobierno "honesto", ni combate a la corrupción más allá del discurso. Hubo amiguismo, opacidad, escándalos sin aclarar y desvíos
millonarios. Ah, y hasta ahora, impunidad.

8. PROMESAS SIN CUMPLIR

"Antes estábamos a un paso del precipicio...
ahora hemos dado un paso al frente".
Luis Echeverría Álvarez, presidente de México, 1974

Los abrazos no funcionaron: la pacificación que nunca llegó

Se hicieron demasiados malabares en Palacio Nacional y se le dedicaron un sinfín de *mañaneras* a intentar convencer de un logro que no existió.

"No hay más violencia, hay más homicidios", dijo el entonces presidente López Obrador en otra de sus perlas coleccionables durante la conferencia del 6 de mayo de 2024.

La violencia nos consume como país. Los delincuentes se sienten amos y dueños. Razón no les falta: durante seis años operaron a sus anchas, sin ser molestados. Es otra cara de la herencia que en el "año siete" pasa factura. A los criminales se les dejó hacer, se les dejó pasar. Se quiso instaurar, otra vez, la "pax narca", disfrazada de estrategia de seguridad, impulsada y consentida por Andrés Manuel López Obrador, pero también en eso fracasó.

Pero las cifras son tercas, como la realidad. Y están ahí para quien quiera verlas: El sexenio cerró con más de 200 mil homicidios; 83% más que los registrados en el gobierno de Felipe Calderón (120 mil 463 asesinatos), a quien se culpó un día sí y otro también del baño de sangre.

No es que Calderón no tenga culpa. Su "guerra" contra el narco descompuso más de lo que arregló, pero AMLO no lo hizo mejor.

"No les voy a fallar, quiero ser un buen presidente" prometió López Obrador tras su arrollador triunfo en las urnas en julio del 2018. En la realidad, que siempre termina por imponerse, hay una larga lista de pendientes que no supo, no quiso o no le importó cumplir.

Entre los muchos compromisos que nunca se cristalizaron, el que más le duele a la sociedad es el de la violencia rampante que nos devora. No hay una sola encuesta donde la principal preocupación de los mexicanos no sea la inseguridad. Y por mucho. Al fin del primer mes del gobierno encabezado por la presidenta Sheinbaum (*El Financiero*), era el mayor problema para dos de cada tres mexicanos, 66% de los encuestados, cuando seis meses atrás (misma encuesta), era la principal preocupación para el 46%. Se disparó en 20% al cierre del sexenio lopezobradorista.

La herencia es innegable, la administración de López Obrador es la más violenta y sangrienta de la que haya registro en la historia.

En campaña, y durante los primeros días de su gobierno, el compromiso era el reducir a la mitad delitos como el homicidio doloso. Promesa que repitió y plasmó en el Plan Nacional de Desarrollo, habría una reducción de 50% en comparación con 2018 en índices delictivos de homicidios dolosos, secuestros, robo de vehículos, robo a casa habitación, robo en las calles y en el transporte público.

En el "año siete" tenemos la certeza de que el saldo de la estrategia de seguridad caricaturizada en los "abrazos y no balazos" no se cumplió y es desastroso.

La administración de AMLO reportó trágicamente más homicidios dolosos que la de Peña Nieto, periodo en el que fueron asesinadas 137 mil 289 personas.

Para ilustrar, cada 15 minutos con 48 segundos fue asesinada una persona durante el sexenio pasado. Y eso suponiendo que las muertes se hayan contabilizado correctamente, y sin considerar decenas de miles de personas desaparecidas, en promedio, una cada hora durante la administración del tabasqueño.

De hecho, de haber sido un sexenio completo y concluir el último día de noviembre (y no de septiembre, como sucedió), la cifra del primer gobierno de la llamada 4T no se hubiera estacionado en los 200 mil asesinatos, sino que hubiera superado con creces (de mantenerse el promedio) los 204 mil homicidios.

Entre los muchos factores negativos que dejó la administración lopezobradorista, está el haber convertido a la Fiscalía General de la República en operadora y responsable de vendettas políticas y no haber permitido que se fortaleciera su independencia y autonomía para procurar justicia. Quedó supeditada al gobierno de la 4T, sino es que formó parte de él.

El gobierno de la presidenta Claudia Sheinbaum recibe una administración pública con muy endebles capacidades institucionales para enfrentar un fenómeno criminal al alza en un contexto de abierta militarización y que solo permite prever mayor violencia, muerte y sangre.

Aquí también la austeridad pasó factura. Se gastó poco y con deficiencia e irresponsabilidad, lo que derivó en un profundo detrimento de las instituciones y las políticas públicas en la materia.

Esta limitada inversión y acentuada ineficiencia se tradujeron también en un debilitamiento de las políticas públicas de atención a las víctimas. No solo fue la falta de personal, sino la capacitación suficiente y la brutal deficiencia en los mecanismos de reparación.

La promesa pues, no se cumplió, tanto en el Plan Nacional de Desarrollo como en la Estrategia Nacional de Seguridad Pública el gobierno del expresidente López prometió una reducción del 50% de todos los delitos. Fracasó.

Durante el sexenio, por ejemplo, fueron asesinados al menos 2 mil 456 policías, lo que en cualquier país civilizado tendría que ser un escándalo.

Pese a la disminución en el número de carpetas de investigación de homicidio doloso durante el sexenio de López Obrador el número total de carpetas y de víctimas superó a las registradas en la administración anterior de Enrique Peña Nieto. Hay sospechas fundadas de que el registro de homicidios ha sido corrompido: entre 2019 y 2023 el número de víctimas de homicidio doloso disminuyó 14%, pero el apartado "otros delitos contra la vida" se disparó 61%. ¿Se ocultaron ahí asesinatos? ¿Se maquilló la estadística?

Las atrocidades dan cuenta de un país de horror, mucho más violento que el que AMLO recibió en 2018. El registro de la organización Causa en Común documenta 26 mil 614 atrocidades: 6 mil 501 casos de tortura, 3 mil 456 casos de mutilación, descuartizamiento y destrucción de cadáveres, 2 mil 798 asesinatos de mujeres con crueldad extrema, 2 mil 666 fosas clandestinas y 2 mil 469 masacres, de esas que López Obrador aseguró más de una vez ya no ocurrían en su gobierno.

La extorsión, el famoso "cobro de piso", está en su punto máximo desde que se tiene registro. Mantuvo una tendencia creciente y está fuera de control. Aumentó 59%.

Los delitos que afectan principalmente a las mujeres se mantienen al alza: 1) Las violaciones aumentaron sostenidamente; 2) La violencia familiar incrementó en todo el país, y 3) La tendencia de la trata de personas es creciente. El número de casos diarios de violencia familiar creció 94%.

Los robos en vía y transporte público presentaron aumentos sostenidos, lo mismo que los asaltos en las carreteras del país, convertidas en trampas mortales donde la ley no existe.

El narcomenudeo también se fue a las nubes: aumentó 81%.

Con todo y esas cifras de horror, habrá que considerar que solo 7% de los delitos se denuncian, así que la cifra real de delitos es mucho mayor.

Y por si fuera poco, AMLO jamás recibió a las víctimas. Les cerró la puerta en la cara a las madres buscadoras y se amuralló en *su* Palacio desde donde no escuchó a las mujeres que reclamaban por el incremento alarmante de los feminicidios.

Semana a semana, cuando se hablaba de una "reducción" (imaginaria) en la incidencia delictiva, se afirmaba con ligereza que era consecuencia de la "atención a las causas". También ahí se mintió. No se ofreció mayor evidencia de ese mantra que parecía cargado de buenos deseos, más que de realidad.

Los números y evaluaciones que se presentaban ubicaban su centro de gravedad en medir el acceso al empleo, la permanencia escolar y la sostenibilidad económica, pero nunca se analizó el impacto que estas cifras podían tener o no en la reducción de delitos como el robo, la extorsión o los homicidios. Sin este análisis, resulta imposible sostener que los programas contribuyeron de manera significativa a la disminución de la criminalidad.

Las *mañaneras* de López Obrador se hicieron famosas por muchas razones y causas, pero nunca fueron capaces de ofrecer datos confiables de que la administración de la 4T mejorara la eficiencia, eficacia, transparencia y rendición de cuentas.

Y sin embargo, nadie se vio sorprendido. A lo largo de sus tres campañas presidenciales, durante su transición donde abundaron los llamados de críticos y analistas al "beneficio de la duda" y en sus años de gobierno, fue evidente que Andrés Manuel López Obrador carecía de programa, ruta, proyecto y, quizá, hasta interés por acabar con la violencia. Si llegó a tener la voluntad, nunca fue manifiesta. Sus dichos y hechos, fueron en contrasentido con la realidad.

El resentimiento largamente acumulado hacia la administración y, sobre todo, a la persona de Felipe Calderón, impidió a López

Obrador ver que no solo repetía muchos de los mismos errores, sino que los profundizaba, e inauguraba nuevos.

Ahora tenemos una militarización irreversible, una enorme deuda social y hasta humana con las víctimas y sus deudos, una Secretaría de Seguridad disminuida y una Fiscalía General de la Republica debilitada y utilizada para perseguir a los enemigos políticos del régimen. A eso debemos sumar las cuestionables políticas frente al delito y la falsedad de las cifras de homicidios y desapariciones, así como el despilfarro de dinero en programas sociales que no alcanzaron para prevenir el delito y combatir la violencia, pero sí para crear una base "dura" que aceita la maquinaria electoral de Morena.

Las consecuencias las pagamos todos

En su primer día de vuelta en la Casa Blanca, el 20 de enero de 2025, Donald Trump puso la mira en México. Ninguna sorpresa. No tendría que haber sorprendidos. Las amenazas y amagos llevaban ahí demasiado tiempo. También las provocaciones e insultos. El presidente de EU no demoró más que unas horas en firmar una cascada de órdenes ejecutivas y, a través de ellas, comenzar a gobernar. Algunas eran simbólicas, otras estridentes. Las dedicadas a nuestro país tenían ambas características: iban dirigidas a su base electoral, alimentaban su narrativa de campaña-gobierno y delimitaban los márgenes del inicio de una nueva era en la relación bilateral con nuestro país.

Puso cinco ingredientes en la mesa aquel día Trump: declarar emergencia nacional en la frontera sur de Estados Unidos, declarar a los cárteles de la droga organizaciones terroristas extranjeras, llevar a cabo deportaciones masivas de migrantes, amagar con imponer aranceles del 25% a México y Canadá, y cambiar el nombre del Golfo de México a Golfo de América.

Lo del Golfo no rebasa el terreno de la ocurrencia. Pero en los otros cuatro temas, sus palabras fueron un dardo fulminante al sexenio de López Obrador.

Imponer aranceles, el eje de la negociación que vendrá, pasa por los otros tres asuntos. Los aranceles a exportaciones de productos mexicanos son un amago para obtener victorias en seguridad y migración; que México haga lo que no ha hecho; que nuestro país deje de ser un problema de seguridad nacional para EU.

Trump trabaja para su electorado, que lo hizo ganar abrumadoramente en las urnas. A ellos se debe, y a ellos buscará complacer. Y su electorado ve en México al "malo" de la película, el responsable del tráfico de drogas y la muerte de miles por fentanilo, además del trampolín para el ingreso de cientos de miles de migrantes sin papeles.

Desde luego, como región, muchos de los problemas son compartidos, pero mal haríamos en no reconocer lo obvio. La realidad es terca. Lo que atestiguamos con las primeras decisiones de Trump, es en buena medida consecuencia de las omisiones, incompetencia y complicidad del gobierno de López Obrador. Durante seis años se dejó hacer y deshacer a los criminales; se empoderó a la delincuencia organizada como nunca; se entregó parte del territorio nacional; se renunció a la principal obligación del Estado: garantizar la paz de sus ciudadanos.

Los tentáculos de los cárteles lo abarcaron todo. Tanto, que se desdibujó la línea que divide a criminales de autoridades. La ley, en buena parte del país, no fue más que letra muerta.

Las órdenes ejecutivas firmadas fueron un golpe demoledor a la estrategia fallida de "abrazos, no balazos". El gobierno de AMLO claudicó, abandonó la plaza y abdicó en su responsabilidad central. Esa es parte de la herencia con la que la presidenta Sheinbaum debe lidiar.

López Obrador dejó la reputación de nuestro país en EU por los suelos. Es parte del legado del sexenio más sangriento de la historia.

Educación: entre la deserción y la ideología

Cuando hablamos de educación en el sexenio de López Obrador, no solo hablamos de otro sexenio perdido, sino de uno que generó mayor rezago. La deuda es enorme y las consecuencias las pagarán (y están pagando ya) esta y las próximas generaciones.

Si en combate a la inseguridad hay una evidente deuda incumplida, en materia educativa, el saldo es igualmente malo. AMLO ejecutó el desmantelamiento de los pocos avances alcanzados, coptó a los aguerridos sindicatos magisteriales, invirtió menos en la calidad de los libros de texto y sustituyó el conocimiento por la ideología. El resultado es un descenso en los índices educativos en comparación con otros países, el aumento de la deserción escolar y un desinterés (que rayó en el abandono) del mantenimiento de las escuelas. Cinco botones de muestra: poco más de 89 mil escuelas de educación básica no tienen drenaje; 56 mil 109 no tienen agua potable; 26 mil 463 no tienen energía eléctrica; 43 mil 558 no tienen lavamanos; y 5 mil 950 no tienen ni baños (Coneval y Mexicanos Primero).

El desastre está en todos los frentes: la mitad de las escuelas públicas no tienen conexión a internet y cuatro de cada 10 carecen de computadoras.

Pero vamos por edades: iniciemos con la educación para adultos.

De acuerdo con datos del Instituto Nacional de Educación para los Adultos (INEA), el año 2023 concluyó con 28% por ciento de personas sin educación básica. Son mexicanas y mexicanos mayores de 15 años que no han concluido la primaria o la secundaria. Tal vez una de las cifras que debería de llenar de vergüenza a los gobiernos mexicanos en todos sus niveles. Los porcentajes correspondientes a cada anualidad apenas variaron en los seis años del gobierno de López Obrador. Al inicio de esa administración, el rezago afectaba a 27 millones 990 mil personas, según los datos del propio INEA; al cierre del sexenio la cifra se movió muy poco: 27 millones 561 mil personas.

A ese ritmo, le tomará a la 4T y los gobiernos emanados de Morena cerca de 324 años abatir completamente el problema que representa que más de una cuarta parte de la población, casi un tercio, está excluida del acceso a la educación.

La administración lopezobradorista no puede escudarse en culpar a gobiernos del pasado porque las mismas cifras oficiales la desmienten: en 2010 había 31.9 millones de personas en rezago educativo (el 40% de la población mayor de 15 años de ese entonces); en 2015, eran 30.3 millones (35%) y en 2018 el porcentaje era del 29%. Es decir que entre, 2010 y 2018 la reducción fue de 11 puntos porcentuales, mientras que en el sexenio obradorista fue de solo 1%.

El gobierno de López Obrador ignoró el problema, ninguneó a los mexicanos que la padecen y redujo de manera atroz el presupuesto para ellos. El monto de los recursos para ese sector en 2023 fue el equivalente al 70% de lo que le asignó 14 años atrás el defenestrado Felipe Calderón. A valores reales, la reducción presupuestal es de un tercio. El gobierno "del pueblo" se comportó en los hechos como un auténtico ultra neoliberal.

Vamos ahora con los niños.

Por primera vez en décadas, durante el sexenio de López Obrador hubo menos niños en las escuelas. Un desplome que debería alarmar a todo México si es que todavía creemos que la posibilidad de construir un proyecto de vida satisfactorio y digno para cada ser humano pasa por la escuela.

Se registraron reducciones en todos los niveles de la educación básica. Si se suman la educación inicial, preescolar, primaria y secundaria, se obtiene que en el ciclo escolar 2018-19 había 25.5 millones de alumnos; para el ciclo 2023-24 eran 23.9 millones, es decir, dejaron de acudir a la escuela 1.6 millones de niños y adolescentes, una caída de 6.2 puntos porcentuales. En cualquier país esto sería un escándalo, en el México del "año siete" del "segundo mejor presidente del mundo" pasa inadvertido, pero más de un millón y medio de alumnos quedó fuera de la educación básica durante el lopezobradorato.

Uno de los argumentos más utilizados para justificar el abandono de una política educativa eficiente fue la irrupción de la pandemia de Covid-19 que derivó en cierre de escuelas y la instrumentación de la educación a distancia durante casi dos años (que dio lugar al fallido y errático programa "Aprende en casa" durante el periodo de confinamiento). México, por cierto, fue uno de los países del mundo que tuvo más tiempo cerradas sus escuelas. Sin embargo, la pandemia por sí sola no explica el monumental fracaso del sector, porque no solo fue la deserción y el desplome de la matrícula educativa.

En mayo de 2019 se impulsó una "Reforma Educativa", que tuvo como objetivo principal, destruir la reforma de Enrique Peña de 2013. En el papel, sonaba bien. AMLO lucraba con los símbolos, y la educación no era ajena a ellos. Pero en los hechos las cosas fueron distintas.

La política educativa no solo fue errática, reduccionista y de tinte electoral, sino que ha incumplido incluso la promesa de revalorización magisterial que acompañó la campaña presidencial y el inicio del gobierno de López Obrador.

Destruyó con argumentos tramposos (como el combate a la corrupción) las Escuelas de Tiempo Completo que operaban desde 2007 y que habían sido muy bien evaluadas por su impacto positivo en la mejora de los procesos de aprendizaje y quiso resolver la complejidad del problema como pretendió resolver lo demás: a punta de billetes.

Creó el programa "La Escuela es nuestra", donde los padres de familia recibían los recursos directamente para que los repartieran y utilizaran a discreción, e instituyó las llamadas "Becas para el bienestar Benito Juárez" bajo el argumento de que era la "falta de dinero" lo que alejaba a los niños de las escuelas.

Total, que los programas fracasaron, porque el diagnóstico fue equivocado. Se repartió más dinero y se dieron más becas, pero no se abatió la deserción escolar. Al contrario. Se pensó que con dinero se resolvía el abandono en las aulas, sin reparar en causas más profundas, aunque no por ello poco evidentes, integrantes de gremios magisteriales (marcadamente la CNTE) que veían más por sus intereses (plazas, cuotas, recursos) que por la educación de sus alumnos, deficientes programas educativos, escuelas en pésimas condiciones, libros de texto con una densa carga ideológica.

El resultado fue brutal, de acuerdo con los más recientes resultados de la Prueba PISA (2022), que mide el conocimiento aplicado y las competencias en lectura, matemáticas y ciencias de los estudiantes, solo uno de cada 100 estudiantes mexicanos de 15 años es capaz de distinguir entre un hecho y una opinión después de leer un texto corto. En otros terrenos, las cosas no están mejor, México es el país peor evaluado de la OCDE en Ciencia. Y en matemáticas, retrocedimos a niveles similares a los de 2003, una caída de -24 puntos en comparación con 2009 y de -14 en comparación con 2018.

En mayo de 2023, se hicieron públicos los libros de texto gratuitos para el periodo escolar 2023-2024. Estos formaban parte del modelo educativo denominado "La Nueva Escuela Mexicana" que pretendía implementar una educación que no "califique", no ponga grados o notas, sino que tuviera "dimensión social, humanística y científica, que se había perdido porque durante el periodo neoliberal no querían que se conociera nuestra historia", aseguró el propio López Obrador el 28 de julio de 2023. Ese mismo día, el mandatario agregó que para el nuevo contenido de los libros se había contado con la participación de maestros, pedagogos y especialistas.

Una revisión a fondo de los 14 libros de primaria y secundaria descubrió un rosario de errores, que iban desde infografías confusas y mal diseñadas hasta hipervínculos que no dirigían a ninguna parte pasando por errores históricos (cambiaron la fecha del natalicio de Benito Juárez, por ejemplo), el mínimo uso de las matemáticas, glorificación de López Obrador y sus obras "insignia", ideologización con figuras ligadas al "socialismo", carencia de continuidad en los contenidos y errores tipográficos que dificultaban la legibilidad y la lectura de los textos.

Detrás de la realización de estos libros se encontraba Marx Arriaga Navarro, director de Materiales Educativos de la SEP quien, para ilustrar, en julio de 2021, declaró que "leer por goce es un acto de consumo capitalista".

En una conferencia en la Escuela Normal de San Felipe del Progreso, del Estado de México, el funcionario aseguró que quienes leen por diversión, lo hacen porque el mercado pretende generar en ellos "ideas de consumo" y son personas "automatizadas que no cuestionan su entorno". En sus manos estaban los libros de texto de millones de niños.

Cientos de padres se ampararon contra la distribución de los libros. También lo hicieron algunos gobiernos de los estados que gobernaba la oposición (Chihuahua, Querétaro, Guanajuato). Sin embargo, y lentamente, los libros terminaron por ser distribuidos pese a las decisiones judiciales que lo impedían.

Este fiasco podría retratar a un gobierno que incumplió sus promesas en el sector educativo, que permitió el deterioro del nivel de los estudiantes mexicanos argumentando que era "neoliberal" ser evaluados en la prueba PISA; que dejó en el abandono la infraestructura de los centros educativos, y que puso en manos de personas sin la preparación ni el conocimiento el despacho antes encabezado por intelectuales como Martín Luis Guzmán o José Vasconcelos (Leticia Ramírez, la última titular de la SEP con AMLO contestó a la pregunta "¿Cómo va a aprender un niño las matemáticas en segundo de primaria que ya esté en el nuevo modelo educativo?" encogiendo los hombros y titubeando "no podría contestar eso").

Ignorar o menospreciar el valor que tiene la educación en la formación de un individuo, es colocar a los niños que asisten a la escuela pública en desventaja. Es demostrar, una vez más, que la frase "primero los pobres" no fue más que simple demagogia electorera.

El fiasco del CONACYT y el pleito
con la ciencia "neoliberal"

Comenzó como una farsa y terminó en tragedia.

La tragedia de un sexenio perdido en materia de Ciencia y tecnología; el sexenio de un hombre que las despreciaba de manera evidente. "Eso no tiene ciencia… cualquiera puede hacerlo", decía López Obrador de manera recurrente al referirse lo mismo al diseño de carreteras que a construir casas. "No tiene mucha ciencia gobernar", decía cuando quería asegurar que para él era algo natural o cuando de plano se le cruzaban los términos y hasta la ciencia era cuestión de "honestidad".

La responsable del conocido hasta el pasado sexenio como CONACYT (Consejo Nacional de Ciencia y Tecnología) fue María Elena Álvarez-Buylla quien inició la administración con nombramientos estrambóticos; el intento de cancelar proyectos ya en curso; el menú carísimo con chefs internacionales para sus alimentos y la desaparición de la icónica publicación *Ciencia y Desarrollo*.

Desafortunadamente, aquellos episodios fueron apenas el principio de lo que terminó siendo la destrucción de la credibilidad y legitimidad del organismo responsable de impulsar la ciencia y la tecnología en México. Estos son los hechos que rodean la destrucción del CONACYT.

- Entre 2003–2015, Álvarez-Buylla, investigadora de la UNAM, recibió más de 10 millones de pesos de diversos fideicomisos.
- 1 de diciembre 2018 fue nombrada Directora General del Consejo Nacional de Ciencia y Tecnología, con un salario de 123 mil pesos al mes.
- 2 de diciembre 2018. Ordena suspender convocatorias que impactan en su presupuesto.
- 18 febrero 2019, otorgó cargos bien remunerados a su excuñado, Luis García Barrios y su exesposo, Raúl García Barrios.
- 19 septiembre 2019. Estudiantes de doctorado becados en el

151

extranjero denunciaron la suspensión de los apoyos financieros de CONACYT.

- 14 julio 2020. Presenta el "Ehécatl 4T", primer ventilador mexicano para atender Covid-19. Promete producir mil unidades. La demanda nacional es, durante la pandemia, de 30 mil a 40 mil unidades. Luego la misma Álvarez-Buylla asegura que una parte de los respiradores se regaló a Cuba. Nunca informó cuál fue el monto invertido, la fuente de financiamiento y el costo comercial de los mismos.
- 4 agosto 2020. Avala la propuesta presidencial de desaparecer más de 109 fideicomisos (91 dedicados a la investigación científica y tecnológica) por casi 25 mil millones de pesos.
- 20 agosto 2020. Acusa a 31 integrantes del Foro Consultivo, Científico y Tecnológico de recibir 244 millones de pesos. Los acusa de peculado, uso ilícito de atribuciones y facultades, operaciones con recursos de procedencia ilícita (lavado de dinero) y delincuencia organizada.
- 13 abril 2021. Se compromete a desarrollar una vacuna mexicana contra el Covid-19. Se llamaría "Patria" y estaría lista a finales del 2021. No sucedió.
- 15 junio 2021. Avala la designación de Alejandro Gertz Manero, Fiscal General de la República en el nivel III del Sistema Nacional de Investigadores, el más alto reconocimiento del CONACYT. Desde 2010 se le había negado el ingreso por falta de méritos.
- 29 noviembre 2021. Busca restarle autonomía académica y autogestión administrativa al CIDE (Centro de Investigación y Docencia Económica) al recortarle el presupuesto para proyectos de investigación y designar como director a José Antonio Romero Tellaeche.
- 29 abril 2022. Es denunciada penalmente por tráfico de influencias por haber designado como investigadora nacional emérita del CONACYT a su madre, Elena Roces.

- 9 agosto 2022. Luego de una inversión de 200 millones de pesos la vacuna "Patria" entró a su tercera fase de pruebas.
- 3 marzo 2024. Renuncia a la Academia Mexicana de Ciencias por ser "neoliberal", "porfirista" y por ser una "caja de resonancia" contra la 4T.
- 6 junio 2024. Cuatro años después de la pandemia de Covid-19 y dos años después de que el presidente "decretó" el fin de la misma, la COFEPRIS aprobó la vacuna mexicana "Patria" para uso de "emergencia". Nunca se reveló el costo completo de la investigación de una vacuna que llegó muy tarde y que ni siquiera fue hecha en México.

El circo del avión que no tenía ni Obama

Las historias a lo largo del tiempo de extravagancias, excesos, rocambolescas decisiones o simplemente ocurrencias de distintos mandatarios llenan estantes y estantes de libros de Historia. Desde Nicolae Ceaucescu de Rumania quien mandó construir a lo largo de su dilatado gobierno "El palacio del pueblo", una mole de mil 100 habitaciones, 20 pisos y 350 mil metros cuadrados para presumir el mayor palacio del mundo y Nicolás Maduro, presidente de Venezuela, quien posee un deslumbrante avión Airbus 319 con 3 tres habitaciones, dos de ellas con baño y spa, acabados de caoba y oro, dos cocinas y tan solo 32 asientos, hasta el presidente de Turkmenistán, Saparmurat Niyazov, quien gobernó entre 1990 y 2006, y que mandó construir un palacio de hielo en el desierto al tiempo que aseguraba: "El amor del pueblo no me dejaba dormir".

En todos los gobiernos de todos los tiempos, todas las definiciones y todas las corrientes políticas han ocurrido eventos que bordean peligrosamente los límites de la comedia involuntaria, cuyos resultados terminan siendo onerosos para sus ciudadanos, y ridículos para la historia.

Una de las promesas incumplidas de López Obrador que se inscribe en este contexto resultaría cómica de no haber sido un engaño monumental: la venta del avión presidencial "José María Morelos y Pavón", un Boeing 787- 8 "Dreamliner". Una aeronave de doble pasillo, 60 metros de longitud y una capacidad para cerca de 300 pasajeros y tripulación, adaptado para el uso del presidente de México y pintado con los colores de nuestra bandera.

Fue adquirido hacia finales del gobierno de Felipe Calderón en medio de la polémica, ya que a decir de los expertos se trataba de un modelo que estaba descontinuado y ello encarecería el mantenimiento y las refacciones. La compra tardó cuatro años en consolidarse y fue hasta febrero de 2016 cuando Enrique Peña Nieto lo estrenó para volar del Aeropuerto Internacional de la Ciudad de México al Aeropuerto Internacional de Hermosillo, Sonora.

Desde entonces López Obrador criticó la aeronave. Criticaba que tuviera un costo de 114.6 millones de dólares y que, debido a la remodelación, el costo se hubiera elevado a 218.7 millones de dólares.

Al día de hoy, el precio de lista de la aeronave es de 248 millones de dólares (simplefliying.com) y en 2012 era de 207 millones. Pero el punto no es ese. Lo que más enervaba al entonces candidato presidencial de Morena era que hubiese sido bautizado con el nombre del "Siervo de Nación", ya que para el "presidente historiador", José María Morelos encarnaba "la lucha por la igualdad" y no la "indigencia y la opulencia".

Popularizó la frase "no lo tiene ni (Barack) Obama" y lo convirtió en uno de los símbolos más importantes de su campaña política comprometiéndose a venderlo en caso de llegar a la presidencia. Pues bien, fue un engaño, una mentira más. El papel del avión "que no tenía ni Obama" fue simplemente hacerle ganar las elecciones y fortalecer la narrativa de la "austeridad" (prometiendo que él volaría en aviones comerciales), alimentando el "nosotros los buenos y ustedes los malos". Una vez cumplida su misión, el avión se volvió un tema incómodo por su ridiculez y terminó siendo malbaratado en una venta de garaje.

El 2 de diciembre de 2018, López Obrador anunció que el avión se enviaría a San Bernardino, California, para su respectiva venta. Pero la venta demoró demasiado. La aeronave se quedó encerrada poco más de un año (regresó a México en enero del año 2020), periodo en el cual se recibieron 42 clientes potenciales a nivel mundial y se erogaron cerca de 30 millones de pesos por almacenaje y mantenimiento. Ninguna de las ofertas de compra prosperó.

En conferencia de prensa, López Obrador anunció que, ya que nadie lo quería comprar, se procedería a "rifarlo" a través de un sorteo de la Lotería Nacional, que entregaría 100 premios de 20 millones de pesos cada uno ("equivalentes" al precio del avión). Para esta rifa se distribuyeron 6 millones de boletos, cada uno con un costo de 500 pesos mexicanos. La verdad es que se vendieron muy pocos, al grado que López Obrador tuvo un encuentro (que más bien se asemejó a una celada) con empresarios a los que amablemente obligó a comprar boletos, tras invitarlos a cenar a Palacio Nacional.

La "carta compromiso" con que los citó y que fue filtrada a redes sociales decía a la letra: "Por medio de la presente manifiesto mi compromiso para participar de manera voluntaria en la compra de billetes de la Lotería Nacional con motivo del sorteo conmemorativo que la misma llevará a cabo en relación con el Avión Presidencial".

Las opciones para comprar "cachitos", estaban distribuidas en cuatro rubros, que iban desde los 20 a los 200 millones de pesos, expresadas en compra o compromiso de "acomodar" boletos (cachitos o series enteras), para la "Rifa del Avión Presidencial". Bosco de la Vega, presidente del Consejo Nacional Agropecuario (CNA), dijo entre risas al final del encuentro: "fueron los tamales más caros de mi vida", en alusión al menú que se ofreció.

El sorteo se llevó a cabo el 15 de septiembre de 2020 y hubo 100 números ganadores. Eso, como fue costumbre en esa administración, fue una mentira.

Dos años después, el entonces coordinador de los senadores del PAN, Julen Rementería denunció que la famosa rifa fue un fraude al erario público de mil 823 millones de pesos resultado de la venta de 3.6 millones de "cachitos" y que ninguna institución del Gobierno federal se hizo responsable de la existencia y destino final del recurso. Solo dos escuelas pudieron reclamar algo parecido a un premio: una escuela en el municipio de Aramberri, Nuevo León, ocupó su premio para remodelar dos salones y un domo; y una más en Chiapas, donde el crimen organizado obligó a los padres de familia a comprar armas con dicho premio.

Se planteó también su uso para trasladar a los atletas mexicanos participantes en los Juegos Olímpicos de Tokio, Japón, en 2021, pero el Comité Olímpico Mexicano terminó rechazando la propuesta. López Obrador no solo "se hizo pato" y en lugar de entregarlo a los "ganadores" de la "rifa" solicitó a una corporación de las Naciones Unidas (UNOPS) que vendiera el *apestado* avión. Dicha corporación le calculó un precio de venta mínimo de 150 millones de dólares, pero tampoco tuvo éxito. Para febrero de 2022 el avión terminaría en manos de una empresa que lo utilizaría en vuelos comerciales o incluso lo alquilaría para bodas, quince años, primeras comuniones y toda clase de eventos.

Finalmente, tras un largo periplo, se anunció en abril de 2023 la venta del Avión Presidencial a un precio de ganga: 92 millones de dólares; 58 millones menos que el avalúo de la UNOPS, y habiendo perdido 126 millones de su precio original además de lo que costó su resguardo y mantenimiento.

La aeronave fue vendida al gobierno de Tayikistán.

En la mente de muchos había una pregunta clave, ¿por qué se vendió tan barato? Porque "tenía una falla de origen", explicó López Obrador sin dar ningún pormenor, ofrecer alguna prueba ni detallar por qué no se reclamó a la fábrica de Boeing.

Prometió (otra promesa más) que tanto el dinero de la rifa como de la venta se destinaría a fortalecer al sistema nacional de salud para que lograra alturas danesas, pero solo se usó para construir dos hospitales, cada uno de solo 90 camas, uno en Tlapa, Guerrero, y otro en Tuxtepec, Oaxaca.

El crédito a Banobras se sigue pagando. Ah, y el avión todavía cuesta a los contribuyentes mexicanos: 152 millones de pesos cada 6 meses. Habrá que seguir pagando hasta el año 2027. Esa factura también la heredó López Obrador.

No bajó la gasolina

Si bien en su *mañanera* del 23 de marzo del 2020, el entonces presidente Andrés Manuel López Obrador afirmó: "Yo hice el compromiso de que no iba a aumentar (la gasolina), no hice el compromiso de bajarla", durante el mensaje en su toma de protesta el 1 de diciembre de 2018 dijo enfático otra cosa: "Hago el compromiso responsable que pronto, muy pronto, va a bajar el precio de la gasolina y de todos los combustibles". Así que sí dijo lo que luego dijo que no dijo.

Para el año 2022, López Obrador vivía en la fantasía recurrente de haberlo logrado. En ese momento, se jactaba de que el gobierno mexicano estaba facilitando a los consumidores estadounidenses que vivían en la frontera comprar combustibles a un menor costo del lado mexicano. En ese momento, su relación con el mandatario de los Estados Unidos, Joe Biden, era tensa y este pasaba un mal rato con la alta inflación. Lo cierto es que tener gasolina "barata" en México tuvo un costo de 397 mil millones de pesos en las finanzas públicas en ese año.

La promesa de bajar el costo de las gasolinas quedó en una promesa vacía más. Buscó a toda costa evitar un *gasolinazo* durante todo su sexenio, pese a que eso significó sacrificar ingresos presupuestarios, incluso subsidiar combustibles con recursos del Estado a un costo económico altísimo, pero que se convirtió en arma durante las elecciones del junio del 2024. El asunto quedó solamente en presunción y promesas incumplidas que hoy traen como consecuencia que el consumidor tenga que pagar la gasolina más cara en la historia del país. Actualmente el precio de la gasolina en México es ya 60% más caro que en Estados Unidos.

Ahora bien, las gasolinas no solo no bajaron su precio, sino que lo aumentaron. El último día del sexenio de López Obrador la gasolina regular o Magna registró un aumento acumulado de 23.90% o 4.62 pesos por litro, lo que ha derivado en aumentos en cascada de múltiples artículos de consumo cotidiano aumentando con ello la inflación y el costo de la vida.

Conviene recordar que el litro de gasolina Magna cerró el sexenio de Peña Nieto con un precio promedio a nivel nacional de 19.31 pesos, mientras que el lunes 30 de septiembre de 2024 cotizaba en 23.93 pesos, según datos de la Comisión Reguladora de Energía (CRE).

En el caso de la gasolina Premium, su precio promedio a nivel nacional incrementó 21.53% o 4.49 pesos en el sexenio, pasando de 20.87 a 25.36 pesos por litro.

En tanto que el diésel subió 22.73% o 4.72 pesos en la administración de López Obrador, pues finalizó el sexenio de Peña Nieto con un precio de 20.77 pesos por litro y cerró el lopezobradorato a 25.49 pesos.

No fue un *gasolinazo*, cierto, pero sí se trató de incrementos graduales a lo largo de seis años.

En el gobierno de AMLO culparon a todo mundo (literal) para intentar lavarse las manos. La responsabilidad fue, lo mismo de la pandemia de Covid-19 que de la guerra en Ucrania, y una larga lista de factores más. Jamás se reparó en la responsabilidad de decisiones tan erráticas como torpes, como dilapidar recursos en la construcción de la refinería de Dos Bocas, en Paraíso Tabasco que, al final del sexenio, no refinó un solo barril de crudo y costó mucho más de lo presupuestado. Tampoco se hicieron cargo del peso de sus propias promesas: bajar el precio de la gasolina y disminuir la inflación. Ambas cosas no sucedieron.

Por ejemplo, el jueves 5 de septiembre de 2024, en el ocaso del sexenio, la Magna registró un precio promedio a nivel 24.12 pesos por litro, el más alto en la historia.

Pero si el fracaso es evidente, lo es más si uno se detiene en las carretadas de miles de millones de pesos que el gobierno lopezobradorista gastó en intentar contener los precios de los combustibles.

Cierto es que, en el gobierno de Vicente Fox, la gasolina regular o Magna subió 32.21%.

Y que durante la administración del expresidente Felipe Calderón, la gasolina regular incrementó 53.38%, al pasar de 6.65 pesos a finales del 2006 a 10.20 pesos por litro para el cierre de 2012.

También, que en el sexenio del expresidente Enrique Peña Nieto, la gasolina Magna aumentó 89.31%, al pasar de 10.20 pesos a finales de 2012 (año en que inició su gobierno) a 19.31 pesos para la conclusión de su mandato en el 2018.

Sin embargo, tampoco habría que echar las campanas al vuelo. Fox, Calderón y Peña no subsidiaron las gasolinas. Con AMLO, el verdadero costo de los combustibles se disparó.

Según estimaciones de la Secretaría de Hacienda y Crédito Público, los estímulos fiscales para "estabilizar" los precios de las gasolinas habrán costado a las arcas públicas 950 mil 463 millones de pesos desde 2022 y hasta el cierre de 2024. Ese dinero no fue una dádiva ni tampoco apareció por arte de magia. Lo pusimos los mexicanos, lo pagamos con nuestros impuestos, para que López Obrador pudiera lavarse la cara y maquillar otra promesa incumplida.

Expresidentes intocables

Desde Lázaro Cárdenas, quien envió al exilio al general Plutarco Elías Calles hasta Enrique Peña que mantuvo una relación distante con Felipe Calderón, los vínculos entre el presidente en ejercicio y su antecesor (o antecesores) siempre han estado teñidos de ambigüedad, donde lo mismo aparecen guiños de agradecimiento que desplantes de distanciamiento, odas de resentimiento, y hasta el más profundo desprecio.

En 11 de las últimas 15 transiciones de poder, cada presidente seleccionó debidamente a su sucesor. Incluyendo, claro, a López Obrador que jamás ocultó su favoritismo por Claudia Sheinbaum.

De esta manera vimos que en más de una ocasión y tras una descarnada lucha por el poder, el sucesor se distanciaba de manera absoluta, muchas veces teñida de resentimiento, del mandatario que lo escogió como "tapado". Así, Manuel Ávila Camacho siempre guardó un cariño paternal por Miguel Alemán, este detestaba a su sucesor Adolfo Ruiz Cortines. Mientras José López Portillo mandó al virtual exilio a "su viejo amigo" Luis Echeverría, siempre mantuvo una muy buena relación con Miguel de la Madrid, aunque no se detuvo al momento de criticarlo: "El presidente siempre fue el fiel de la balanza durante la sucesión presidencial, Miguel quiso ser la balanza entera", recordó en sus memorias.

Carlos Salinas no tuvo una buena relación con Ernesto Zedillo, ya como expresidente, y a su vez, este último mantuvo una "sana distancia" con Vicente Fox en lo que se denominó la "transición a la democracia" que acabó con 70 años del priiato.

Sin embargo, quien se lleva las palmas en sus odios y resentimientos contra su antecesor y sucesor es Gustavo Díaz Ordaz quien gobernó al país de 1964 a 1970. A Adolfo López Mateos lo trataba con desdén y cuando el expresidente mexiquense atinó a salir a pasear a un Sanborns y bolearse los zapatos fue ovacionado en la calle. Esto hizo enfurecer a Díaz Ordaz quien dijo desdeñoso a su secretario particular "Yo no busco el aplauso del populacho" y cuando se trató de su sucesor, Luis Echeverría, las cosas se complicaron aún más.

Diversos autores han comentado que su "gallo" para sucederlo era Jesús Reyes Heroles, durante ese sexenio director de PEMEX. Hasta en dos ocasiones, Díaz Ordaz lo intentó convencer de acceder a convertirse candidato del PRI a la Presidencia, siempre topándose con el mandato del artículo 82 constitucional, que impedía ascender a quien no fuera hijo de mexicano por nacimiento (en este caso el padre de Reyes Heroles era español naturalizado mexicano). Al quedarse sin "ases en la baraja", Díaz Ordaz fijó su mirada en Luis

Echeverría, quien a la luz de los acontecimientos de 1968 se reveló como el más "leal".

No tuvo otra opción debido a que despreciaba a los otros "tapados": Alfonso Corona del Rosal, Antonio Ortiz Mena y Emilio Martínez Manatou. El 22 de octubre de 1969 ocurrió el "destape" de Echeverría. Pero una vez ungido, el ex secretario de Gobernación convertido en candidato no paraba de "ofender" al presidente, e incluso guardó un minuto de silencio en memoria de los muertos el 2 de octubre.

En enero de 1969 Díaz Ordaz recibió al líder nacional priista Alfonso Martínez Domínguez con la lapidaria frase "¿Qué dice tu pinche candidato?", y comenzó una lista de quejas "anda diciendo que va a haber un cambio, ¿cuál cambio?, ya vamos a acabar con eso; se va a la chingada. Vamos a enfermar a este cabrón, y se va a enfermar de deveras". La historia demuestra que no pasó del coraje.

Sin embargo, pese a las diferencias, los odios y resentimientos, todos los mandatarios de México cumplieron la regla de oro no escrita de la Presidencia: no se toca al expresidente, ni a sus riquezas. Como remate existía una conseja popular que recorría el ambiente político cada 6 años: "Cuidado con abrir la puerta de la cárcel a un expresidente, porque esa puerta no se vuelve a cerrar".

López Obrador coqueteo con la idea de romper esa regla de oro, aunque solo para convertirla en una ambigua promesa electorera vacía que, como en el caso del Avión Presidencial, le sirvió para impulsar su campaña y obtener el triunfo.

Esquivando sus propias palabras, terminó refugiado en el lugar común, al que tanto volvió. En el "juicio" a expresidentes sería "el pueblo" quien decidiría.

Superada la aduana electoral, AMLO, en su discurso de toma de protesta, dijo que no quería perseguir a sus antecesores, ni gastar recursos ni tiempo en ello. Por lo que propuso poner un punto final.

Sin embargo, retomaba la idea del "juicio a los expresidentes", cada vez que le convenía distraer a la opinión pública de asuntos más relevantes y delicados. El asunto fue, con el "avión que no tenía ni Obama", una de sus "cajas chinas" favoritas.

En 2020, ante la falta de resultados y ante las primeras evidencias de corrupción galopante de familiares, amigos y colaboradores asomando la cabeza, revivió el fantasma del "juicio" a los expresidentes.

En agosto de ese año, López Obrador hizo oficial el anuncio de solicitar una consulta popular para que los mexicanos votaran si los expresidentes debían o no ser enjuiciados, curándose en salud y asegurando que no era él quien los quería "enjuiciar" sino "el pueblo", y que el "reclamo era muy grande".

Para entonces, AMLO ya era experto en "framing", una técnica discursiva de manipulación, en la cual, la forma en la que un tema es presentado influye en cómo la gente lo percibe y toma posturas a favor o en contra.

De esta manera, el "framing" que el entonces presidente deseaba darle a su consulta era el que mejor manejaba, la moralidad y la revancha aparentando "mirar hacia adelante" y depositando sus resentimientos en "la voluntad del pueblo".

Mientras la oposición y los críticos a la consulta lo rebatían con argumentos contundentes tanto lógicos como jurídicos, el tabasqueño iba hacia donde mejor le funcionaba, despertando las emociones y la polarización.

"¿Cree usted que todos los expresidentes son malos, corruptos, ladrones y criminales que buscaron hacerle daño a usted y al país? ¿Siente usted que ahora «el pueblo» tiene derecho de una revancha? ¿Cree usted que ahora nos toca a nosotros?"

Públicamente, el hombre que no se cansaba de mirar hacia atrás, ya fuera para compararse en términos siempre de magnificencia junto a las figuras históricas que idolatraba, o para justificar sus fracasos culpando al "periodo neoliberal", recomendaba "mirar hacia adelante".

Por ejemplo, en junio de 2019, dijo: "Si es indispensable se hace (la consulta para el juicio), pero yo no creo que debamos estar anclados en el pasado, debemos ver hacia adelante, solo que sea mucha la exigencia de la gente".

Sin embargo, en lugar de ofrecer argumentos a favor de lo que se supone que él mismo deseaba, es decir, no juzgar a los expresidentes, López Obrador siempre que tocaba el tema lo hacía a favor de lo contrario, incapaz de contener el vitriolo que parecía interminable en su interior. En febrero de ese mismo año afirmó: "Que el ciudadano diga: Sí, queremos enjuiciar a Salinas. ¿Por qué? Porque entregó empresas públicas a particulares. Queremos enjuiciar a Zedillo, porque convirtió las deudas privadas en deuda pública con el Fobaproa. Queremos enjuiciar a Fox por traidor a la democracia (…) Queremos enjuiciar a Felipe Calderón, porque utilizó la fuerza y convirtió al país en un cementerio. Queremos enjuiciar a Peña por corrupción".

Pese a todos los esfuerzos soterrados, "el pueblo" no parecía demasiado interesado en el tema.

Se necesitaban un millón 800 mil firmas para hacerla posible. En un país de casi 130 millones de habitantes y donde el partido del presidente había logrado 30 millones de votos en la elección presidencial que ungió a AMLO, podría pensarse que resultaría un juego de niños reunir las firmas necesarias. No lo fue, de hecho Morena batalló contra la indiferencia de la gente cuyo "clamor" por enjuiciar a los expresidentes aparentemente no era tan grande.

Un día antes de que se llegara a la fecha límite para reunir las firmas, López Obrador utilizó sus facultades y solicitó él mismo la consulta.

Un apretado resumen de este acto digno de análisis psicológico: López Obrador no se cansó de decir que el pueblo era el que decidía si se llevaba a juicio a los expresidentes; al pueblo realmente no le importaba; López Obrador aseguró que él no los quería meter a la cárcel, pero que "se debe aprovechar" y solicitó la consulta. El mismo día que el entonces presidente lo hizo, su partido, presentó ante el Congreso una iniciativa de ley de amnistía para los expresidentes, para "blindar la consulta".

Todo olía a que no era más que un acto de campaña con la mira puesta en las elecciones intermedias donde el único ganador sería López Obrador. Al hablar de los gobiernos del pasado y su corrupción e incapacidad, buscaba evadir sus propios yerros, particularmente tras el desastroso manejo de la pandemia de Covid-19, el nulo crecimiento económico y la violencia que se desbordaba.

La consulta del pasado, pues, evitaba que la gente pensara en los errores del presente.

Al final algunos de los cálculos de López Obrador se desbarrancaron ya que él quería que la consulta se realizara el mismo día de la elección intermedia (6 de junio de 2021) y la fecha fue en agosto, y la pregunta fue modificada por la SCJN debido a que vulneraba los derechos de Salinas, Zedillo, Fox, Calderón y Peña en términos del principio de presunción de inocencia debido a que la Constitución tiene (todavía) entre prohibiciones la realización de una consulta popular que vulnere los derechos humanos de los ciudadanos.

La pregunta final de la consulta quedó convertida en un galimatías: "¿Estás de acuerdo o no en que se lleven a cabo las acciones pertinentes con apego al marco constitucional y legal, para emprender un proceso de esclarecimiento de las decisiones políticas tomadas en los años pasados por los actores políticos, encaminado a garantizar la justicia y los derechos de las posibles víctimas?"

Muchas voces se manifestaron abiertamente en contra de la consulta y propusieron que fuese ignorada. El desánimo fue mayor al "clamor del pueblo".

La consulta se llevó a cabo el 1 de agosto de 2021 y una palabra la definió: fracaso.

Los datos que arrojó el Instituto Nacional Electoral señalaron que solo participó entre el 7.07 y 7.74% de los mexicanos registrados en el padrón, muy lejos del 40% necesario para que el resultado fuera vinculante.

Pese a todo, López Obrador la calificó de "éxito" el lunes siguiente debido a que el "sí" fue la opción mayoritaria entre quienes votaron, aproximadamente entre el 89.4% y el 96.3% de los votos y muy por encima del "no" de entre 1.4% y 1.6%.

Solo participaron poco menos de 6 y medio millones de personas; muy lejos de los 30 millones con los que López Obrador llegó al poder.

"Es un triunfo el que 6 millones 474 mil 708 ciudadanos hayan participado (…). Aún con todo lo confuso de la pregunta, la gente sí se dio cuenta de lo que se trataba porque la mayoría votó por el sí, 97% por el sí", dijo el entonces presidente.

Pero también, y como fue su inevitable costumbre a lo largo de su sexenio, culpó a otros de su fracaso. En ese momento responsabilizó al Instituto Nacional Electoral de la baja participación.

"No es un asunto de presupuesto, es un asunto de voluntad, cuando se quiere se puede, ellos no tenían entusiasmo (...). Se pudo haber extendido el número de urnas", criticó.

La consulta lo exhibió en un sinfín de contradicciones. Otra vez prometía una cosa y hacía otra. López Obrador mismo no participó en la consulta, aunque había adelantado que votaría por el "no" ya que "lo suyo no era la venganza".

La conclusión de este "carnaval que tiene mucho de espectáculo ultrajante, venganza y operación distractora", en palabras de José Woldenberg, fue una nueva lección de gatopardismo lopezobradorista, todo cambió para que nada cambiara.

Los expresidentes volvieron a ser intocables. Aunque siempre hubo insultos y reclamos contra Salinas, Zedillo, Fox y Calderón, se quedaron en el pedestal de la *mañanera* alimentando la narrativa oficial. López Obrador nunca pasó de los exabruptos verbales. La única excepción fue Enrique Peña, su antecesor directo, al que nunca criticó de manera abierta tal vez porque, como se rumoreó mucho durante 2018, López Obrador fue el beneficiario de una estrategia que se resume en la frase de Raúl Salinas de Gortari ("las puertas de Los Pinos se abren desde adentro, nunca desde afuera") y que significó el apoyo del último presidente emanado del PRI para torpedear al candidato panista, Ricardo Anaya, y pavimentarle el camino al tabasqueño.

O tal vez en el fondo, López Obrador intuía que si abría la puerta de la cárcel a los expresidentes llevaría hasta el extremo la regla de oro del sistema presidencial mexicano, y la puerta no se volvería a cerrar. Quedaría entonces abierta, tal vez para que en el futuro la decisión se volviera contra él, como bumerán. Tal vez.

9. NO FUIMOS DINAMARCA

"Vamos a tener un servicio de salud igual que el de los países nórdicos,
igual que el de Dinamarca. Ese es mi compromiso".
Andrés Manuel López Obrador, presidente de México,
15 abril 2019

El desabasto de medicamentos:
otra vez la corrupción como pretexto
Con la única excepción de las personas y políticos que se benefi-
ciaron con ella, pocos mexicanos han vivido de la corrupción tanto
como lo ha hecho Andrés Manuel López Obrador.

Llegó a la presidencia y transitó su sexenio peligrosamente
cerca de ella; creo un estilo de vida basado precisamente en atacarla,
así fuera solo de dientes para afuera.

Su discurso político, sus campañas y sus propuestas, invariablemente gravitaban en torno a "la corrupción" como si se tratara
de una malsana atracción o una voraz desesperación por encontrar
enemigo. Lo mismo le ocurría con el "dinero" a secas. El 4 de enero de 2019, a solo un mes de haber asumido la Presidencia, López
Obrador reiteró que se mantenía fiel a su estilo de vida, el cual

—dijo— siempre fue austero, razón por la que podía llevar solo 200 pesos en la billetera y poseer solo un par de zapatos.

"No tengo, ya les dije, cuentas de cheques, no tengo tarjetas de crédito. Pero no ahora, indaguen, es buena la investigación, porque los bancos tienen ahí los antecedentes de todos, ya llevo muchos años sin tener tarjeta de crédito", presumió.

El tabasqueño aseguró "nunca me ha interesado el dinero, lucho por ideales, por principios", como si el dinero en sí mismo fuera símbolo de deshonestidad, inmoralidad, falta de decoro, latrocinio, robo o abuso. El presidente que más tarde sería identificado como el "Rey del cash" gustaba de satanizar lo que no le gustaba con la palabra "corrupto" o le endilgaba el mote a cualquiera de sus adversarios políticos fuera quien fuera.

Para el hombre que encarnaba la *salvación política* de México con su "pureza" y "honradez", que con su rechazo a los bienes terrenales adquiría una autoridad moral por encima de cualquier ley, la palabra "corrupción" era anatema.

Fue precisamente la "corrupción", el arma que le permitió llevar a cabo uno de los procesos a la postre más criminales que presidente alguno haya instrumentado en México: el desabasto de medicamentos, que tuvo muchas y muy duras consecuencias. Se tradujo, por ejemplo, en que 6 millones de niños quedaran sin vacunas entre 2019 y 2020, lo que causó el incremento de casos de enfermedades prevenibles en menores de 5 años, y que entre 2018 y 2022 se registraran más de 5 mil juicios de amparo para exigir la entrega de medicamentos a pacientes. Esa misma cantaleta derivó en que miles de niños con cáncer no tuvieran acceso a sus quimioterapias y más de 4 mil murieran por faltarles su medicamento.

Aún antes de convertirse en presidente, López Obrador estaba convencido de que una de las medidas necesarias para acabar con la corrupción consistía en la instrumentación de una sola instancia pública que se hiciera cargo de todas las compras del gobierno, así como sus contrataciones y adquisiciones.

Como señala la investigación "Operación Desabasto" de Alejandro Melgoza y Denise Tron realizada para "Impunidad Cero" y "Justicia Justa", luego del triunfo en las urnas y durante el proceso de transición de 2018, López Obrador ya con Carlos Urzúa al frente de la Secretaría de Hacienda, estableció un plan para que las compras públicas pasaran a la Oficialía Mayor de dicha dependencia con el propósito de reducir los costos y (¡por supuesto!) combatir la corrupción.

Esto incluyó también, para desgracia de millones de mexicanos, la compra consolidada de medicamentos.

Detrás de esta medida, se encontraba una conocida forma de operar del tabasqueño que puso en práctica desde su administración al frente de la jefatura de gobierno del entonces Distrito Federal: se quitaban facultades a ciertas instituciones y se le concedían a un equipo de personajes de todas sus confianzas. Por encima de la capacidad, la lealtad.

En materia del abasto de medicamentos, esto significó la destrucción de un modelo de compras consolidadas de medicamentos que desde el año 2013 realizaba el Instituto Mexicano del Seguro Social, el cual no solo adquiría medicinas para sus hospitales y clínicas, sino que concentraba todos los requerimientos de otras instituciones a nivel federal como el ISSSTE, PEMEX, las Secretarías de la Defensa Nacional (SEDENA) y Marina (SEMAR), y de los 23 hospitales e institutos nacionales de la Secretaría de Salud federal.

De la misma manera, los gobiernos estatales también podían adherirse a este mecanismo de compras consolidadas. Para 2017, participaban 22 entidades. El modelo permitió ahorros cercanos a los 21 mil 361 millones de pesos en las seis compras consolidadas que hizo el IMSS entre los años 2013 - 2018.

Pero llegó la 4T… llegaron las acusaciones de corrupción y comenzó un calvario para millones de mexicanos que aún no concluye.

Al iniciar las compras consolidadas de medicamentos a través de la Oficialía Mayor de Hacienda y con los ajustes "franciscanos" a sus empleados, se perdió no solo al personal capacitado sino también el *expertise* técnico necesario para hacerlas. No importaba que los responsables no fueran capaces si eran 99% leales.

Precisamente debido a esta inexperiencia asesina, la primera compra que le tocó realizar a la administración de López Obrador se hizo fuera de tiempo y con evidentes errores. 62% de las claves de medicamentos quedaron desiertas, es decir, no se recibió oferta alguna para que el gobierno las comprara y la mayoría de los contratos se dieron mediante adjudicaciones directas a esos personajes "de confianza", en lugar de hacerlo mediante una licitación como lo marca la ley. Inició así el desabasto de medicamentos.

A la mala ejecución y el austericidio criminal hay que sumar una fallida estrategia "anticorrupción" que se tradujo en el veto del presidente mismo hacia las tres principales distribuidoras de insumos médicos en México: Grufesa, Dimesa y Maypo. La medida prohibía al gobierno comprarles, pues se les acusaba de acaparar el mercado y de constituir un oligopolio. Tal vez hasta aquí todo bien; sin embargo, se les acusó y desechó sin tener alternativas reales. Fue tan absurdo como pretender salvar un edificio demoliendo primero los cimientos. No solo eso, nadie terminó en la cárcel por esa supuesta "corrupción". Todo fue pura saliva.

El veto presidencial nunca contempló una alternativa adecuada para reemplazar (evitando saltos e interrupciones en el suministro) la red de distribución, logística, almacenaje y personal que estas distribuidoras habían acumulado a lo largo de los años. También pasó por alto un detalle que parece mínimo, pero que posee una importancia fundamental, estas distribuidoras compraban a otras farmacéuticas los insumos necesarios, por lo que el gobierno adquiría tanto la distribución como el insumo médico a un mismo precio.

Además del veto presidencial, una de las principales productoras de medicamentos oncológicos del país, Laboratorios "Pisa", reportó una serie de incidentes que terminaron afectando el abasto de esa clase de medicamentos.

9. No fuimos Dinamarca

Debido al supuesto hallazgo de una bacteria en una línea de producción, se cerraron siete de las plantas productoras de la empresa, deteniendo la entrega de medicamentos oncológicos. Y al mismo tiempo, debido a supuestas inconsistencias en uno de los contratos, se le inhabilitó por parte de la Secretaría de la Función Pública.

Tuvimos así, una tormenta perfecta, el veto presidencial, la centralización de las compras consolidadas de medicamentos en la Oficialía Mayor de Hacienda, la incapacidad y torpeza de sus funcionarios para realizarla adecuadamente, el cierre de siete plantas de laboratorios "Pisa" y su inhabilitación por parte de la Secretaría de la Función Pública, concluyeron en un desabasto inédito y criminal que se magnificó con la llegada de la crisis sanitaria global del Covid-19 y su desastroso manejo por parte del gobierno de la 4T.

De la misma manera que se hizo con el Avión Presidencial para intentar salir del problema, la administración de López Obrador solicitó ayuda a la Oficina de las Naciones Unidas de Servicios para Proyectos (UNOPS) para que se encargara de las compras consolidadas de medicamentos del país a partir del año 2021.

Y de la misma manera que ocurrió con el Avión Presidencial, la UNOPS fue incapaz de ofrecer una solución adecuada. De hecho, cometió el mismo error que la Oficialía Mayor de Hacienda, ya que volvió a realizar mal y tarde la compra de insumos médicos. No solo eso, tuvimos que pagar por sus errores, la compra que antes se realizaba de manera gratuita en el país por parte del IMSS, nos terminó costando a todos los mexicanos cerca de 85 millones de dólares por concepto de comisión que cobra el organismo que no actúa precisamente como una hermana de la caridad. Esta cifra es en realidad la última que se hizo pública, el verdadero costo permanece "bajo reserva" por cuestiones de "seguridad nacional", como tantas cosas más que ocultó el gobierno lopezobradorista.

Se recurrió entonces a otra solución y apareció Laboratorios de Biológicos y Reactivos de México (BIRMEX), una empresa paraestatal a la que se instruyó para convertirse en la encargada de la distribución de medicinas e insumos médicos en nuestro país. De entrada, presentó dos graves problemas: carecía de la infraestructura y el personal capacitado y era una paraestatal con un pasado extremadamente opaco, oscuro y corrupto.

La investigación "Facturas falsas: la epidemia en el sector salud" firmada por las asociaciones "Impunidad Cero" y "Justicia Justa" reveló que en México se desviaron 4 mil 179 millones de pesos de 2014 a 2019, a través de la emisión de unas 22 mil 933 facturas falsas utilizadas en el sistema de salud. De entre ellas, BIRMEX fue la segunda institución federal con más desvíos de recursos mediante facturas falsas. Tras acabar con el abasto eficiente de medicamentos en México bajo acusaciones de corrupción, se terminó instruyendo para hacerlo a una paraestatal evidentemente corrupta.

Antes de entregar las compras consolidadas a BIRMEX, López Obrador tenía contemplado encargar esta misión al IMSS-Bienestar, una institución creada para sustituir al INSABI, una dependencia del gobierno de la Cuarta Transformación cuya existencia duró apenas tres años y se convirtió en el fracaso más evidente y oneroso del sexenio de López Obrador. Bajo la dirección del tabasqueño Juan Antonio Ferrer Aguilar, el INSABI no solo no logró consolidar un sistema universal de salud prometido por López Obrador en su campaña e inicio del sexenio, sino que fue absolutamente incapaz de distribuir los medicamentos.

Tras la desaparición del INSABI vino el turno de otra de las estrellas ascendentes en el organigrama de la 4T, el IMSS–Bienestar a cargo de Alejandro Antonio Calderón Alipí, cuya principal carta de presentación fue la de contar con la sólida amistad de Andrés Manuel López Beltrán, *Andy*, el hijo todopoderoso del expresidente, para quien trabajó como integrante de su equipo de ayudantes al inicio del sexenio.

Calderón Alipí ya venía de encabezar dos intentos de compras consolidadas que terminaron en desastres de proporciones bíblicas.

172

No solo cuando lideraba el área responsable del INSABI en alianza con la UNOPS, sino también cuando encabezó las adquisiciones de manera individual.

Sin embargo, las cosas no resultaron mejor con BIRMEX (creada en 1999 para producir vacunas y encabezada por el general de División en retiro Jens Pedro Lohmann Iturburu). Carecía de la infraestructura necesaria para hacerse cargo de un proceso tan complejo como es la adquisición consolidada de medicamentos para el sector salud de México, uno de los más grandes del mundo. La evidencia se encuentra en cifras del propio gobierno donde la paraestatal nunca pudo alcanzar las metas de abasto de medicamentos generando lo que es ya el problema crónico, en 2020 distribuyó 21.74% menos, en 2021 dejó de entregar 28.92% de insumos y en 2022 no logró entregar 13.78%.

Pese a esa cadena de fracasos, el 22 de diciembre de 2023, tras años de negligencia criminal y desabasto de medicamentos, López Obrador volvió a mostrar uno de sus rasgos más personales, la obstinación. Dobló la apuesta y emitió un decreto mediante el cual encargó a BIRMEX la compra consolidada de los "medicamentos e insumos para la salud" del IMSS, ISSSTE e IMSS-Bienestar, las principales instituciones de salud pública del país, y le ordenó asegurar "la cadena de suministro de los medicamentos e insumos para la salud, con la finalidad de que el Estado mexicano asegure y garantice el abasto a la población".

Para el último año del sexenio de López Obrador y pese a su evidente fracaso, BIRMEX continuó siendo la pieza central del sistema de abasto de medicamentos. Con apenas 577 funcionarios (técnicos, químicos y auxiliares de laboratorio, la mayoría), muchos de ellos sin experiencia para sus funciones, ¿qué podía salir mal? Todo. ¿El resultado? Durante 2023 quedaron 7.5 millones de recetas sin surtir.

En el colmo del ridículo, AMLO prometió construir "una megafarmacia donde estén todos los medicamentos del mundo".

"Ayer estaba yo pensando que ya para darle una salida definitiva al desabasto (de medicinas) voy a proponer que se tenga una especie de farmacia en la Ciudad de México con todas, todas, todas las medicinas del mundo, en cantidades razonables, para que cuando falte (un medicamento) en un hospital, cualquier persona pueda conseguirla ahí", dijo en su *mañanera* del 2 de agosto de 2023.

El almacén se hizo en Huehuetoca, Edomex, y comenzó operaciones (es un decir) a finales de diciembre de 2023, pero nunca tuvo todas las medicinas, ni se terminó con el desabasto.

De hecho, la "megafarmacia" surtió, en promedio, solo 2.7 recetas diarias. ¿Su costo? Obsceno: 2 mil 700 millones de pesos oficialmente, aunque documentos internos de BIRMEX, revelados en investigaciones periodísticas proyectaron un gasto total de 3 mil 449 millones de pesos.

Ese legado criminal, pasa factura en el "año siete". Tan es así, que la presidenta Sheinbaum dio un volantazo en la manera de adquirir medicamentos y encargó dar forma a un nuevo sistema a cargo del subsecretario de Salud, Eduardo Clark. La nueva estrategia fue, de facto, el reconocimiento al fracaso. Tanto, que apenas cruzada la aduana de sus primeros 100 días de gobierno, se comprometió a terminar con el desabasto. Fue un golpe demoledor a la narrativa de AMLO, quien afirmó en su último informe que el desabasto era tema superado.

Han pasado seis años desde que se desmanteló de manera irresponsable y criminal el esquema de abasto de medicamentos en México, bajo el pretexto, nunca demostrado, de "combatir la corrupción".

Un sexenio ha corrido y la corrupción sigue intacta. No se investigó, ni sancionó a nadie. Además, el costo para adquirir medicamentos se incrementó no solo con la comisión a pagar a la UNOPS, sino por los yerros de todos los involucrados en el proceso a lo largo de cuatro intentos fallidos por crear un esquema eficiente para resolver la distribución de insumos médicos a todo el país.

¿Podrá el gobierno del "segundo piso de la cuarta transformación" hacer algo tan sencillo, tan humano y a la vez tan radical como simplemente corregir el rumbo?

En la feria de mentiras en que convirtió su último mensaje en el Zócalo, el 1 de septiembre de 2024, AMLO aseguró que su gobierno heredaba el mejor sistema de salud pública del mundo.

"Ya es una realidad que en 23 estados el sistema de salud universal y gratuito para personas sin seguridad social, conocido como IMSS-Bienestar. Este sistema de salud pública ya es más eficaz en el mundo. Dije que iba a ser el mejor, que iba a ser como en Dinamarca. No, no es como en Dinamarca, es mejor que en Dinamarca", aseguró.

¿Mejor que Dinamarca? Daban ganas de vivir en el país que López Obrador dibujó. Pero no, la realidad es muy distinta. En el México que heredó faltan medicamentos y millones de personas deben conseguirlos como pueden y donde pueden; más de cinco millones de vacunas contra COVID caducaron almacenadas en bodegas; los pacientes con VIH y cáncer —niños incluidos— han debido salir a las calles a exigir sus tratamientos; no se terminó la corrupción con la concentración de compras, pero sí pasó factura la inexperiencia.

En ese país, el personal médico fue relegado, incluso en la pandemia y cientos de miles perdieron la vida por el mal manejo gubernamental. Es el mismo lugar donde se construyó una megafarmacia que tendría "todas las medicinas del mundo" y no surtió ni tres recetas diarias. Estamos lejos del sistema de salud pública "más eficaz del mundo".

Cuatro fueron las principales banderas de López Obrador en cuanto al sector salud: gratuidad de los servicios, terminar con el desabasto de medicamentos, desaparecer el Seguro Popular y acabar con la corrupción en la compra de medicinas. Ninguna estrategia resultó como debía. Se impuso la improvisación y el desdén al conocimiento. Se quiso reinventar todo y en el sector salud la torpeza e ineficacia cuestan vidas.

Svetlana Alexievich, escritora bielorrusa y premio Nobel de Literatura, rescata en *El fin del Homo Sovieticus* una estampa ominosa.

Recuerdo el caso de una niña de catorce años de mi distrito que murió de nefritis aguda en un hospital de Moscú. Murió porque un médico decidió que era mejor guardar la película de rayos X "valiosa" (importada por los soviéticos) en lugar de verificar dos veces su diagnóstico. Estas radiografías habrían descartado su diagnóstico de dolor neuropático.

En cambio, el médico trató a la adolescente con una compresa de calor (era el remedio tradicional) que la mató casi al instante. No había remedio ni forma de queja legal por negligencia médica. Los abuelos de la niña no pudieron hacer frente a esta pérdida y ambos murieron, dicen sus vecinos de tristeza, menos de seis meses después. El médico no recibió ninguna reprimenda oficial.

La corrupción es inaceptable. Pero también es corrupción desempeñar un cargo para el que no se está capacitado, tomar decisiones a la ligera para alimentar una narrativa, y desde luego, poner en peligro miles (quizá millones) de vidas en aras de un proyecto político. Lo que también es criminal.

El Dr. Muerte y el drama del COVID-19

"La fuerza del presidente es moral, no de contagio".
Hugo López-Gatell, subsecretario de Salud, 16 de marzo de 2020

La noche del jueves 9 de noviembre de 1918 miles de franceses colmaban las calles de París, había abdicado el káiser de Alemania, Guillermo I, y el fin de la Primera Guerra Mundial, la guerra que acabaría con todas las guerras, era inminente. Los gritos de los franceses retumbaban en las calles "¡*A mort Guillaume!*" (¡Muerte a Guillermo!) Esa noche, en el distrito siete de la capital parisina, moría víctima de la "gripe española" el poeta Guillame Apollinaire, creador del término "surrealismo", firme defensor de las vanguardias artísticas donde se encontraban Pablo Picasso y Marcel Duchamp, y en su delirio pensaba que los gritos eran contra él.

Fue sepultado el 13 de noviembre de 1918, en el cementerio de Pére Lachaise precisamente 48 horas después de la entrada en vigor del armisticio que dio fin a la primera conflagración mundial. Al salir de la Iglesia de Santo Tomás de Aquino y enfilar hacia el camposanto, los asistentes al funeral se vieron de repente rodeados por una alegre multitud que celebraba el fin de la guerra, por hombres y mujeres que bailaban abrazados al ritmo del famoso estribillo del fin de la guerra "no, no tienes que irte Guillame. No, no tienes que irte".

La muerte del poeta en el marco de la mayor pandemia del siglo XX (la "gripe española" mató cerca de 100 millones de personas) mientras se celebraba el fin de la guerra, es la metáfora perfecta para el olvido colectivo en el que cayeron los cerca de 800 mil muertos que dejó en nuestro país otra pandemia, la de COVID-19, la mayor ola de muertes en lo que va del siglo XXI.

México fue uno de los países del planeta que peor respuesta tuvo ante la crisis sanitaria mundial y los responsables de tal tragedia, que adquirió una magnitud suficiente como para levantarles cargos penales —por negligencia (criminal), en el menor de los casos—, fueron principalmente dos, ambos de apellido López: Andrés Manuel López Obrador y Hugo López-Gatell, subsecretario de Salud y encargado de gestionar la emergencia. Mucho se ha escrito sobre la responsabilidad de ambos en esa página oscura, el peor drama sanitario de los últimos 100 años en México… habrá que seguir haciéndolo. La memoria es, también, una forma de erradicar la impunidad.

López-Gatell era un desconocido hasta hace unos cuantos años, cuando la pandemia lo puso bajo el reflector. Desde entonces, acumuló un récord de yerros —que le dieron notoriedad— difícil de igualar. A partir del 28 de febrero de 2020, cuando se confirmó el primer caso de COVID-19 en México, no dejó de mentir.

El 29 de febrero de ese año, aseguró que el nuevo coronavirus era "indistinguible de un catarro". Dos días después, el 2 de marzo, comenzó su batalla contra el cubrebocas: "los cubrebocas no sirven". Al otro día, desinformó sobre la reconversión hospitalaria: "No hay necesidad de hospitales especiales". Otra vez la realidad se impuso, en pocos meses, había decenas de hospitales dedicados a atender a pacientes con COVID.

El 24 de marzo recomendó, ante los primeros síntomas, no ir a hospitales para "no saturarlos". Meses después supimos que 70% de quienes fueron a recibir atención médica, llegaron 12 días tarde en promedio, lo que aumentó su riesgo de morir.

El 20 de abril de 2020 decretó el inicio del aplanamiento de la curva. Cuatro días antes, el 16 se aventuró a pronosticar que para el 25 de junio la epidemia habría "concluido en el Valle de México". Nada de eso sucedió.

El 1 de mayo de ese mismo año aseguró que el "pico" de la pandemia llegaría el 6 de ese mes "y después comenzará a descender". Luego, el 11 de junio estimó que el "pico" sería la semana del 15 de junio. Tampoco atinó.

El 4 de junio de 2020 revisó sus pronósticos de muertes. Dijo que "el mínimo eran 6 mil, otro escenario era 8 mil, otro 12 mil 500, y teníamos así hasta 30 mil, incluso un escenario muy catastrófico que podía llegar a 60 mil". México superó las 800 mil muertes, 13 veces más que el escenario "catastrófico" mal pronosticado. Así de errático su rigor técnico.

La lista de mentiras es muy larga. Nada de lo que dijo ocurrió cuando dijo que sucedería. Pero él seguía sonriente, casi burlón.

"No digo que no sirva, lo que digo es, sirve para lo que sirve y no sirve para lo que desafortunadamente no sirve", declaró sobre el cubrebocas y su utilidad, a finales de octubre de 2020. Cantinflas se quedó cortó.

¿Y para qué sirvió López-Gatell? Para generar caos, desinformar, equivocar en cuanto pronosticó o calculó, repartir culpas, maquillar la realidad, para eso sí salió muy bueno. Sus incontables desatinos, sus incansables errores e inentendibles ligerezas, fueron oda a la desinformación e irresponsabilidad.

En su conferencia del 3 de abril de 2020 explicó que usar mascarilla no servía para quienes buscaban tener una defensa contra las partículas del virus Sars-CoV2. El 27 de ese mismo mes, sostuvo que "tiene una pobre utilidad o una nula utilidad". El 29, insistió que "usar cubrebocas para prevenir COVID-19 no sustituye la medida más importante que es «quédate en casa»". Y el 25 de mayo de 2020 aceptó que "en el tránsito a la nueva normalidad, el cubrebocas será una medida auxiliar para evitar la propagación".

No solo no ayudó; estorbó. El exsubsecretario fue el principal obstáculo para comprar con celeridad vacunas; tuvo que hacer el trabajo el equipo de Marcelo Ebrard en Cancillería. Se opuso a que se realizaran más pruebas de detección, una de las principales recomendaciones de la Organización Mundial de la Salud durante la emergencia para detectar a pacientes contagiados. Esa decisión llevó a miles a no poder practicarse pruebas diagnóstico.

El 3 de febrero de 2021, acumuló más mentiras a su récord. Dijo que el gobierno sería capaz de vacunar en una semana a "3 millones de adultos mayores de las zonas rurales". Como en otras tantas de sus afirmaciones, falló o mintió. O las dos cosas.

El 24 de marzo de ese mismo año, cuando se cumplieron tres meses de que llegó el primer cargamento de vacunas, habían arribado al país casi 10 millones de biológicos de Pfizer, AstraZeneca, Sputnik V, Sinovac y CanSino, pero solo se habían aplicado 5 millones 9 mil 751 en brazos de los mexicanos. El 40% restante permanecían guardados en el refrigerador.

A la postre, según la propia Secretaría de Salud, 5 millones 41 mil 50 vacunas de AstraZeneca y Sputnik se echaron a perder bajo resguardo de Laboratorios de Biológicos y Reactivos de México (BIRMEX), en lugar de aplicarse con eficacia.

Sus errores fueron incontables. Se equivocó en cuanto dijo y mintió sin pudor.

Mintió aplanando la curva desde abril de 2020. Mintió asegurando que el "pico" llegaría en mayo de ese mismo año. Mintió hablando del fin de la pandemia en el Valle de México para finales de junio, también de 2020. Mintió sobre que no se necesitarían hospitales especiales para pacientes de COVID. Mintió señalando que el nuevo coronavirus era más leve que la influenza. Lo suyo siempre fue la mentira. Vaya, hasta su equipo mintió ocultando su hospitalización durante su convalecencia en 2021. Y en aquel momento, cuando regresó, volvió mintiendo. Aseguró que aún tenía "carga viral y es contagioso", por eso no asistió a la conferencia vespertina de la Secretaría de Salud. Dijo que tenía alta médica, pero no epidemiológica, por eso trabajaría de manera virtual, desde su casa. Unas horas más tarde de esa afirmación, fue exhibido caminando en las calles de la colonia Condesa, en la CDMX, sin cubrebocas.

Fueron tales y tantos sus desatinos, que llegó a la confrontación, lo mismo con Ebrard, que con la entonces jefa de Gobierno, Claudia Sheinbaum, con quien chocó en distintas reuniones. No fue casualidad que la CDMX tomara sus propias decisiones y emprendiera una estrategia distinta (y más eficaz) para hacer frente a la pandemia.

López-Gatell hizo de la mentira parte de su estrategia mediática. También manipuló los datos de la subsecretaría de Salud que nunca resistieron la mínima revisión. Hubo desfase en los tiempos, los números no cuadraron, las cifras bailaron. No coincidían los registros de casos positivos y decesos, tampoco fueron atinadas las estimaciones.

A la par, desde la comodidad del ladrillo en el que se subió, decretó el cierre de la economía y obligó a cientos de miles de comercios a bajar sus puertas, mandando a muchos a la quiebra y provocando la pérdida de miles de empleos. También se ensañó con los niños: México fue uno de los países que más tiempo tuvo cerrados sus planteles educativos. El resultado pasará factura durante años, 1.5 millones de estudiantes abandonaron las aulas y jamás regresaron.

Desde el estallido de la pandemia, el entonces subsecretario vivió en un reflector que disfrutaba de manera plena. Nunca pareció percatarse que su fama no se acompañaba de prestigio ni admiración, sino de desgracia y negligencia.

Fueron unos cuantos años de esa *fama* mediática que trató de capitalizar políticamente en 2024, cuando buscó la candidatura de Morena a la jefatura de gobierno de la CDMX. También en ese intento fracasó. No solo no obtuvo la nominación; no le dieron nada. Quiso ser senador o diputado, pero tampoco le alcanzó. Está apestado y su nombre en el fondo del basurero de la historia reciente de nuestro país.

Desacreditado por sus propias mentiras, ligerezas y errores que costaron cientos de miles de vidas, Hugo López-Gatell es el mexicano que más muertes ha provocado en al menos un siglo. Apestado hasta la ignominia, el exsubsecretario de Salud hace mucho tendría que estar en el banquillo de los acusados, enjuiciado.

López-Gatell, fue siempre un protegido de López Obrador, que lo utilizó como receptor de culpas y desgracias. Fue su pararrayos en la pandemia. Pero el exsubsecretario tiene responsabilidades públicas inescapables. Carga con más de 800 mil muertes por la desastrosa gestión que hizo de la emergencia sanitaria.

Guillaume Apollinarie, aquel que murió en la víspera del fin de la Primera Guerra Mundial, escribió: "Las palabras son como las hojas; cuando abundan, poco fruto hay entre ellas". Podríamos agregar que las palabras usadas con ligereza tienen consecuencias. En una pandemia, matan. Y el exsubsecretario fue en exceso irresponsable con ellas.

Los niños "golpistas" con cáncer

Un fantasma recorrió la 4T desde su ascenso al poder: el del "golpe de estado". Sin mayor argumento que una narrativa trasnochada, alimentada por el expresidente López Obrador desde sus *mañaneras*, ese juego de palabras fue utilizado con ligereza en aras de fortalecer el proyecto político.

Sus corifeos, *youtubers* y plumas afines, siempre disciplinadas hasta la sumisión, enriquecieron la teoría del complot y aseguraron, cada vez que el líder así lo ordenaba, que había "oscuros intereses" de la oligarquía "de derecha" y "grupos conservadores" que conspiraban.

La herramienta discursiva alcanzaba para atacar y amagar lo mismo al Poder Judicial, los medios de comunicación, empresarios, activistas, así como niños con cáncer.

Podría causar risa si no fuera parte del ideario político de la cuarta transformación, y una forma vergonzante y cruel de utilizar el poder contra aquellos que se atreven a cuestionar y alzar la voz contra el poder mismo.

Como en otras afrentas que se acompañaron a la pérdida de vidas, esta página oscura también tuvo como protagonista al exsubsecretario de Salud, Hugo López-Gatell.

Durante una entrevista en el programa propagandístico del régimen *Chamuco TV*, transmitida por Canal 22 el 27 de junio de 2021, el entonces funcionario público acusó a mamás y papás de niños con cáncer, que se manifestaban exigiendo medicamentos para sus hijos, de estar al servicio de grupos opositores y alimentar una visión "casi golpista".

"Esta idea de los niños con cáncer que no tienen medicamentos cada vez lo vemos posicionado como parte de una campaña. Más allá del país, de los grupos de derecha internacional que están buscando esta ola de simpatía en la ciudadanía mexicana, ya con una visión casi golpista", afirmó.

Ante semejante acusación —sin mayor prueba, más allá de dichos—, dos moneros plegados al poder, no hicieron más que afirmar y dar la razón. "Sí, claro, por supuesto", dijo Rafael Barajas *El Fisgón*, uno de los llamados "radicales" de la 4T y quien está al frente del Instituto Nacional de Formación Política de Morena, es decir, el responsable del adoctrinamiento. "Es de manual", reafirmó el caricaturista *Hernández*.

La acusación temeraria se estrella con la realidad, inocultable, el gobierno de AMLO retiró 157 mil millones de pesos del fondo para atender cáncer y otras enfermedades. El dinero fue enviado a la Tesorería y no se informó si se gastó o en qué se gastó. Como botón de muestra, solo en 2021, el año de aquella entrevista (es un decir) a López-Gatell, el Fondo de Protección contra gastos catastróficos para atender cáncer infantil, de mama y cervicouterino sufrió un recorte de 97%, lo que impidió pagar casi 8 mil tratamientos a pacientes con esas enfermedades. Un año después, la cosa se puso peor: no pagaron ni un solo tratamiento para las 66 enfermedades consideradas como catastróficas (que incluye distintos tipos de cáncer), de acuerdo con una investigación de la periodista Nayeli Roldán y México Evalúa.

Pero a López-Gatell la realidad le tenía sin cuidado. Ya había dado sobradas muestras de ello. Si la evidencia decía una cosa distinta a su dogma o creencia, peor para la realidad. Así, echaba mano de una parte representativa del ADN lopezobradorista, el insulto como arma de defensa ante la terca vehemencia de los hechos.

En esa misma conversación, encarrilado por sus compañeros de movimiento, insistió en que el desabasto de medicamentos era "una mentira", pues afirmó que solo una veintena de padres estaban inconformes por la falta de fármacos oncológicos.

"Esta historia de los niños con cáncer obviamente es un cuento muy bien armado porque son niños, están desprotegidos. Es una telenovela, en una consigna", dijo *El Fisgón*, que lejos del periodismo, ya estaba cómodamente instalado en el papel de propagandista. Entre ellos se daban cuerda.

Tras las declaraciones de López-Gatell, Israel Rivas, padre de Dana, una niña con cáncer, y representante del Movimiento Nacional por la Salud y de Padres de Niños con Cáncer, aseguró que el desabasto de medicamentos oncológicos era una realidad. "Nos indigna la reacción del subsecretario, ya que se comprometieron a entregar los medicamentos contra el cáncer a más tardar el día de hoy (lunes 28 de junio 2021)" dijo.

Señaló que el director del Instituto de Salud para el Bienestar (INSABI), Juan Antonio Ferrer había prometido que en esas fechas comenzarían a llegar los medicamentos, pero no fue así.

Vino luego una gran marcha el 24 de julio de ese año para demandar nuevamente, ahora en las calles, medicamentos para los niños con cáncer. No eran los "veinte" que decía López-Gatell, sino miles.

Con la razón de su lado, acompañados de argumentos y evidencia, los padres de los niños con cáncer responsabilizaron a la administración de López Obrador por la muerte de alrededor de mil 600 niños y niñas que padecían esta enfermedad, en el marco de lo que calificaron como una "tragedia humanitaria", y anunciaron que acudirían ante la Corte Penal Internacional para visibilizar las consecuencias del desabasto de medicinas en México.

Rivas, fue otra vez contundente en el dolor: "Se cumplen mil días de esta tragedia humanitaria que le ha costado la vida a mil 600 niños y niñas" enfermos de cáncer que murieron debido a la falta de medicamentos.

En medio de aplausos y muestras de apoyo, recalcó que los familiares de pacientes oncológicos "no somos golpistas, sino personas que hemos vivido muchas victimizaciones", no solo por el padecimiento de sus hijos e hijas, sino también por la falta de atención y el maltrato de las autoridades hacia ellos.

Quien también participó en la marcha fue la abogada Andrea Rocha, representante jurídica de varias familias de niños con cáncer. Lamentó que el derecho a la salud parecía ser una garantía "inexistente" para el gobierno morenista y manifestó que la interposición de amparos ya no era suficiente para continuar con esta lucha, por lo que la "ruta jurídica" de los afectados cambiaría.

De acuerdo con la litigante, las familias de los pacientes le exigirían al Gobierno federal y a las autoridades sanitarias mostrar públicamente los contratos de compra de los medicamentos oncológicos que supuestamente se habían adquirido y que aclarasen qué presupuesto se destinó a la atención de este padecimiento.

Un grito demoledor cimbró a quienes atestiguaban o participaban en una marcha que nacía del agravio más doloroso que un gobierno puede imponer a sus ciudadanos, matar, por omisión e indolencia, a sus hijos pequeños.

"En México no hay solución… no hay gobierno… están matando a los niños".

Otra factura del sexenio que se fue.

"Me dejo de llamar Andrés Manuel"

Parecía otro más de sus desplantes que rayaban en dislates. Andrés Manuel López Obrador reconocía lo que muchas veces su gobierno había negado: sí hay desabasto de medicamentos. Era el 1 de agosto de 2023 y el entonces presidente reconoció la inocultable realidad que padecían y siguen padeciendo millones de mexicanos, hay faltante de medicamentos.

Todo parecía indicar que al fin se había dado cuenta que alguien (o varios) le había estado mintiendo.

En estricto sentido, no era la primera vez que lo reconocía. A diferencia del entonces subsecretario López-Gatell, o de su secretario de Salud, Jorge Alcocer, López Obrador lo tenía claro y veía la misma realidad que millones de mexicanos, falta de medicamentos. Millones sufrían por el desabasto negado sistemáticamente por las autoridades de salud.

El 25 de noviembre de 2021 afirmó que se cambiaría el nombre si no se resolvía el desabasto de medicamentos. "Me dejo de llamar Andrés Manuel", señaló.

Algunos días atrás había dado un fuerte jalón de orejas público al secretario Alcocer y al director del INSABI, Juan Ferrer.

"Esto es para Juan Ferrer, esto es para el doctor Alcocer, yo no quiero escuchar de que faltan medicamentos, y no quiero excusas de ningún tipo, no podemos dormir tranquilos si no hay medicamentos para atender enfermos", dijo el presidente López Obrador en un evento en Colima, a principios de aquel noviembre.

Antes se negaba, pero al menos el presidente lo reconocía. Era un avance, pero evidentemente, resultaba insuficiente ante una realidad que se imponía.

Los encargados de las compras y la distribución de medicamentos fallaron. No había medicamentos suficientes. No estaban garantizados los tratamientos. El sector salud estaba en crisis.

También había desabasto en medicinas para pacientes con VIH, diabetes e hipertensión; no había antirretrovirales. Tampoco, medicamentos para pacientes psiquiátricos. Parecía que el presidente ya se había dado cuenta que alguien le había ocultado información.

En su *mañanera* de ese miércoles 22 de agosto de 2023, López Obrador lo reconoció de nuevo, pero en lugar de instrumentar políticas con criterios de eficiencia, castigar responsables, quitarse las orejeras de su ideología y renunciar a teorías complotistas, regresó al delirio.

Ayer estaba yo pensando que ya para darle una salida definitiva al desabasto (de medicinas) voy a proponer que se tenga una especie de farmacia en la Ciudad de México con todas, todas, todas las medicinas del mundo, en cantidades razonables, para que cuando falte (un medicamento) en un hospital, cualquier persona pueda conseguirla ahí.

Como un banco de reserva de medicamentos y lo vamos a hacer. La idea es contar con todos los medicamentos, para que nunca falte ninguno.

El resultado fue la "Megafarmacia del Bienestar", como ya se comentó, un esperpento burocrático salido de una pesadilla o una fantasía, y cuyo nombre oficial cambiaba de acuerdo al ánimo del funcionario en turno. Según el humor, podría ser el Almacén Nacional de Medicamentos (ANM) o el Centro Federal de Almacenamiento y Distribución de Insumos (CEFEDIS).

Conocida popularmente como "La Megafarmacia", se trató, como anoté, de un recinto de poco menos de 95 mil metros cuadrados ubicado en Huehuetoca, Estado de México, que la administración federal compró a la empresa Liverpool por un costo total cercano a los tres mil 500 millones de pesos. Su función sería almacenar, listas para su distribución, 286 millones de piezas de medicamentos y distribuirlas en cualquier hospital o centro de salud del país en un plazo de 24 a 48 horas. El mecanismo de operación se vendió como algo simplón, en los casos en que las farmacias del IMSS, ISSSTE e IMSS-Bienestar no cuenten con una medicina recetada por sus médicos, los derechohabientes podrían llamar a este sueño dorado de la centralización para tramitar el envío del medicamento, y se les notificaría "cuándo y dónde" recogerlo. Simple.

La promesa presidencial (una más) sería que en "La Megafarmacia" se encontrarían "todas las medicinas del mundo" y que con ella terminaría, de una vez y para siempre, el desabasto de medicamentos.

Al final, y como ya viene siendo el mantra del "año siete", fue mentira. De entrada, en este espacio de Huehuetoca solo habría mil 806 claves de medicamentos, vacunas y material de curación, de ninguna manera serían "todas las medicinas del mundo"; y eso si se tenía suerte.

Diversos reportes periodísticos señalan que "La Megafarmacia" solo operó al cierre del sexenio de AMLO con el 0.9% de los medicamentos que puede almacenar. Esto significó que solo pudo surtir uno de cada 100 fármacos solicitados. El dato que desnuda este otro fracaso monumental de López Obrador es demoledor: "La Megafarmacia" solo surtió 2.7 recetas al día, o si lo quiere ver con otro ánimo, 342 recetas en 4 meses.

López Obrador había demostrado, parafraseando a Jorge Luis Borges, que no era bueno o malo, era incorregible. Así que no nos sorprendió ya nada de lo que dijo en su último informe de gobierno, el 1 de septiembre de 2024. Parecía que las compuertas que lo contenían se habían derrumbado y ahora se dio el lujo de mentir de manera descarada, hasta reírse de todos.

En nuestro país, las familias de los niños con cáncer sufrieron todo el sexenio para tener acceso a quimioterapias, pero López Obrador se dio tiempo de bromear con la salud de millones.

No importó que el desabasto de medicamentos se hubiera agravado, que "La Megafarmacia" se hubiera convertido en un inoperante elefante blanco, o que el personal de la salud haya sido maltratado y cientos de miles de mexicanos murieran por la pésima gestión de la pandemia, él se divirtió.

Ese domingo, en el desfile de mentiras que retumbaron en el Zócalo de la CDMX, aseguró que su gobierno dejaba en herencia el mejor sistema de salud pública del mundo.

Ya es una realidad que en 23 estados el sistema de salud universal y gratuito para personas sin seguridad social, conocido como IMSS-Bienestar. Este sistema de salud pública ya es más eficaz en el mundo. Dije que iba a ser el mejor, que iba a ser como en Dinamarca. No, no es como en Dinamarca, es mejor que en Dinamarca, aseguró.

¿Mejor que Dinamarca? López Obrador sabía que no cumplió, pero aun así decidió reír con el tema. Se burló.

Al otro día en su *mañanera* se descaró. Reconoció que lo dicho en el Zócalo "fue para que hubiera miga" y "también" para hacer enojar a sus opositores. ¿Fue plan con mañana?, le preguntaron. Claro, respondió.

No fuimos Dinamarca. Tampoco tenemos el "mejor sistema de salud del mundo". Pero qué importa, el presidente se fue contento, bromista y risueño.

Ya en el "año siete" las consecuencias de dejar la salud de millones de mexicanos en manos de incondicionales incompetentes siguen apareciendo.

El desastre del lopezobradorismo continúa pasando costos. Por ejemplo, contrario a lo que afirmó la presidenta Sheinbaum Pardo el 15 de octubre de 2024, la vacuna Patria contra COVID-19 terminó por no ser aplicada durante la temporada invernal 2024-2025.

"Yo creo que en esta temporada no (se aplicará la vacuna Patria)… en algún momento estará lista", tuvo que reconocer la secretaria de Ciencia, Humanidades, Tecnología e Innovación, Rosaura Ruiz

9. No fuimos Dinamarca

Gutiérrez, un par de semanas más tarde, acorralada por las preguntas de los medios de comunicación, el miércoles 6 de noviembre.

AMLO dijo que estaría lista "en algún momento". Bien, pues pasaron cuatro años, dejó la Presidencia y la vacuna Patria no se aplicó. La pandemia de COVID terminó y la vacuna sigue sin colocarse. Por si fuera poco, su costó se disparó, se gastaron 973 millones de pesos hasta su Fase 3, según María Elena Álvarez Buylla, es decir, 550 millones más de lo informado oficialmente.

Esa estampa refleja la incompetencia, y marca parte del legado negligente en materia de salud.

Otra más, mes y medio después de abandonar Palacio Nacional, el 15 de noviembre, el secretario de Hacienda transexenal, Rogelio Ramírez de la O, entregó ante el Congreso la propuesta de paquete económico para 2025 del gobierno de la presidenta Sheinbaum. Sin estar presente, AMLO seguía estándolo. Entre los muchos recortes y cifras insostenibles, una en el terreno de la salud, evidencia la tragedia que quedó como legado, ante la falta de recursos y la urgencia de estirar la cobija presupuestal, la vacunación en 2025 sufriría un recorte brutal respecto al año pasado, pasando de 14 mil 31 millones en 2024 a 4 mil 571 millones de pesos. La reducción era dramática. Más, si la comparamos con años anteriores, por ejemplo 2022, cuando el presupuesto fue de 30 mil 214, aunque solo se ejerció el 25%.

No fuimos Dinamarca. Ni siquiera estuvimos cerca de serlo. El sistema de salud es paupérrimo. El expresidente jamás cambió su nombre, se sigue llamando "Andrés Manuel", y la crisis que profundizó con sus decisiones erráticas tampoco cambió, la heredó.

10. MENTIR COMO POLÍTICA; OCULTAR PARA NO INFORMAR

"Mentir constantemente no tiene como objetivo hacer que la gente crea una mentira, sino garantizar que ya nadie crea en nada. Un pueblo que ya no puede distinguir entre la verdad y la mentira no puede distinguir entre el bien y el mal. Y un pueblo así, privado del poder de pensar y juzgar, está, sin saberlo ni quererlo, completamente sometido al imperio de la mentira. Con gente así, puedes hacer lo que quieras."
Hannah Arendt, *Eichmann en Jerusalem*, 1964

100 mentiras cada mañana

El General Lázaro Cárdenas del Río, presidente de México de 1934 a 1940, ocupa uno de los lugares de honor en el panteón lopezobradorista, donde "buenos" y "malos" se enfrentan siempre. Obvio, López Obrador se colocó junto a los primeros: Cárdenas, Juárez, Villa, Zapata, Ángeles, Flores Magón, Pellicer, y algunas otras deidades menores.

Públicamente siempre tendió hacia la gravitación cardenista–juarista como máxima. "Hay que ser como Lázaro Cárdenas en lo social y como Benito Juárez en lo político", aseguró en un encuentro informal al historiador Enrique Krauze varios años antes de condenarlo a habitar las antípodas de su paraíso personal.

La comparación fue en extremo forzada. Mientras Cárdenas era suave, pacífico y moderado, tan silencioso y ajeno a la palabrería que le apodaban "La Esfinge", su fan tabasqueño resultó ser lo contrario: pendenciero, bravucón e incendiario. Radical, mientras "El

Tata" era moderado, y cruelmente desdeñoso donde el general era empático. Cárdenas, aparentemente había aprendido esa lección de su maestro, mentor y luego adversario político Plutarco Elías Calles. "En el hablar, es parco Plutarco", decía la conseja popular en los tiempos en los que los presidentes rara vez se pronunciaban.

Esa fue la nota dominante de la política mexicana durante buena parte del siglo XX: el silencio, la opacidad; hablar y negociar "bajito y en lo oscurito". Luego aparecieron accidentes que se condujeron hacia el otro extremo: la verborrea, el uso y el abuso de las palabras, la retórica vacía donde las palabras perdían potencia tras utilizarse una y otra vez. Gustavo Díaz Ordaz, presidente de 1964 a 1970 fue responsable de la política interna de su antecesor Adolfo López Mateos y nunca titubeó en afirmar que "la Secretaría de Gobernación no debe de verse ni oírse, debe sentirse"

De ahí que uno de los momentos cumbre del movimiento estudiantil mexicano en 1968 haya sido la "marcha del silencio" el 13 de septiembre de ese año olímpico, y que a decir de sus participantes tenía la intención de evidenciar y ahogar las palabras y mentiras de un gobierno represor que se regodeaba en colocar adjetivos contra los que cometían el pecado de demandar democracia y justicia más allá de la saliva.

Ese otoño mexicano fue como su similar checo en la primavera de Praga, un breve respiro, una bocanada de aire fresco que terminó siendo ahogada en represión para que luego nada más pasara por largo tiempo. Acabó así el siglo XX.

Curiosamente es en el año 2000 cuando dos intentos por convertirse en canales de comunicación circular del gobierno, tras la salida del PRI del ejercicio del poder presidencial, coinciden en distintos ámbitos y buscan crear una nueva forma en la que los mandatarios tocan los temas de la agenda pública. Ambos reconocen que la publicidad del ejercicio púbico es fundamental para su existencia.

Por una parte, el entonces presidente Vicente Fox lanza el programa de radio "Fox en Vivo, Fox Contigo" producido por la Oficina de Imagen y Opinión pública de la Presidencia. Por el otro, el entonces jefe de gobierno de la Ciudad de México, Andrés Manuel López Obrador, estrena sus conferencias de prensa *mañaneras*.

En su concepto y realización eran dos modelos opuestos, pero con un común denominador, el gobernante como "conductor" y voz principal. Sería él quien llevaría la voz cantante y quien usaría el espacio para difundir la labor del gobierno, sin "filtros", ni intermediarios. Pero la duración del ejercicio no podía descansar solo en sus hombros y convertirse en una interminable perorata. Debían de contar con colaboradores, invitados y "secciones" para que el "programa" no se convirtiese en un ejercicio más de retórica gubernamental y palabrería gastada.

De esta manera, mientras Fox contaba con coconductores (en ocasiones periodistas y hasta férreos críticos a su administración) que le hacían preguntas incómodas sobre la agenda pública, su gobierno y hasta el costo de sus toallas, López Obrador arrancó sus *mañaneras* con los reporteros adscritos a la fuente del gobierno capitalino.

Ambos casos se convirtieron en éxitos de comunicación, aunque los cercanos al panista veían al ejercicio con desdén argumentando que cada semana (el programa se transmitía los sábados) lo único que hacia el presidente era convertirse en "hazmerreir" de medios y periodistas, lo que "debilitaba su Presidencia". Pudieron ir a la vanguardia, pero no advirtieron la aparición años más tarde de podcasts y la fuerza de redes sociales, y rápido abandonaron la aventura desechando el ejercicio para dedicarse a la práctica del poder "a secas".

Por el contrario, López Obrador entendió el valor de aparecer frente a los medios diariamente y confrontar a sus adversarios. Comprendió la relevancia de "poner agenda" y dar "la nota" "sin necesidad de pagar". Desde ahí construyó su candidatura presidencial.

El ejercicio probó su eficacia. Al ganar la Presidencia, casi dos décadas más tarde, López Obrador volvió a instaurar las *mañaneras* y desde ahí pretendió monopolizar la discusión pública. En buena medida, lo consiguió. Su modelo de comunicación fue aderezado con una buena dosis de propaganda, largos capítulos de manipulación, propagación de odio y repetición de mentiras con el objetivo de convertirlas en verdades. La ética, el buen gusto y la decencia, escasearon cada vez más conforme avanzó el sexenio. Los insultos, groserías y atropellos utilizando el aparato del Estado, por el contrario, fueron en aumento.

Entre las múltiples consecuencias de las *mañaneras*, dos son muy claras.

Primero, se monopolizó la atención del público en el discurso y acciones del presidente centralizando toda la labor del gobierno en una sola persona. Desde lo más nimio hasta lo más trascendente, si no era tocado por López Obrador no existía.

En segundo lugar, pero no menos importante, esta predominancia mediática y la politización de la agenda desembocó en una inevitable polarización social debido a la simplificación del discurso: "nosotros los buenos, ustedes los malos", "el pueblo contra las élites corruptas", "los liberales frente los conservadores". Fue muy efectivo para no perder el control de la agenda, pero tuvo el alto costo de dividir a la sociedad utilizando la mentira como arma política de satanización, bajo la premisa básica de la comunicación, si el mensaje no se repite, el mensaje no se transmite. Y AMLO repetía sus mantras, volvía a sus villanos y vapuleaba a sus adversarios, a diario.

De esta manera, las críticas relativas a las fallas en su gobierno o errores y hasta posibles delitos de sus colaboradores y/o familiares, sustentadas incluso con datos del propio gobierno, nunca eran auténticas, sino fruto de una conspiración conservadora que había que exhibir, incluso vulnerando leyes de datos personales o mintiendo sobre el pasado y vínculos de sus autores.

La figura discursiva de la falacia *ad hominem*, es decir, de atacar o desacreditar a las personas más que los argumentos, fue una de las vías más recurrentes de López Obrador para evadir la crítica hacia su gobierno en las *mañaneras*: ¿Dónde estaban cuando Ayotzinapa? ¿Por qué no dijeron nada cuando el FOBAPROA?, el PRI robó más…

Y como más de una vez no pudo con los argumentos y las pruebas documentales, decidió atizar contra los periodistas, a quienes convirtió en adversarios a destruir. La verdad ya no importaba, lo importante es que le creyeran a él, aun rodeado de mentiras. Fue así como se consumó otro acto patético: aplaudidores bien aceitados, sentados en las primeras filas de la *mañanera* dispuestos a quedar bien hasta la indecencia con el "señor presidente". ¿Qué preguntaban? Lo que el régimen necesitara que se preguntara. Sin recato ni pudor. Y si había que atacar a los "conservadores", lo hacían; si había que endulzarle el oído a López Obrador, estaban prestos; si se requería un poema o pedir una foto al presidente para mostrarle a todos lo popular que era, procedían.

Bautizados por la 4T como "periodistas independientes", en realidad se trató de personajes sin mayor decoro ni rigor periodístico, pero con mucha hambre de protagonismo y, ni se diga, de remuneración.

Su trabajo consistía, además, en atizar el odio y cuestionar (a ellos sí en tono duro y hasta soez) no solo a políticos de oposición, sino también a usuarios incómodos de redes sociales, periodistas, activistas, empresarios, críticos y a cualquiera que estuviese en desacuerdo con la narrativa esgrimida en las *mañaneras*.

Su calificativo favorito para atacar a quien osaba cuestionar fue el de "chayotero", cuando en realidad ellos ya encarnaban esa figura.

Ya hemos revisado varios rubros de la administración lopezobradorista, y las fallas y promesas incumplidas están por doquier: seguridad, salud, educación, finanzas públicas, pero la *mañanera* era el escudo protector del desastre gubernamental.

Invariablemente, los dichos falsos, las verdades a medias, los datos manipulados, las acusaciones sin sustento, las mentiras evidentes y las afirmaciones sin evidencia, encontraban su resorte en las conferencias desarrolladas en el salón Tesorería de Palacio Nacional.

En el clímax de la degradación discursiva apareció otro esperpento, el "quién es quién en las mentiras", supuestamente para "dar respuesta" a las "mentiras de sus adversarios" y hacer uso de su "derecho de réplica". La puesta en escena fue grotesca. Tanto, como la habilidad lectora de Ana Elizabeth García Vilchis, encargada de la sección, que jamás consiguió leer dos líneas sin tropezar.

SPIN-Taller de Comunicación Política y su socio y director general, Luis Estrada, realizaron un seguimiento riguroso y puntual de cada *mañanera*.

En las mil 435 *mañaneras* bajo la conducción del tabasqueño hubo, en promedio, más de 100 mentiras por conferencia. Es decir, a lo largo de su sexenio, López Obrador dijo 143 mil 500 mentiras. Un récord difícil de igualar.

Muy atrás de él, aparece el presidente más mentiroso en la historia de Estados Unidos, Donald Trump, quien en su primer periodo de gobierno (2016-2020) dijo 6 mil 688 mentiras. AMLO mintió 20 veces más que el republicano.

Enlistar las mentiras del tabasqueño sería interminable. Correrían ríos de tinta. Pero sí hay algunas muy evidentes que, en el "año siete" pasan factura.

No fuimos Dinamarca, como ya vimos. No se resolvió el abasto de medicamentos, por ejemplo. Tampoco se "pacificó" al país ni "bajó la violencia". Mucho menos regresó al Ejército a los cuarteles. Ni se acabaron las masacres. Transgredió la autonomía del Poder Judicial, que aseguró respetaría en su toma de posesión. Mintió al prometer "el gobierno más transparente de la historia", asegurar que "bajaría la gasolina" y afirmar que México crecería entre 4 y 6 % del PIB anualmente. Tampoco fue cierto que "no aumentará la deuda pública", ni que se terminaría con el "amiguísimo y nepotismo". Más todavía, engañó cuando aseguró que ninguno de sus familiares se beneficiaría de su gobierno. Al contrario. Manipuló la venta y rifa del Avión Presidencial. Mintió sobre el costo y funcionamiento de obras insignia, como la refinería Dos Bocas y el Tren Maya. También cuando dijo vehemente que "no se talará ni un árbol" para construir el Tren y terminaron talándose más de siete millones. Engañó cuando se comprometió a respetar los órganos electorales, o cuando señaló que habría una Fiscalía autónoma a la que él "no daría instrucciones". Fue mentiroso al asegurar que habría "respeto a la libertad de expresión", o cuando afirmó "vamos a resolver el caso Ayotzinapa". Manipuló diciendo que viajaría en vuelos comerciales, pero dejó de hacerlo antes de la mitad del sexenio, o cuando prometió no usar camionetas blindadas y no hubo gira por el país en que no las utilizara.

La lista es interminable.

"En Tabasco la naturaleza tiene un papel relevante en el ejercicio del poder público. En consonancia con nuestro medio, los tabasqueños no sabemos disimular. Aquí todo aflora y se sale de cauce", escribió López Obrador en uno de sus libros, sobre su estado, Tabasco.

Sus palabras son un traje a la medida. Su naturaleza fue la mentira. Nunca pudo disimularlo. Le afloró y terminó sacando de cauce a todo un gobierno que derivó en desastre.

Nos reservamos el derecho de informar: la "seguridad nacional" como pretexto

En la esfera de los conceptos, al parecer Andrés Manuel López Obrador los tenía muy confundidos. Confundía el cinismo con transparencia, la corrupción en "sobres amarillos" con el apoyo a su causa y la opacidad con la seguridad nacional.

Junio de 2009. El Partido de la Revolución Democrática tuvo graves conflictos internos para designar candidato a delegado en Iztapalapa para las elecciones de ese año. Originalmente había ganado Clara Brugada Molina, plenamente identificada con López Obrador. Sin embargo, Silvia Oliva Fragoso perteneciente a la tribu de "Nueva Izquierda" apeló ante el Tribunal Electoral del Poder Judicial de la Federación, mismo que anuló la postulación de Brugada y obligó al PRD a registrar a Oliva como candidata.

Desde entonces —y mucho antes— López Obrador ya manifestaba esa forma de victimización que perfeccionó, si las leyes no le beneficiaban eran obra de "la mafia en el poder" y "los conservadores". Así que optó por actuar con transparencia: llamó a una Asamblea en Iztapalapa y ahí le ordenó a Rafael Acosta "Juanito", candidato a delegado por el PT, que cuando ganara la elección renunciara para que Brugada asumiera el cargo.

"Que el candidato que aquí está conmigo al ganar —porque no se la va a creer, él no va a ganar por sí mismo— renuncie en beneficio de Clara Brugada", señaló López Obrador al evidenciar de forma —dijo él posteriormente— "transparente" la manera en que solucionaba las situaciones políticas.

Este acto, que sería —en el menor de los casos cuestionable en países civilizados, le ganó el aplauso de sus seguidores que lograron el triunfo de "Juanito" en las urnas. Sin embargo, "Juanito" se quiso pasar de vivo y cobrar "cuando menos una quincena". En 5 minutos el entonces jefe de Gobierno, Marcelo Ebrard, lo convenció de renunciar.

Esa es la transparencia consustancial a la 4T.

La opacidad es mucho peor.

En público y en privado López Obrador nunca perdía la oportunidad de asegurar que el suyo era "el gobierno más transparente de la historia"; sin embargo, desde el primer minuto de su gestión, la opacidad triunfó a sus anchas.

Según información del Instituto Nacional de Transparencia, Acceso a la Información y Protección de Datos Personales (INAI), durante la primera mitad del sexenio 2018-2024, las negativas a proporcionar información pública se duplicaron comparadas con las que se dieron en el mismo periodo del sexenio de Felipe Calderón, al pasar de 6 mil 938 entre 2007-2009 a 14 mil 128 en 2019-2021.

No solamente dobló los números de Felipe Calderón, sino que superó ampliamente a Enrique Peña Nieto, con un incremento del 40% para los tres primeros años del mexiquense, comparado con el tabasqueño, ya que entre 2013 y 2015 el gobierno de Peña negó información en 10 mil 143 casos.

La administración de López Obrador, inclusive para los primeros seis meses de 2022, alcanzó las 2 mil 147 negativas a entregar información bajo el pretexto de estar clasificada o reservada. La transparencia le incomodaba. El INAI, también. Por eso decidió deshacerse de él.

De hecho, a partir del 2021 la forma de entregar las respuestas por parte de los sujetos obligados (instituciones públicas) cambió completamente, ya que anteriormente solamente respondían bajo el concepto "negativa a entregar información por ser reservada o clasificada" para pasar a definiciones y terminologías más sofisticadas ("información confidencial", "información reservada", "información parcialmente reservada" e "información parcialmente confidencial") que en los hechos significaba un rotundo "no".

En este punto de la narración conviene aclarar términos: el concepto de "información reservada" se refiere a aquella cuya divulgación causaría un daño al interés público o la seguridad nacional. Pese a la existencia de una serie de condiciones que el artículo 110 de la Ley Federal de Transparencia y Acceso a la Información Pública clarifica para que algún dato pueda definirse de esta manera, a lo largo del lopezobradorato se reservaron aspectos que difícilmente tienen que ver con la seguridad nacional o un presumible daño al interés público.

Durante el gobierno de AMLO reservar información so pretexto de la "seguridad nacional" se convirtió en práctica socorrida. Fue parte de una estrategia para ocultar datos de interés público.

Funciones que habitualmente se llevan a cabo por civiles, fueron ocupadas por militares, como es el caso del Tramo 5 del Tren Maya, cuya construcción, es decir la "obra civil", fue ejecutada por el Ejército, con la intención de ser declarada como de "seguridad nacional".

Esto permitirá evitar la reglamentación en materia de adquisiciones, obligaciones ambientales y de transparencia, y con el pretexto de la "seguridad nacional" no hacer público nada en torno al proyecto por un periodo de cinco años.

El caso del Aeropuerto Felipe Ángeles (AIFA) y la Refinería de Dos Bocas, también fueron encargos hechos por la Secretaría de la Defensa Nacional y también se incluyeron en el decreto del presidente, con el cual pretendió que estas obras sean consideradas como de "seguridad nacional", lo que implica la imposibilidad de dar a conocer información pública.

Incluso los pagos de las conmemoraciones y fiestas presidenciales han sido reservados, con la intención de que la opinión pública no pueda conocer que quienes reciben contratos millonarios son personas relacionadas con amigos o cercanos de López Obrador.

Por ejemplo, en el AMLOFest 2021, la celebración por los tres años de gobierno de López Obrador que concentró a más de 250 mil personas —muchas de ellas, de acuerdo a sobrada evidencia fotográfica, transportada en camiones desde distintos estados del país—, Presidencia objetó "seguridad nacional" para negar la información a medios de comunicación y particulares sobre los costos del "festival del pueblo".

Esta opacidad no solamente se reserva al uso de dinero público. Se extiende de manera sorpresiva hacia áreas que se prestan al rumor.

Tal fue el caso de la reserva de cinco años de la información relacionada con los planes de vuelo de las aeronaves de la Guardia Nacional, una vez que se hizo público que se estarían usando para transportar a funcionarios que acudían a actos partidistas de Morena, y a que una nave particular de los mismos socios (Fernando Becerril Guerrero y Luis Alfredo Rayet Díaz) del avión que se accidentó el sábado 28 de mayo de 2022 trasladando a Geraldine Ponce, en ese momento alcaldesa de Tepic, voló reiteradamente a Houston con la codificación de la aeronave XC-PFT de la Guardia Nacional. ¿Avión con clave de la Guardia Nacional para que una alcaldesa fuera de "shopping" a Houston? Saberlo es cuestión de "seguridad nacional".

No es lo único celosamente guardado bajo llave por el presidente que encabezó el "gobierno más transparente de la historia".

Los contratos para las obras emblemáticas de la 4T como el Tren Maya, el corredor interoceánico, la refinería de Dos Bocas, el AIFA, los homicidios perpetrados durante el proceso electoral 2023-2024, los detalles sobre la captura y liberación de Ovidio Guzmán en 2019 durante el llamado "Culiacanazo", los datos de las obras en Badiraguato, Sinaloa y los pormenores de la investigación sobre la explosión ocurrida en Tlahuelilpan, Hidalgo, son algunos de los acontecimientos que definieron su sexenio y que permanecerán ocultos durante los próximos años.

De hecho, la última actualización del Índice de Expedientes Clasificados como Reservados de los sujetos obligados a nivel federal muestra que hay 90 mil 33 asuntos que no se darán a conocer por lapsos que oscilan entre uno y cinco años.

Otro de los temas reservados hasta 2029 es el relativo a los homicidios cometidos en el marco del proceso electoral 2023-2024, en el que además de elegir presidenta de la República, diputados federales, senadores y 14 gubernaturas, estuvieron en juego más de 20 mil cargos de elección popular. Diversas fuentes como Integralia Consultores, El Colegio de México y Data Cívica, señalaron que se trató del proceso electoral más sangriento de la historia.

En su alegato para no dar a conocer la información, la Secretaría de Seguridad y Protección Ciudadana apuntó que "se está frente a una causa de reserva reglada, la cual no está sujeta a interpretación o análisis del contenido particular del documento, pues el legislador secundario estableció que, al tratarse de documentos altamente sensibles por la naturaleza propia del órgano del Estado que lo crea, todas las actas del Consejo de Seguridad Nacional deben permanecer en reserva, a efecto de proteger un bien jurídico superior, como lo es precisamente la seguridad nacional".

A la Secretaría de Marina se le ha solicitado de manera repetida el nombre del encargado directo del operativo realizado en

Culiacán, Sinaloa, el 17 de octubre de 2019, en el que se aprehendió y posteriormente se dejó en libertad a Ovidio Guzmán López.

Tras reservar el caso por cinco años, la SEMAR explicó que "la difusión de datos personales pone en riesgo la vida, seguridad y salud no solo del responsable del operativo, sino también de los militares que participaron".

El 18 de enero de 2019, 137 personas murieron en Tlahuelilpan, Hidalgo, debido a la explosión de ductos de PEMEX que habían sido perforados para ser ordeñados de manera clandestina. A través de una solicitud de información vía transparencia, un ciudadano pidió a la Fiscalía General de la República un "informe de avances de la investigación".

Al embargar la información hasta 2029, la dependencia a cargo de Alejandro Gertz Manero argumentó que "la Constitución Política de los Estados Unidos Mexicanos, conforme lo previsto en su artículo 20, Apartado B, fracción VI, así como la legislación que de esta emana, les permiten restringir íntegramente el acceso a los registros de una investigación penal, inclusive tratándose de los presuntos autores o partícipes del hecho delictivo".

Donde uno le busque encontrará opacidad, silencio y oscuridad. No podemos olvidar que la democracia muere precisamente en la oscuridad.

Tal vez lo más trágico para la sociedad mexicana es que esa opacidad que parecía ser exclusiva de los tiempos del todopoderoso partido único que dictaba que la realidad, la verdad y la transparencia eran de su propiedad, volviera como un penoso *deja vu* político cuando ya los dábamos por superados.

Regresamos a los tiempos en los que una sola frase escondía tragedias enteras y era todo lo que como sociedad recibíamos por parte de las autoridades.

Como lo dicho por Salvador Barragán Camacho, líder de los trabajadores petroleros, al momento de exculpar a PEMEX por la explosión de San Juanico, que dejó cientos de muertes, en noviembre de 1984: "No consideramos culpable a PEMEX, a pesar de que siempre ha sido una industria compleja y llena de peligros". O "estamos tratando que sea toda la policía más honesta en todos los ámbitos y les podemos decir que en la Ciudad de México el aspecto delictivo ha bajado del lugar al que haya subido", de Arturo "El Negro" Durazo, jefe de la policía capitalina de 1976 a 1982.

Por años la única declaración oficial sobre la ocupación del Ejército de Ciudad Universitaria y el Casco de Santo Tomás del IPN en 1968 fue la frase de Marcelino García Barragán, secretario de la Defensa Nacional: "La única batalla es la del progreso"; mientras la solitaria explicación, también oficial, para la masacre del jueves de Corpus sangriento en junio de 1971 fue la de Luis Echeverría: "Se trata de fuerzas que intentan desestabilizar al gobierno... hemos dado instrucciones para que se hagan las averiguaciones correspondientes y no nos detendremos caiga quien caiga". O el primer intento de reporte del entonces regente del Distrito Federal, Ramón Aguirre tras el sismo del 19 septiembre de 1985: "Al parecer hay treinta presuntos ciudadanos colapsados".

En el "año siete", la transparencia que el gobierno le debe a los ciudadanos agoniza. También es parte del legado lopezobradorista.

El 25 de junio de 1767, Carlos Francisco de Croix, virrey, gobernador, y capitán general del Reino de Nueva España emitió un decreto que concluía tajante:

"Deben saber los súbditos del gran monarca... que nacieron para callar y obedecer y no para discurrir, ni opinar en los altos asuntos del gobierno".

Paradójicamente, un régimen que detesta la herencia hispánica, y le gustaría borrar tres siglos de virreinato de un plumazo, hace gala de las formas y los usos de los virreyes.

11. DESAPARECER LO QUE INCOMODA

"Hay que hacer comprender a los hombres que no te ofenden si te dicen la verdad; pero cuando todo el mundo puede decírtela te falta al respeto".
Nicolás Maquiavelo, *El Príncipe*, 1532.

La colonización de la CNDH

Le había tomado muchos años llegar al poder. Durante casi dos décadas lo intentó de manera tozuda y sin descanso, pero al final lo consiguió sorteando la aduana democrática de las elecciones. Esa era la vía. Y ese tendría que ser siempre el camino.

Ascender a la Presidencia fue la parte fácil. Lo verdaderamente complicado sería llevar a cabo la promesa que había hecho a sus seguidores y partidarios de llevar a cabo una profunda "transformación".

Pero contrario a lo que le permitió acceder al poder, pareció desde un inicio dispuesto a descarrilar las vías democráticas y supeditar las reglas, instituciones y personas a él.

Para ejercer el poder, pues, debía tomar las riendas del mismo y colocar a incondicionales al frente de cuanta institución se atravesara. Se equivocaron quienes afirmaron que una vez en el cargo, limaría sus esquinas más radicales. Iba por todo. Y lo primero era terminar con los contrapesos, cooptar las instituciones que incomodaban y escapaban de su control, y deshacerse de quienes estorbaban, minimizándolos, atacándolos o tripulándolos.

Saddam Hussein convocó a una asamblea partidaria el 22 de julio de 1979 y frente a varias decenas de miembros de su partido, el gobernante BAAZ Árabe Socialista, anunció con voz entrecortada y los ojos llorosos que había descubierto una traición.

Ese fue el momento en que Al Hussein Mashadi, uno de sus principales opositores, apareció en el escenario. Había sido torturado en las horas previas. El presidente Hussein también encarceló a su esposa y sus hijas y le dijo a su rival que tenía dos opciones: elegir observar cómo los guardias violaban a su mujer y a sus hijas, y luego matarlas, o confesar.

Mashadi hizo su parte. Confesó sus crímenes, describió el supuesto complot y señaló con el dedo a los conspiradores que estaban sentados en la sala de conferencias. Uno a uno, sesenta y ocho "enemigos del pueblo" fueron detenidos y sacados de la sala. Todo fue videograbado y transmitido en televisión. Después de que se leyó la lista, el presidente de Irak felicitó a los que aún estaban sentados por su lealtad pasada y futura. Cuando terminó la trágica farsa, los supervivientes empezaron a aplaudir, primero con timidez y temor, luego con entusiasmo y sonrisas. Felices de haber escapado de la muerte, decretaban el único tributo al líder que tenía alguna importancia para él, el del miedo.

Los arrestados fueron juzgados en su conjunto y declarados culpables de traición: 22 de ellos, incluidos cinco ministros, fueron ejecutados de manera sumaria el 1 de agosto de 1979. Los pelotones de fusilamiento se conformaron por miembros del gabinete y otros altos funcionarios. De esta manera, Hussein quería asegurarse de que no hubiera inocentes; todos estarían manchados por la sangre de "los enemigos del pueblo" y los "enemigos del líder". La radio estatal de Irak dijo que los funcionarios ejecutaron a sus colegas mientras "animaban la larga vida del Partido, la Revolución y el líder, el presidente, el luchador, Saddam Hussein".

En otras ocasiones, otros tiempos y otras latitudes no es necesaria tanta brutalidad ni violencia, aunque en el fondo subyace la misma intención, hay que desaparecer lo que incomoda y escapa del control del líder plenipotenciario.

El 7 de noviembre de 2019, poco antes de que Andrés Manuel López Obrador cumpliese su primer año al frente del Ejecutivo, en una votación ilegal —pues se cantaron menos votos (114) de los emitidos (116) y no se alcanzó la mayoría calificada reglamentaria (se requerían 78 y solo obtuvo 76)— Rosario Piedra Ibarra fue designada por Morena y sus aliados presidenta de la Comisión Nacional de Derechos Humanos (CNDH), uno de los órganos clave en la incipiente democracia mexicana, creado para vigilar los abusos del poder en materia del respeto a las garantías individuales.

Sus méritos eran dos.

1. Ser hija de Rosario Ibarra de Piedra, una de las más importantes defensoras de los derechos humanos en nuestro país.

2. Ser incondicional y amiga de López Obrador, y consejera de Morena.

Sobra decirlo, ninguno de sus dos principales atributos alcanzan para ser titular de la CNDH. De hecho, el segundo se lo impediría.

El artículo noveno de la Ley de la Comisión Nacional de los Derechos Humanos establece que quien aspire a ocupar el cargo no debe desempeñar "ni haber desempeñado cargo de dirección nacional o estatal, en algún partido político en el año anterior a su designación". Esa ley, como otras tantas cosas durante el proceso, fue ignorada por la mayoría morenista en el Senado.

Piedra Ibarra llegó, pues, de manera ilegítima e ilegal al cargo. Ya en funciones debía legitimarse, pero no lo hizo. Desdibujó a la Comisión, que brilló por su ausencia ante señalamientos y denuncias de violación a los derechos humanos.

Nada dijo de las masacres ocurridas durante el sexenio de López Obrador, ni sobre los reclamos de miles de padres de niños con cáncer por falta de medicamentos. Ni una palabra sobre los asesinatos de migrantes y las condiciones indignas en que son tratados, ni tampoco sobre el desabasto de medicinas.

De las más de 3 mil 400 quejas contra la Guardia Nacional y SEDENA, por ejemplo, en el 99% de los casos no hubo recomendación. La CNDH fue omisa.

¿De qué sirvió una Comisión que no solo no ha estado cerca de las víctimas, sino que les dio la espalda? A los ciudadanos, de muy poco. Al poder, de mucho, porque se dio rienda suelta.

¿A quién sirvió una presidenta de la CNDH que llegó sin legitimidad y no trabajó para construirla, sino para confirmarse ilegítima? A los ciudadanos, no. A quien la impuso, AMLO, le permitió tripular la Comisión, que no le estorbara y sacudirse cualquier piedra en el zapato.

Piedra Ibarra fue impuesta, no reunió la mayoría calificada y hubo trampa en su votación, pero aun así ella tomó la decisión de ocupar la posición.

En el correr de los años en el cargo dejó en claro a quién respondió, y no, no fue a las víctimas. ¿Por qué no apareció para condenar atrocidades ni tragedias, mucho menos para acompañar a quienes sufrieron abusos? Porque era una pieza del ajedrez del gobierno lopezobradorista.

Vaya, fue tan evidente su disciplina lopezobradorista que, de 164 recomendaciones emitidas durante su primera gestión, 110 correspondieron a gobiernos anteriores, cuando ella no era titular de la Comisión.

Omisiones, hubo muchas. Calló frente al drama de los desaparecidos (pese a que ella venía de esa lucha), también frente a la militarización de la vida pública y frente a los excesos del poder contra sus críticos. Pasó de noche durante la pandemia de COVID, y jamás se posicionó sobre abusos contra migrantes que están en tránsito por México.

Las polémicas abundaron, de las revelaciones de compras excesivas en el comedor de la Comisión, a los señalamientos por millonarios desvíos.

¿Alguien la vio trabajando? Sus apariciones se limitaron a eventos protocolarios. Dos veces le renunció el Consejo consultivo.

Si su designación fue vergonzosa, su actuar no lo fue menos.

Piedra Ibarra ya estaba marcada, y su camino a la CNDH manchado. En el cargo debía mostrar la legitimidad que se extravió en el proceso, pero lejos de hacerlo corroboró las dudas sobre su imposición. Con su inacción, confirmó las sospechas que acompañaron su nombramiento: llegó para estar frente a una CNDH omisa, que calló frente a los abusos y no ha estado del lado de las víctimas.

Al frente de la CNDH hay, desde hace más de cinco años, una estatua. Una piedra que no se inmuta. Y una roca que obstaculiza el camino de los derechos humanos.

En un golpe más de autoridad y para despejar dudas sobre el enorme poder que concentra más allá de su periodo de gobierno, López Obrador le consiguió a Piedra Ibarra otros cinco años. Se reeligió. No cumplía aun 50 días el sexenio de Sheinbaum y la mayoría de la 4T le regalaba un nuevo periodo.

Como en la primera ocasión, en esa segunda, tampoco tuvo legitimidad de origen para participar. No solo porque sus resultados habían sido desastrosos, sino porque no estuvo entre las tres personas mejor evaluadas por las comisiones de Justicia y Derechos Humanos del Senado; fue la peor calificada. Aun así, Morena y sus aliados la impulsaron. No les importó que reprobara en su comparecencia, ni que presentara cartas de apoyo apócrifas (como la "firmada" por el Obispo Raúl Vera López). Tampoco que hubiera perfiles bien calificados. La metieron con calzador.

De hecho, la presidenta Sheinbaum tenía simpatía por otra aspirante, la titular de la Comisión de Derechos Humanos de la CDMX, Nashieli Ramírez, electa y reelecta por unanimidad de todas las fuerzas políticas en la capital, pero el ala *dura* de la 4T se impuso.

El deseo de AMLO se cumplía. La manera de ejecutarlo fue reflejo nítido del totalitarismo que para entonces se había asentado en el Congreso: el coordinador de la mayoría, Adán Augusto López se opuso a la secrecía del voto de los senadores de su grupo parlamentario; quería que se supieran observados y ninguno se saliera de la línea marcada.

"No es que desconfíe de ustedes, pero hay que garantizar los votos", les dijo en privado. Así andaba el autoritarismo, y así estaba la desconfianza entre unos y otros.

Sin pudor ni cuidado de las formas, la nueva instrucción del expresidente López Obrador se siguió, Piedra Ibarra repitió en un organismo que ella misma propuso desaparecer.

A principios de 2024, frente al Congreso, la *ombudsperson* sugirió públicamente la desaparición de la CNDH para reemplazarla por una nueva institución, la Defensoría Nacional de los Derechos del Pueblo. Según la presidenta, la Comisión (en la que llevaba casi cinco años) ya no respondía adecuadamente a las demandas del pueblo mexicano y se necesitaba una nueva estructura para atender mejor a las víctimas de violaciones de derechos humanos.

[...] Transformar de raíz a esta Comisión Nacional que ya no responde a las necesidades del pueblo mexicano [...] Lo que vamos a buscar es desaparecer estos organismos autónomos sin afectar a los trabajadores de base. Los medios que obviamente están en contra de esto dirán que van a dejar sin trabajo. No, no, no vamos a despedir a nadie como era antes, dijo en su momento.

¿Qué mayor reconocimiento al desastre que protagonizó, que sus propias palabras? ¿Quién si no ella era responsable de que la CNDH ya no respondiera a las "necesidades del pueblo"? ¿Qué no fue la titular desde 2019?

Más tarde, por el revuelo causado de su propuesta de desmantelar a la Comisión, se emitió un comunicado en donde afirmó que sus palabras habían sido tergiversadas, la controversia en torno a la desaparición del organismo continuó y quedó claro que Piedra Ibarra prestaba servicio a la 4T promoviendo la agenda del gobierno que para entonces ya había decidido desaparecer los órganos autónomos.

La amiga del presidente demostraba lealtad y compromiso. Por eso la premiaron con la reelección. Ella se quedaba, la defensa de los derechos humanos de las víctimas se iba. En su "año siete", López Obrador conseguía otra victoria, demostrar quién mandaba, desaparecer lo que incomodaba y colonizar la CNDH para tenerla a su servicio y disposición; que nadie se atreva a tocar ni con el pétalo de una recomendación al sexenio que se había ido y a su titular que, a la distancia, seguía imponiéndose.

Sin pudor ni decoro, Morena y sus aliados se había superado dándole un nuevo periodo en la Presidencia de la CNDH a Piedra Ibarra, la protegida de AMLO.

"¡Es un honor estar con Obrador! ¡Es un honor estar con Obrador!", corearon senadores de la 4T durante la votación en el pleno. No había nada más que agregar. El expresidente se hacía sentir, y de qué manera. Lo hacía además en pleno día de su cumpleaños 71, la madrugada del miércoles 13 de noviembre.

Y para que nadie se equivocara, la contundencia del poder. Porque, pensará AMLO, si se tiene es para exhibirlo y hacer gala de él. Las *mañanitas* se entonaron en la cámara de diputados, el Senado y hasta en Palacio Nacional.

Lo no visto: una presidenta en funciones le ponía las *mañanitas* a su antecesor. Lo felicitó y cerró con ellas su *mañanera* aquel miércoles. Antes, Sheinbaum ya le había regalado la CNDH.

"Enviarle una felicitación, no sé si nos escuche (risas). Le enviamos un feliz cumpleaños", dijo.

A mes y medio de dejar la Presidencia, el poder de López Obrador gozaba de cabal salud.

Arrinconar a los órganos autónomos

López Obrador fue siempre un hombre de símbolos. Su desesperado afán de vincularse a los momentos, hombres y nombres clave de la vida de México, su idolatría por esa historia de bronce que aparece en las monografías escolares y su propia visión de pertenecer al "lado correcto de la historia", convirtiéndose en la más reciente adición al santoral de los "buenos mexicanos que hicieron Patria", lo hicieron cruzar su propio Rubicón el 5 de febrero de 2024 y reconocer lo que siempre había deseado desde que mandó "al diablo las instituciones", deshacerse de lo que le estorbaba.

Tal vez tenía en mente el 5 de febrero de 1857 y no necesariamente el de 1917. En la primera fecha se plasmaron en la Carta Magna los preceptos del liberalismo juarista y la llamada generación de la reforma. Ese día tras la apertura de sesión a voz del vicepresidente del Congreso, León Guzmán, en el salón de sesiones de Palacio Nacional, la Carta Magna fue leída por José María Mata, y al finalizar, más de noventa diputados desfilaron ante el documento, conforme se nombraba a sus respectivos estados, para estampar su firma al calce y dar peso real a la nueva normatividad. Para cerrar con broche de oro, Valentín Gómez Farías, llevado casi en hombros y moribundo a sus 76 años, juró la nueva ley.

En ese 1857, se había seleccionado el 5 de febrero como un intento de reconciliación con los sectores conservadores para inaugurar un momento de concordia. Ese día, la Iglesia católica celebra al primer santo mexicano de la historia, San Felipe de Jesús, martirizado en Hiroshima, Japón y por ello la Carta Magna buscaba su legitimidad bajo un aire de religiosidad secular no exenta de reconciliación.

Al anunciar su ambicioso paquete de reformas, López Obrador no tenía en mente ni a San Felipe de Jesús ni a la reconciliación, todo lo contrario, proponía dinamitar el edificio de contrapesos que desde 1988 los mexicanos se habían empeñado en construir para poner un límite al poder presidencial.

Anunció que buscaba la desaparición de siete organismos autónomos y entes reguladores. En la mira colocaba al Instituto Nacional de Transparencia, Acceso a la Información y Protección de Datos Personal (INAI), la Comisión Federal de Competencia Económica (COFECE) y la Comisión Reguladora de Energía (CRE). La apuesta del Gobierno era que el recorte se utilizara para financiar el reparto de pensiones y programas sociales impulsados por la llamada 4T.

En el discurso que utilizó para presentar sus iniciativas, López Obrador hizo varias alusiones al "neoliberalismo" y a la necesidad de redistribuir el gasto público. Ya desde diciembre de 2023 había adelantado su intención de desmantelar los organismos públicos, al considerar que "no sirven para nada" y que son "facciosos, onerosos y antipopulares". "Se propone eliminar todas las dependencias y organismos onerosos, supuestamente autónomos", dijo en esa última ocasión. "Son autónomos del pueblo, no de la oligarquía", se dio el lujo de ironizar. "Durante muchos años se fue creando una burocracia dorada y la creación de nuevos organismos a los que se debía destinar muchos recursos del presupuesto", se leía en la exposición de motivos del texto propuesto.

"Tienen que desaparecer todos esos organismos supuestamente autónomos", remató. Nadie puede llamarse a la sorpresa.

López Obrador había dicho que pretendía desaparecerlos a "todos" en un primer momento, pero después aclaró que organismos como la Comisión Nacional de Derechos Humanos (ya debidamente colonizada por alguien leal y subordinada) no se verían afectados por su iniciativa. La lista de órganos sujetos a desaparecer incluía, también, al Instituto Federal de Telecomunicaciones (IFT), el Consejo Nacional de Evaluación de Política de Desarrollo Social (CONEVAL), la Comisión Nacional de Hidrocarburos (CNH), así como la Comisión Nacional para la Mejora Continua de la Educación, que se sumarían a la COFECE, la CRE y el INAI.

"El presupuesto total otorgado a los organismos anteriormente señalados, de 2018 a 2024, equivale a 5 millones 385 mil 591 Pensiones Bimestrales para el Bienestar de Personas Adultas Mayores", se lee en la iniciativa. El Gobierno aseguró que ha asignado más de 32 mil 300 millones de pesos a estos organismos en este sexenio. El IFT es el que más recursos ha recibido con más de 11 mil 400 millones de pesos de presupuesto entre 2018 y 2024 durante el sexenio. Le sigue el INAI con más de 6 mil 900 millones de pesos y la COFECE, que supera los 4 mil 300 millones de pesos. "Las economías y ahorros que se generen con la extinción de los entes públicos materia del presente decreto se destinarán al Fondo de Pensiones para el Bienestar que se cree en términos de la legislación aplicable", se señala en uno de los artículos transitorios.

Pero el dinero parecía más bien mero pretexto. Tal vez la verdadera razón de su propuesta de desaparición radicaba no tanto en su presupuesto oneroso (gastó más y de peor manera en otras cosas) sino en los múltiples roces con estas instituciones, creadas para tener independencia frente al poder en turno y contrarrestar medidas del gobierno o de intereses privados que vulneren los derechos de los ciudadanos. Durante su sexenio, López Obrador frenó designaciones clave en los órganos directivos de estas instituciones y los condujo a un estado de parálisis. Todos los funcionarios que se verían afectados por la desaparición de estas instancias pidieron que el debate legislativo fuese plural y que sus puntos de vista fueran considerados. En la democracia morenista eso no fue más que un buen deseo.

De la misma manera, más allá de la debatible discusión sobre los presupuestos y cómo podrían utilizarse los recursos que se ahorrarían al eliminarlos (por ejemplo, el desfalco de SEGALMEX nunca castigado representa más de dos veces el presupuesto anual del INAI) está en la mira también qué pasará con los entes reguladores, como la CRE y la COFECE, que desempeñan un papel clave en sectores estratégicos como la energía y las telecomunicaciones.

El argumento de Morena es que los cambios constitucionales previstos en las reformas de López Obrador los hacen innecesarios y que sus funciones pueden ser asumidas por otras áreas de la Administración Pública Federal. Las tareas de la COFECE pasarían a la Secretaría de Economía, las del IFT a Comunicaciones y Transportes, y las del CONEVAL al INEGI.

Las atribuciones del INAI sobre rendición de cuentas recaerían en la Secretaría de la Función Pública para el Ejecutivo, las contralorías del Congreso y en un nuevo órgano de vigilancia que sustituiría al Consejo de la Judicatura Federal en el caso del Poder Judicial, según la propuesta. En pocas palabras, bajo el proyecto presentado por López Obrador, el gobierno más opaco de la historia, el que más datos ha ocultado a la ciudadanía y uno de los que carga más denuncias por corrupción, se vigilaría y auditaría él mismo.

¿Qué necesitaba para lograrlo? Obtener la mayoría calificada en el Congreso. Ya después, con la aplanadora echada a andar, se vería cómo justificar que extinguir algunos de estos órganos, como el INAI o la COFECE, por ejemplo, contravienen lo firmado por México en el T-MEC.

La apuesta era ganar, a cualquier costo, sin importar la táctica o el mecanismo, la mayoría calificada en la cámara de diputados y el Senado. Una apuesta alta, que no lucía sencilla pero que "haiga sido como haiga sido" terminó obteniendo.

Tras las elecciones de junio de 2024 y antes de concluir la última Legislatura del sexenio lopezobradorista, los diputados de Morena dieron el primer paso en la aprobación de una iniciativa que, para resumir, destruía organismos dedicados a garantizar el acceso la información pública, asegurar la competencia económica y regular los mercados energético y de telecomunicaciones. Asimismo, elimina la instancia independiente que mide la pobreza en el país.

No pocos pensaron, como en otras tantas que, asumiendo Claudia Sheinbaum la Presidencia, se matizaría la desaparición de los organismos autónomos. No sucedió. Al contrario.

Unas semanas antes de que la 4T les diera el tiro de gracia, la presidenta reiteró su postura en favor de eliminarlos. En particular el Instituto Nacional de Transparencia (INAI) y aunque señaló que revisaría los casos de la Comisión Federal de Competencia Económica (COFECE) y el Instituto Federal de Telecomunicaciones (IFT) para asegurar que cumplan con las disposiciones del T-MEC volvió a los argumentos de López Obrador, incluso se burló del INAI, refiriéndose a la institución con desprecio.

La lucha que dieron decenas de miles de ciudadanos durante décadas para crear organismos autónomos que fuesen contrapesos al avasallador poder presidencial del priismo, concluyó de manera triste el 21 de noviembre de 2024. Ese día, la cámara de diputados aprobó la reforma que implicaba la desaparición de siete órganos: INAI, Coneval, COFECE, IFT, Mejoredu, CRE y CNH. Una semana después, el 28 de noviembre, el Senado hacía lo propio.

Se llamaban.

Así comenzaba su extinción formal, aunque desde hace rato su suerte estaba echada. La decisión la había tomado AMLO desde hace mucho. Era la crónica anunciada de su muerte. Desde la *mañanera*, Sheinbaum anunciaba que las funciones de los organismos serían absorbidas por dependencias gubernamentales.

Los morenistas celebraron, aunque el verdadero festejo no fue en el Congreso, ni en Palacio Nacional, sino en Palenque, Chiapas, donde en pleno "año siete" López Obrador se apuntaba otro triunfo. Esa nueva victoria también es parte del legado del gobierno que formalmente había concluido, pero en los hechos seguía en activo.

Otra factura que AMLO dejaba a los mexicanos.

Atacar para acallar: el acoso a las voces críticas

Achichincle, aspiracionista, alcahuete, aprendiz de carterista, arrogante, blanquito, calumniador, camaján, canallín, chachalaca, cínico, conservador, corrupto, corruptazo, clasista, deshonesto, desvergonzado, déspota, espurio, farsante, fichita, fifí, fresa, gacetillero vendido, hablantín, hampón, hipócrita, huachicolero, ingrato, intolerante, ladino, ladrón, lambiscón, machuchón, mafiosillo, maiceado, majadero, malandrín, malandro, maleante, malhechor, mañoso, mapache de angora, matraquero, megacorrupto, mentirosillo, integrante de la minoría rapaz, monarca de moronga azul, mugre, ñoño, neoliberal, obnubilado, oportunista, palero, pandilla de rufianes, parte del bandidaje, payaso de las cachetadas, pelele, pequeño faraón acomplejado, perverso, pillo, piltrafa moral, pirrurris, politiquero demagogo, ponzoñoso, ratero, racista, clasista, entreguista, reaccionario de abolengo, represor, reverendo ladrón, riquín, risa postiza, salinista, sabiondo, señoritingo, sepulcro blanqueado, simulador, siniestro, tapadera, tecnócrata neoporfirista, ternurita, títere, traficante de influencias, traidorzuelo, vulgar, zopilote…

Son solo algunos de los muchos adjetivos e insultos lanzados por AMLO a lo largo de su sexenio. La gran mayoría, desde el púlpito de la *mañanera*. Para los "buenos", hubo sobrada generosidad, lindas palabras, versos amorosos y hasta sentimentalismo. Para "nuestros adversarios" dureza y groserías que pretendieron silenciar las voces que osaban cuestionar y pensar más allá de lo que el presidente ordenaba y permitía.

Para la prensa, además, hubo otra extensa batería de adjetivos que en ocasiones conjugaba con la anterior lista: fantoches, sabelotodos, hampa del periodismo, chayoteros, pasquines, prensa fifí, amarillistas, paleros, prensa vendida, mercenarios de la información, paladines de la transparencia, golpeadores, muerden la mano que les quitó el bozal… cada ataque lejos de acallar a las voces críticas, legitimaban el periodismo libre, ajeno al poder.

Desde la Presidencia, particularmente la coordinación general de Comunicación Social, encabezada por Jesús Ramírez Cuevas, se disparaban dardos contra medios y periodistas. Los ataques trascendían la esfera de la *mañanera* y se enquistaban en redes, donde el acoso era permanente.

Así el primer golpe era dado por el presidente o la lectora (aunque lectora es un decir, porque tropezaba renglón tras renglón) de la sección "Quién es quién en las mentiras de la semana", Ana Elizabeth García Vilchis.

Con el pretexto del "diálogo circular"; "cuidar la investidura", el "derecho de réplica" y responder porque "cuando la calumnia no mancha, tizna", AMLO encontró una autopista para el ataque sistemático. Escudado en el enorme poder que concentró, violó leyes una y otra vez. Exhibió datos personales de quienes consideraba sus adversarios, compartió sus supuestos ingresos, invadió el terreno de la vida personal, amedrentó con trágica facilidad, hizo listas de adversarios a silenciar e instruyó a sus hordas a atacar, dividió entre "nosotros" y "ustedes".

Si algo le molestó, fue la crítica, el cuestionamiento y el trabajo periodístico que rebasaba su control.

Hubo una clase de terror, desconocida para la mayoría de los seres humanos que remite a los fastos de la Inquisición en el siglo XV y que recorrió Estados Unidos entre los años 1947 y 1960, cuando triunfaban en todo el mundo las grandes películas en vibrante color, alegres y optimistas. En realidad, la vida en Norteamérica se había vuelto especialmente gris debido a "la caza de brujas".

Durante esos años, era pecado pensar diferente y no estar de acuerdo con el sistema dominante, El Comité de Actividades Antiamericanas del Senado que presidía Joseph McCarthy, comenzó a perseguir a los intelectuales y voces críticas (guionistas, directores, actores, músicos) más destacadas de Hollywood acusándolas de "comunismo". Los estudios temerosos terminaron cediendo a toda presión y aquellos artistas que se negaron a declarar o a acusar a sus compañeros por sus ideas políticas fueron marcados y expulsados de las producciones, se les impidió trabajar, que se citasen sus nombres y fueron condenados al ostracismo.

Algunos emigraron a Europa para proseguir sus carreras en el viejo continente, como fue el caso de directores como Joseph Losey o Jules Dassin, otros se vieron obligados a no firmar sus trabajos o hacerlo bajo pseudónimos, como el guionista Dalton Trumbo y hubo quienes, temerosos de lo que les pudiese ocurrir, aceptaron denunciar a sus compañeros, como Elia Kazan.

La misma "caza de brujas" al pensamiento disidente se vivió en México durante el sexenio de López Obrador. No solo es el espeluznante número de periodistas asesinados durante el lopezobradorato (47), es también el clima de persecución que se experimenta. Con AMLO la mayor andanada de presiones y ataques se dio desde la *mañanera* misma, pero no se limitó a ese espacio. El clima de persecución y radicalización se vivió casi en todas las esferas de la sociedad mexicana.

En la mayoría de los regímenes autoritarios, resultaría arriesgado hablar de tiranías, los nombres de los críticos, los opositores, los subversivos y quienes acusan las pulsiones perversas del dictador, son metidos al "saco común" conocido históricamente como "la lista negra", que supone el inventario de los enemigos del régimen bajo diferentes epítetos "subversivo", "comunista", "enemigo del pueblo", "peligroso" y, sobre todo, "contrario al cambio".

Más allá de los insultos que lo dibujaban como un profesional de la ofensa, el expresidente sí tuvo "listas negras" y sabía cómo usarlas. En su *mañanera* del 11 de agosto de 2023, desde *su* Palacio, López Obrador advirtió que tenía en "lista negra" a los magistrados del Tribunal Electoral. "Sí los tengo apuntados en la lista negra, porque sí son unos falsarios", reconoció.

El 5 de julio de 2024 volvió a usar la tribuna de su conferencia matutina para amenazar con exhibir una "lista negra" de grandes empresarios deudores del fisco y advirtió que no habrá condonación a quienes se nieguen a pagar sus impuestos. Más de una vez mostró una lista de empresas que supuestamente mantenían adeudos, también de periodistas que realizaban críticas, y hasta conteos de columnas de opinión que no le eran afines.

Si escribiéramos los nombres de los mencionados, no acabaríamos. Todos sabemos la saña con la que se golpeó desde el poder lo mismo a María Amparo Casar que a Carlos Loret de Mola, Ciro Gómez Leyva o "Brozo", Sergio Sarmiento, Javier Alatorre, Azucena Uresti, Jorge Ramos, Carmen Aristegui, Luis Cárdenas, Enrique Krauze, Joaquín López Dóriga, Pepe Cárdenas, Héctor Aguilar Camín, y hasta a quien esto escribe en al menos una docena de ocasiones, lo mismo por comentarios en televisión (ADN 40–TV Azteca), que en la radio (MVS Noticias) o en redes sociales.

El señalamiento fue a ellos (nosotros) y a muchos más, pero el amago incluía a los dueños de los medios de comunicación para *doblarlos*. Habrá que decir, en honor a la verdad, que en su inmensa mayoría, resistieron y no se amedrentaron. En mi caso, siempre tuve respaldo irrestricto de mis jefes, que jamás cedieron a presiones y permitieron el ejercicio amplio de la libertad de expresión. Mi agradecimiento de por vida.

Hubo ataques a medios nacionales, marcadamente TV Azteca, Televisa, Imagen, MVS, Radio Fórmula, W Radio, *Reforma*, *El Universal*, *Milenio*, *Excelsior*, *Latinus*; e internacionales, como *The New York Times*, *El País*, *The Financial Times*, *The Economist*, *The Wall Street Journal* y *The Washington Post*, por mencionar solo algunos.

El objetivo era el mismo, intentos por acallar. "Contrastar", para intimidar y silenciar.

Se enlistó, también, a empresarios, organizaciones de la sociedad civil, políticos de oposición y ciudadanos que escriben en sus redes su opinión.

Enrique II y Thomas Becket disponían de palafreneros dispuestos a deshacerse de quien estorbara al monarca. López Obrador hizo algo parecido con su turba enardecida, los echó a andar sembrando odio hacia quien pensaba distinto. Las hordas cumplían bien el trabajo sucio de sabotear la conversación pública y llenar de insultos a los incómodos.

De esta manera, luego de ser señalados por el índice flamígero del único con derecho a acusar sin pruebas, iniciaba el acoso por distintas vías.

Pareciera que los intentos por acallar y reventar a sus voces más críticas, y al recurrir a la exhibición pública de una lista de periodistas, articulistas e intelectuales que no se alineaban a su deseo y al de su gobierno, López Obrador actuaba simple y llanamente como un "quema pueblos"; dejaba que otros se hicieran cargo de los incómodos y se sentaba a esperar, como reza el viejo adagio chino, a ver pasar el cadáver de su enemigo frente a su puerta.

Premio a los que obedecen: el servicio diplomático como moneda de cambio

Existe una frase muy popular que se atribuye a Benito Juárez y, aunque carece de comprobación histórica real, no deja de ser puntual: "A los amigos justicia y gracia; a los enemigos, la ley a secas".

En su papel de admirador juarista, López Obrador ha sabido aplicar esas palabras con escalofriante y brutal sordidez.

A sus enemigos, hay sobradas pruebas de ello, los ha perseguido con saña y ferocidad; a sus amigos, los ha premiado con esplendidez. Más allá de su círculo cercano, el núcleo duro de sus seguidores y acólitos que se lograron enquistar en la administración pública durante su sexenio y no pocos de ellos encontraron acomodo también en el gobierno de la presidenta Sheinbaum, o de aquellos leales a quienes premió con jugosos contratos o cargos para sus parientes, hay otro grupo de políticos que han sido debidamente recompensados por doblegarse ante el supremo caudillo.

La recompensa es un destierro de lujo. Consulados y embajadas para que no estén tan cerca, pero se encuentren lo suficientemente comprometidos y, sobre todo, agradecidos.

Si para los adversarios hubo ataques inmisericordes, denostación, amagos e insultos, para los nuevos aliados hay cobijo. Total, nadie con un poco de vanidad, ego y una buena dosis de inseguridad —nadie, pues, que se dedique a la política— se resiste al apapacho. Es casi una máxima heredada del priismo y ejecutada a la perfección por AMLO, quizá el priista más acabado.

López Obrador dispuso, como nadie, de posiciones del servicio exterior mexicano. Cuando llegó a la Presidencia, por ejemplo, 26% de los titulares en las representaciones de México en el extranjero estaban ahí por un nombramiento político; para septiembre de 2024, esos cargos ya representaban el 31%.

La cifra la engrosaron, en su mayoría, exgobernadores priistas que "se portaron bien" y "no se metieron en las elecciones en sus estados" o, lo que es lo mismo, permitieron a la maquinaria de la 4T trabajar para acrecentar su parcela de poder territorial. A veces sin hacer mucho. Otras, colocando candidatos débiles para competir contra Morena. Y unas más, utilizando el aparato a su alcance para abiertamente hacer campaña en favor del oficialismo.

Otra máxima reza que "vivir fuera del presupuesto, es vivir en el error", y los acogidos al manto protector de la 4T lo saben. Sin mayor mérito que la sumisión y abyección, políticos de carrera saltaron de una gubernatura a la diplomacia.

Todo, desde luego, con cargo al erario; pagado con nuestros impuestos. Que disfruten, mientras usted y yo los seguimos manteniendo.

En 2022, Quirino Ordaz Coppel, político sin experiencia diplomática, cuyo mayor mérito fue pavimentarle el camino a la gubernatura de Sinaloa a Rubén Rocha Moya —envuelto en sospechas—, fue recompensado con la embajada de España. Uno que otro priista protestó, pero de poco importó. El exmandatario estatal había cubierto el requisito, entregó la gubernatura a la 4T; palomita. Si en el camino hubo una ola de secuestros, denuncias y coacción del voto el día de la jornada electoral, era lo de menos; había que premiar al converso. Su salario mensual no solo supera los 200 mil pesos, sino que tiene a su servicio un séquito, prebendas, y lo más importante, la certeza de no ser molestado ni en su persona ni en su patrimonio.

Permitir que un "chapulín" profesional del calibre de quien fue secretario particular del asesinado Luis Donaldo Colosio (PRI) y de Vicente Fox (PAN), y exdiputado por MC, se convirtiera en gobernador de Sonora le mereció a la también priista Claudia Pavlovich Arellano ganarse el consulado general de México en Barcelona. Se portó bien, le tocó premio.

Carlos Miguel Aysa González, exgobernador de Campeche, también del PRI y sucesor de "Alito" Moreno en el cargo, se convirtió en embajador de México ante el gobierno de la República Dominicana. Su experiencia diplomática era nula, pero permitió a Layda Sansores llegar a la gubernatura. Con eso alcanza.

Lo mismo se podría decir de Carlos Joaquín González que se fue a un exilio dorado como embajador en Canadá luego de permitir que Mara Lezama se quedará con el gobierno de Quintana Roo, clave para la construcción del Tren Maya. El premio fue grandote. Esa embajada es codiciada.

Uno de los políticos priistas que ganó fama de veleidoso y hasta excéntrico fue el exgobernador de Hidalgo, Omar Fayad Meneses, quien se llevó de premio la embajada de México en Noruega. Pese a señalamientos por presuntos desvíos de recursos públicos, le tocó apapacho. ¿Y cómo no?, si el candidato morenista Julio Menchaca arrasó en la elección por 30% de ventaja. Pese a todo, Fayad resultó el más sincero de los exmandatarios convertidos en diplomáticos. "La verdad, la verdad, la verdad, yo no considero que tenga ningún mérito para ser embajador, ninguno", dijo en el Senado al ser designado representante de nuestro país.

Otro que "se portó bien" fue el exgobernador de Oaxaca, Alejandro Murat, aunque él no pidió embajada, sino un escaño en el Senado. Permitió que Salomón Jara Cruz, de Morena, aplastara en la elección, 60.5% frente al 25% del priista Alejandro Avilés Álvarez. Una elección con una participación tan baja que no llegó ni al 40%. Fue recompensado.

Hubo otros que pidieron mejor no ser molestados. Tampoco tenían tantas ganas ni de "trabajar" ni de estar bajo el reflector. Menos, cuando había serias acusaciones por presunto lavado de dinero, como el exgobernador del Edomex Alfredo del Mazo que, nadie duda, entregó su estado a Delfina Gómez para congraciarse con AMLO y la 4T y ganar impunidad.

Ahora bien, los puestos diplomáticos sirvieron también a López Obrador para proteger y alejar de los reflectores a sus amigos o cercanos que cayeron en una desgracia difícil de ocultar, como

Josefa González Blanco Ortiz Mena, descendiente de su admirado Salomón González Blanco, quien jugó un papel relevante en la expropiación petrolera cardenista.

Josefa González Blanco Ortiz Mena se vio obligada a presentar su renuncia como titular de la Secretaría de Medio Ambiente y Recursos Naturales, luego de que el vuelo AM198 de Aeroméxico rumbo a Mexicali sufrió un retraso de más de media hora y esta vez no fue por la saturación del Aeropuerto Internacional de la Ciudad de México, sino solamente para esperar a la funcionaria. Descubierta tras ser denunciada en redes por pasajeros, renunció.

Sin embargo, para los amigos siempre hubo consideración y arropo. No había nada de qué preocuparse. La exsecretaria cayó parada: fue convenientemente designada embajadora de México ante el Reino Unido.

Otra más a quien se trató con "justicia y gracia" fue a la directora de la Comisión Nacional del Agua (CONAGUA), Blanca Jiménez, quien tuvo que renunciar debido a los conflictos que generó en la dependencia y terminó siendo designada embajadora de México en Francia, el premio que durante el priiato era la "joya de la corona".

"Habrá cambios en CONAGUA, pero no porque haya incapacidad de la directora Blanca Jiménez; es una de las especialistas de más prestigio en el país y en el mundo sobre el tema del agua; es muy buena, de primera, la estimamos mucho. Se le presentó un problema familiar y tiene que dejar el país. Como le tenemos mucha confianza y es una mujer preparada, será propuesta como embajadora en Francia", explicó AMLO en su *mañanera* de Palacio Nacional para ocultar el caos de una dependencia que desde entonces caminó coja como víctima del austericidio.

Finalmente, dentro de los premios a los amigos, los hay también por el puro gusto de ser espléndido, como la embajada de Brasil a Laura Esquivel, la de Colombia para Marta Patricia Ruiz y la de

Rusia para Eduardo Villegas, quien trabajaba en la Coordinación de la memoria histórica junto a la esposa del ahora expresidente, Beatriz Gutiérrez Müller. En los tres casos la experiencia diplomática era nula, pero lo que sí existía era una bonita amistad.

También hubo premios menores, pero no personajes menores como Rafael Fernando Marín Mollinedo, primo de Nicolás Mollinedo Bastar, el polémico "chofer" de López Obrador que terminó convertido en empresario millonario y que tiene un hijo, Samuel Mollinedo, como regidor en el ayuntamiento de Benito Juárez, Quintana Roo, curiosamente muy activo y beneficiado por la construcción del Tren Maya. Eso lo veremos después.

Rafael Fernando Marín Mollinedo actualmente se desempeña como representante permanente de México ante la Organización Mundial del Comercio (OMC), que fue propuesto al cargo por López Obrador.

Cerramos con otros amigos que se convirtieron en beneficiados de la mano agradecida de un gobierno que nunca dudo en colmarlos de "justicia y gracia", mientras para los demás solo había "la ley a secas".

Isabel Arvide, periodista venida a menos, quien se apersonaba en *las mañaneras* con el suficiente caradura como para solicitar favores personales. Lo logró. El suyo es de los pocos casos de éxito de un periodista en el sexenio de López Obrador, se convirtió en cónsul de México en Turquía.

La cercanía al poder ha sido recompensada de diferentes maneras a lo largo de la historia política mexicana. No sorprende que amigos, amantes, colaboradores y hasta choferes resulten beneficiados de la generosidad del caudillo en turno. Pero sí es llamativo —e indicativo— que aquellos que se presumían diferentes, limpios, impolutos y, sobre todo, honestos, lo hayan hecho con total impunidad y desfachatez. Y además, hayan superado a quienes tanto criticaban por convertir el amiguismo en forma de gobernar, y las posiciones públicas en manera de recompensar.

En el "año siete", regresar al servicio exterior mexicano al lugar que debe tener, no será sencillo. Implicará ir contra la corriente del lopezobradorismo que definió que las posiciones diplomáticas son moneda de cambio en el ajedrez de la negociación política-electoral y están ahí para utilizarse a discreción cuando haya que apapachar a los cuates.

12. EL LEGADO SE CONVIRTIÓ EN DEUDA

"En Europa primero y ahora en América, los hombres elegidos
se han encargado de endeudar a su pueblo para crear
una atmósfera de dependencia. ¿Y por qué?
Por su propia necesidad egoísta de aumentar su propio poder personal".
Papa Francisco, 10 de agosto 2024.

Ahí te encargas Claudia...
Durante los años dorados del verticalismo priista, de 1940 y hasta 1994 cuando el asesinato de Luis Donaldo Colosio obligó a un viraje, los "destapes" tuvieron dos grandes características. Los había construidos con animosidad, cordialidad y hasta afecto entre quien se iba y quien llegaba. Y existían otros que más bien eran un tortuoso proceso en donde el "entrante" asumía la carga que el "saliente" heredaba a manera de deuda. La forma importaba, y mucho.

En ambos casos, solían quedar marcados o definidos por el proceso previo del destape. Es decir, si este había sido por descarte, producto de una descarnada competencia interna, o si el ungido siempre lo había sido y la competencia fue solo simulación, para despistar.

El "destape" marcaba o definía si habría un legado o una deuda que el sucesor debía cargar. En buena medida representaba la loza política, económica, social y hasta histórica de la sucesión.

Con sus matices, los destapes de Manuel Ávila Camacho, Adolfo Ruiz Cortines, Luis Echeverría, Miguel de la Madrid y Carlos Salinas fueron por descarte. En algunos casos, porque sus antecesores se quedaron sin cartas, en otros porque resultaba riesgoso nominar a sus preferidos ante el contexto político, o bien porque les quemaron a sus favoritos o existían limitaciones constitucionales para designarlos.

Los ganadores de esa soterrada y feroz competencia aparecían ya triunfantes convencidos de haber logrado la designación por talento, inteligencia y mérito propio. Creían —o eso demostraban— en su mayoría, que poco o nada le debían a quien los había destapado. Se generaba así una especie de rechazo al legado del antecesor y comenzaba el alejamiento.

Por otro lado, están los expresidentes que no necesitaron una competencia real para ganar la nominación, desde el inicio mismo del sexenio de su antecesor ya estaban en la antesala de la candidatura. Tal fue el caso de Miguel Alemán, Adolfo López Mateos, Gustavo Díaz Ordaz y José López Portillo, quienes sentían la deuda de gratitud con el antecesor y la responsabilidad de cargar sino con el legado cuando menos sí con el deber de salvarle algo de prestigio y cuidar el buen nombre, mientras fuese posible.

Pocas sucesiones fueron tan traumáticas para México como el ascenso de José López Portillo a la cima del sistema político mexicano.

Era septiembre de 1975, todo mundo sabía que los tiempos se estaban cumpliendo y, en palabras de Luis Spota, ya era momento de que el presidente en turno pronunciara "las palabras mayores", es decir, diera conocer el nombre de su sucesor.

El lunes 22 de ese mes, Echeverría recibía por la mañana a los representantes de los sectores del PRI para anunciarles que el "bueno" era López Portillo por "patriota". Porfirio Muñoz Ledo, quien se quedó en segundo lugar, recibió el encargo de convertirse en presidente del PRI para coordinar la campaña. Todos los políticos priistas comenzaban a moverse para buscar reacomodo en la siguiente administración y no pocos aseguraban que Echeverría quería crear un "Maximato" y convertirse en "el poder tras el trono".

Cuando López Portillo fue destapado, los jilgueros en el reino de la ilusión mexicana se desvivieron en cantarle loas de alabanza. "Pepe" era deportista, pintor, escritor, maestro, filósofo, planificador, orador, bailarín, charro y hasta cantador. Con su lema de campaña, "La solución somos todos", diseñado en medio de la crisis que él mismo ayudó a crear, puso de moda los cuellos de tortuga y las chamarras de piel marcando el adiós de las guayaberas, y despertó admiración popular porque según sus primeras declaraciones era "bien macho, no un coyón rajado".

Lo que no decían sus corifeos era que mientras estuvo al frente de la Secretaría de Hacienda se generó la peor crisis económica (de hecho, la primera) del México postrevolucionario. Debido a que la economía se "controlaba desde Los Pinos" se comenzó a endeudar al país pidiendo préstamos impagables a los organismos internacionales, acabando con las reservas del Banco de México. Cuando ya las arcas nacionales estaban vacías, llegó el momento de devaluar el peso.

Sin embargo, López Portillo no quería hacerlo. "Aquí no se devalúa nada, porque aquí hay muchos huevos", dijo en abril de 1975. Pero ya no había otro camino. Pese a los huevos, lo que no había era dinero. El 1 de septiembre de 1976 el peso pasó de 12.50 a 24.75 unidades por dólar. Con esta medida quedaba sin recursos la política de estabilización cambiaria y el desarrollo estabilizador, que se extendió a lo largo de 22 años, llegaba a su fin.

López Portillo estaba agradecido con su amigo Luis y siempre lo manifestó, pero nunca pudo ocultar que el legado de Echeverría se convirtió en una deuda impagable para él, hasta que llegó el *boom* de los precios del petróleo.

Esta dinámica sucesoria (olvidada durante los 12 años del PAN en la Presidencia y mal ejecutada por Peña Nieto) resonó en sus similitudes con la entrega del *bastón de mando* entre López Obrador y Sheinbaum Pardo en 2024.

Y es que, al igual que Echeverría frente a López Portillo en 1976, buena parte de los pendientes inmediatos tienen que ver con la situación económica tan compleja que AMLO dejó al gobierno de Sheinbaum: magro crecimiento económico (un promedio anual de apenas 1%, pues la promesa del 6% se hizo humo), reducir el déficit fiscal (el mayor de la historia de México), contener la deuda (que alcanzó el récord de 51% del PIB) y generar confianza para que las inversiones fluyan (pese a las decisiones políticas que solo las desincentivan, como la reforma al Poder Judicial o la extinción de los organismos autónomos).

El legado lopezobradorista podría convertirse en deuda inescapable para la presidenta.

Se podría argumentar que todavía vivimos las secuelas del embate más difícil que enfrentó la administración de López Obrador: la pandemia del Covid-19, que llevó a la economía mexicana a una contracción del 8.4% en 2020; sin embargo, ya en 2019, el primer año de la 4T, la economía del país había dejado de crecer y mostró una contracción de 0.4%, particularmente por la decisión de cancelar el Nuevo Aeropuerto Internacional de la Ciudad de México (NAIM) debido a acusaciones nunca demostradas —mucho menos castigadas— de corrupción.

Ya en 2024, la reforma al Poder Judicial fue la bomba sembrada por López Obrador para dinamitar la estabilidad económica en el arranque de la administración de Sheinbaum. El expresidente le empedró el camino a su sucesora.

Desde la noche misma de la elección en que la presidenta obtuvo el triunfo, el panorama económico se vino nublando y hoy la amenaza de tormenta es cada vez más real. Los meses de transición lejos de calmar las aguas, las agitaron más. La incertidumbre se disparó y el nerviosismo se salió de cauce. La ralentización es evidente; la desaceleración, notable; y una recesión, cada vez más posible.

Las modificaciones constitucionales que extinguieron al Poder Judicial como lo conocíamos y nos encaminan a una elección inédita para elegir jueces, magistrados y ministros; la de Supremacía constitucional, que vuelve inatacable e inimpugnable cualquier modificación a la Carta Magna; la ampliación del catálogo que amerita prisión preventiva oficiosa; y la desaparición de organismos autónomos, son un coctel difícil de sortear.

Empresarios, e inversionistas, así como calificadoras, fondos y bancos, están a la expectativa y navegan entre la incertidumbre.

El Fondo Monetario Internacional (FMI) recortó su pronóstico de crecimiento nuevamente para México en octubre pasado. En enero de 2024 proyectaba 2.7%, nueve meses más tarde era de solo 1.5%. Y para 2025 no había mejores noticias, también se ajustó a la baja y se proyectaba apenas 1.3%, pero también había una tendencia decreciente.

Ese mismo mes BBVA hizo lo propio, revisó a la baja la previsión de crecimiento económico para 2024 ajustándola a 1.2% y disminuyendo la de 2025 a solo 1%, porque "la economía se desacelera ante la debilidad de la demanda interna", según su Informe "Situación México".

A principios de noviembre de 2024, también el Banco de México ajustó a la baja su proyección. Especialistas del sector privado anticipaban que la economía mexicana conseguiría un crecimiento de solo 1.22% en el primer año de gobierno de Claudia Sheinbaum, según los resultados de la Encuesta de Banxico. Se cumplía el primer mes del nuevo sexenio y los expertos consultados recortaban también su pronóstico para el PIB del 2025, hilando así ocho meses de ajustes a la baja en sus previsiones. Las cosas no pintaban bien.

La agencia calificadora *HR Ratings* advertía, por su parte, que para 2025, el ajuste en el gasto público, sumado a la incertidumbre que acompaña al cambio de administración y la aprobación de las reformas constitucionales, ya afectaba las perspectivas de crecimiento, por lo que para 2025 colocó la proyección de crecimiento en un mediocre 1.10%. Y había quienes eran aún más pesimistas. Citigroup bajaba a solo 0.2% su estimación de crecimiento para 2025.

Por si hicieran falta más malas noticias para la actual administración en materia económica, el gobierno de Claudia Sheinbaum tendrá que reducir el déficit fiscal, que cerró 2024 alrededor del 6% del PIB, lo que implicará un menor gasto público; y por ende, una economía en proceso de desaceleración.

Pero paradójicamente el mayor problema económico, en realidad es político. Las reformas constitucionales empujadas por AMLO implican el mayor obstáculo para Sheinbaum. Lo es también la espiral de violencia heredada: el país sangra, los más de 200 mil muertos del sexenio dan cuenta del horror tolerado por seis años. Además, el expresidente dejó varios de sus megaproyectos inconclusos, quizá pensando que su sucesora está obligada a terminarlos. También le endilgó una relación fracturada casi hasta la ruptura con nuestro principal socio comercial, EU.

Si arrasó en las urnas, fue la persona más votada en la historia del país —con casi 36 millones de votos— y su partido tiene mayoría en el Congreso, ¿por qué Claudia Sheinbaum fue cercada por su antecesor?

Durante toda la transición, el expresidente no hizo más que colocarle obstáculos. Le complicó el arranque de gobierno, le heredó problemas, y le abrió frentes a diario. En los hechos, le acotó el margen de maniobra.

Ejemplos, abundan. Como regalo de bienvenida, empujó sus iniciativas de reforma a la Constitución, para delinear la ruta a seguir después del 1 de octubre de 2024, cuando Sheinbaum asumió la Presidencia.

Presionó y consiguió que sus legisladores le cumplieran varios deseos, aun después de terminar su sexenio. Le regalaron como despedida su reforma al Poder Judicial, y le entregaron a dos meses de decir adiós la extinción de siete organismos autónomos, lo que desató una ola de nerviosismo e incertidumbre que ha espantado inversiones y amenaza con dañar la economía.

¿Quién en su sano juicio invertirá en un país donde se maquilan leyes a capricho, cambian las reglas del juego a medio partido y hay nula certeza jurídica?

En tres meses, entre la noche previa a la elección y el uno de septiembre, por ejemplo, el peso se depreció más de 20% frente al dólar.

El expresidente fue acorralando por todos los frentes a Sheinbaum.

Presionó para que hombres y mujeres cercanos a él, se mantuvieran en el gabinete; y quiso acotar el poder de la presidenta definiendo quién encabeza Morena: Luisa Alcalde, y quienes coordinan los grupos parlamentarios, Ricardo Monreal en San Lázaro y Adán Augusto López Hernández, en el Senado. El transexenal fiscal general Alejandro Gertz tampoco es pieza de su ajedrez. Y el secretario de Hacienda, Rogelio Ramírez de la O, ya estaba ahí desde que ella llegó.

López Obrador le amuralló el camino. La cercó. Le puso tantos obstáculos que su prioridad en el arranque ha sido gestionar la ruta minada con la que se topó, en lugar de gobernar. El expresidente colocó demasiados controles que pueden distraerla de lo esencial, y forzarla a tener como prioridad lidiar con las consecuencias de las decisiones heredadas, en lugar de imprimir su sello propio.

En el ocaso de su sexenio, AMLO condujo al país a un río revuelto que marcó su adiós. Eso le dejó, a manera de regalo de bienvenida, a Claudia Sheinbaum.

Quizá él piense que ella le tendrá eterna gratitud. Quizá crea que gozosa cargará con el legado y estará dispuesta a salvarle el prestigio y cuidar su buen nombre. Probablemente así sea. Pero quizá no.

¿Crisis económica en puerta?

"El gobierno de la Cuarta Transformación recibió la pesada herencia de una deuda pública de 10 billones de pesos, resultado de la irresponsabilidad y la corrupción del régimen anterior, lo que obliga a destinar 800 mil millones de pesos del presupuesto para pagar el servicio de esa deuda. En este sexenio no se recurrirá a endeudamiento para financiar los gastos del Estado ni para ningún otro propósito", señaló el Plan Nacional de Desarrollo de López Obrador al inicio de su administración en 2018.

Sin embargo, pese a la palabrería, la deuda en el último año del sexenio de López Obrador alcanzó un nivel récord.

Al cierre de 2024, la deuda pública superó el 50% del PIB. Su mayor nivel en lo que va del siglo.

Los números son fríos, y están más allá de los buenos deseos y narrativas optimistas que desde el poder se alimentan.

Revisemos los datos de crecimiento acumulado del PIB per cápita por sexenio. Las cifras son de INEGI, y para el caso del periodo en que gobernó López Obrador se utilizan el promedio de la más reciente encuesta de especialistas del sector privado del Banco de México.

Con Carlos Salinas de Gortari, el crecimiento acumulado fue de 12.7%; con Ernesto Zedillo, de 12.4%; con Vicente Fox, de 2.6%; con Felipe Calderón, de 1.8%; con Enrique Peña Nieto, de 5.2%; y con López Obrador, de solo 0.3%.

AMLO dijo en su último Zócalo, el 1 de septiembre que, "a pesar de la pandemia y la crisis mundial desatada por la guerra entre Rusia y Ucrania, y luego de la caída de hasta 8.5% de la economía en 2020, nos volvimos a levantar y del 2021 a la fecha hemos crecido 3.4% promedio anual; aun con la pandemia, vamos a terminar el sexenio con un crecimiento de 1%, algo verdaderamente excepcional ante un entorno económico extremadamente difícil en el país y el mundo".

Pero la realidad es que fue un fracaso. Él ofrecía crecer el 6% y con todo y pandemia hubo naciones que crecieron dos, tres o cuatro veces más que México. Aquí el gobierno federal dejó a su suerte a empresarios y empresas, para quienes no hubo apoyos.

Pero, además, la deuda se disparó. Creció 55% en el sexenio. Según los datos que se dieron a conocer el 30 de agosto de 2024 por la propia Secretaría de Hacienda, el saldo histórico de los requerimientos financieros del sector público llegó a 16.3 billones de pesos, es decir 55% más que los 10.5 billones que había en 2018.

"El crecimiento de la deuda pública ha sido menor que con Calderón y Peña Nieto", dijo el 1 de septiembre ante un Zócalo repleto de sus simpatizantes, que asistieron a aplaudirle cuanto dijera. Aunque no fue así.

La deuda, evidentemente no la pagará el gobierno que se fue. Es un problema heredado a la administración de Sheinbaum, que los mexicanos pagaremos. La deuda, pues, que en 2018 representaba el 43.6% del PIB, al cierre de sexenio significaba más de la mitad del PIB: 50.2% y subiendo.

Otros indicadores tampoco permiten albergar demasiado optimismo. El empleo formal, por ejemplo, se desplomó durante el mes de septiembre de 2024. Y siguió cayendo.

La última vez que se habían generado tan pocos empleos formales fue en septiembre de 2009, año de recesión económica a nivel mundial, cuando solo se generaron 73 mil 651 plazas formales.

De acuerdo con cifras de su propio gobierno, el de López Obrador solo logró crear 2 millones 22 mil 877 empleos formales en el país, que representaron la mitad de las fuentes laborales generadas durante el sexenio de Peña Nieto y una cifra muy inferior a la generación de plazas de trabajo bajo la administración de Calderón. Otro fracaso. AMLO presumió en su último informe 400 mil empleos, en promedio, por año. En realidad, se necesita más del doble para cubrir la demanda, se requieren entre un millón y un millón 200 mil.

La cifra que deja como herencia es insuficiente para las necesidades del país, ya que en los seis años de la administración lopezobradorista la población económicamente activa aumentó en 5.5 millones. De hecho, al cierre de su gobierno, López Obrador creó menos empleos que en 2019 (el año previo a la pandemia de CO-VID 19) y en el que se registró una ligera recesión económica. El indicador de empleo es clave para vislumbrar lo que podría venir. De hecho, las expectativas de generación de empleos para el año 2025 no son muy alentadoras. Especialistas consultados por Banxico señalan que se perdería dinamismo, y los pronósticos apuntan a 400 mil puestos de trabajo, que sería la cifra más baja desde la pandemia.

En el Plan Nacional de Desarrollo se fijó como meta "un desarrollo económico que habrá alcanzado para entonces una tasa de crecimiento de 6%, con un promedio sexenal de 4%". Como ya vimos, apenas arañamos el 1%.

Las malas noticias se acumulan. No hay una sola estimación, sea del FMI, algún banco o calificadora, que no apunte que la economía mexicana crecerá menos de lo pronosticado meses atrás. La tendencia es indicativa y muy clara.

A eso habrá que sumar la ola de amagos y amenazas que en cascada llueven desde EU con Donald Trump, que inquietan a los mercados y espantan inversiones.

Si iniciamos la historia con el traumático relevo de Luis Echeverria a manos de José López Portillo en 1982, vamos a cerrar con el no menos conflictivo pase de estafeta de Carlos Salinas a Ernesto Zedillo que recibió una economía sostenida con alfileres para luego quitárselos.

Los factores para la crisis gigante de 1994 fueron varios: un déficit de cuenta corriente muy elevado, una paridad peso-dólar controlada percibida como sobrevaluada, y un endeudamiento externo de corto plazo (los llamados Tesobonos) que había crecido de manera exponencial en menos de ocho meses y de manera encubierta.

La incertidumbre se manejó de manera desastrosa y la devaluación fue tontamente implementada. El secretario de Hacienda, Jaime José Serra Puche, duró en el cargo solo 29 días. Fue el inicio de una crisis económica brutal que contagió a los mercados internacionales y fue bautizada como "El efecto Tequila"

Como hemos visto, los frentes acumulados que tiene Claudia Sheinbaum son muchos. Uno solo no sería tan grave, la tragedia viene de la suma de ellos.

Aún no sabemos si la presidenta se sacó la rifa del tigre, heredó los agujeros del queso o simplemente está en el mejor lugar en el peor momento posible. Lo que sí podemos reconocer (con datos en la mano) es que de no corregir el rumbo heredado, una crisis económica es muy probable.

La incógnita es si la presidenta se atreverá a marcar distancia con AMLO y dar un volantazo para no desbarrancarnos.

La maquinaria electoral: los programas sociales

El 4 de enero de 2023, en un acto de profunda honestidad, el entonces presidente López Obrador confesó casi un delito electoral y compartió la estrategia de Morena para ganar elecciones: los programas sociales.

En esa *mañanera* se sinceró y reconoció con todas sus letras que ayudar a los pobres era parte de una ruta para obtener triunfos, porque con "los pobres" se va "a la segura", no como "con sectores de clase media, ni con los de arriba".

"Ayudando a los pobres va uno a la segura porque ya saben que cuando se necesite defender, en este caso la transformación se cuenta con el apoyo de ellos. No así con sectores de clase media, ni con los de arriba, ni con los medios, ni con la intelectualidad… entonces no es un asunto personal, es un asunto de estrategia política", comentó.

Fuera máscaras. El reparto de dinero público a manos llenas y engrosar la clientela, no tenían como objetivo disminuir la pobreza ni generar condiciones de prosperidad o crecimiento para más mexicanos, sino ganar elecciones.

¿Eso explica el avasallador triunfo de su candidata Claudia Sheinbaum quien obtuvo casi 36 millones de votos, 6 millones más que López Obrador en la elección de 2018? En parte, sí.

Es decir, no solo no hubo un solo mexicano arrepentido de haber votado por el tabasqueño, no hubo votos de castigo por la inseguridad, la economía, la situación del sector salud, la destrucción de los contrapesos institucionales y los muertos por la pandemia de COVID; no hubo votos contra la corrupción de su administración ni contra la opacidad del manejo de las finanzas públicas; no hubo votos contra las mentiras de las mañaneras ni contra la persecución brutal a los opositores.

¿Se trató de mexicanos *agradecidos* dispuestos a "defender la transformación", a cambio de no perder programas sociales?

"Hemos sostenido y comprobado que funciona el principio de que, por el bien de todos, primero los pobres. A 30 millones de hogares de 35 millones que existen en nuestro país les llega, cuando menos, un programa de Bienestar o reciben una pequeña porción del presupuesto público", dijo AMLO el 1 de septiembre de 2024, en su último mensaje desde el Zócalo.

Que 30 millones de hogares reciban un programa social, desde luego aceita la maquinaria, aunque repartir dinero a manos llenas no resuelva más allá de lo inmediato e hipoteque buena parte del futuro de millones, pues deteriora las finanzas públicas. López Obrador apostó a un Estado benefactor que entregaba recursos como si le pertenecieran, para generar *agradecimiento* que a la postre se convirtiera en lealtad electoral.

Aquella tarde, el expresidente que, como de costumbre, le hablaba a su tribuna, enlistó su magnanimidad:

Todos los adultos mayores del país reciben una pensión de seis mil pesos bimestrales.

Un millón 482 mil personas con discapacidad son apoyadas con tres mil 100 pesos bimestrales.

Se otorgaron 10 millones 878 mil 500 becas para estudiantes de preescolar, primaria y secundaria.

Todos los estudiantes de preparatoria en escuelas públicas están becados.

Un millón 32 mil 895 estudiantes universitarios de familias pobres han recibido una beca educativa. Este 2024 el monto bimestral de esa beca ha sido de cinco mil 600 pesos.

Se apoya cada año a 262 mil madres solteras para que sus hijos no abandonen la escuela.

Se entregaron 85 mil millones de pesos de manera directa a sociedades de madres y padres de familia para el mantenimiento de 174 mil escuelas públicas.

Hemos invertido 132 mil millones de pesos para financiar el programa Jóvenes Construyendo el Futuro, en el cual han trabajado como aprendices en talleres, tiendas, empresas y en otras actividades productivas, dos millones 973 mil 455 muchachas y muchachos.

Dos millones de productores y 200 mil pescadores reciben ayuda económica directa.

Se entregan fertilizantes de manera gratuita a todos los pequeños productores agrícolas del país.

En el programa Sembrando Vida, 433 mil campesinos son apoyados con jornales permanentes desde el principio del gobierno para cultivar sus parcelas, lo que les ha permitido plantar mil 158 millones de árboles frutales y maderables. Es el programa —que se oiga bien, que se escuche lejos— es el programa de reforestación más importante del mundo.

Eso dijo en el Zócalo capitalino. Repartir dinero a manos llenas garantizaba el éxito electoral; el agradecimiento de "los pobres". Aventar recursos a diestra y siniestra, era efectivo. Total, que paguen los que vengan después.

Los programas sociales durante el gobierno de López Obrador concluyeron el sexenio con un presupuesto histórico, pero con menor cobertura para los pobres del país.

De esta manera, pese a que para 2024 el presupuesto para política social alcanzó un máximo histórico de 3 billones 755 mil millones de pesos (más del 40% del total del Presupuesto de Egresos de la Federación), el número de programas sociales disminuyó. Muchos de los que se mantuvieron presentaron irregularidades y opacidad en sus padrones, lo que propició el uso político de los mismos.

Se repartió mucho dinero, sí, pero prácticamente sin controles y sin contar con evaluaciones sobre el impacto en el uso de los recursos. Eso sí: se aceitó una base electoral a la que con frecuencia se llamaba a defender los programas de "los neoliberales" que se los "quitarían" en caso de regresar al poder.

Según una investigación realizada por el Instituto Mexicano para la Competitividad (IMCO), "aunque los programas sociales tengan un monto sin precedentes para el 2024, estamos dando palos de ciego en tanto no se garantiza el ejercicio eficiente de los recursos ni la operación correcta de los programas".

El IMCO puntualizó que este aumento de presupuesto para el desarrollo social, "se da en un contexto de finanzas públicas ajustadas", por lo que consideró que para solventarlo "se tendrá que incurrir en el endeudamiento".

Las joyas de la corona lopezobradorista, son ocho. Esos programas concentran buena parte del presupuesto destinado al desarrollo social: pensión para el Bienestar de las Personas Adultas Mayores, Beca Universal para Estudiantes de Educación Media Superior Benito Juárez, Sembrando Vida, Becas de Educación Básica para el Bienestar Benito Juárez, Pensión para el Bienestar de las Personas con Discapacidad Permanente, Jóvenes Construyendo el Futuro, Jóvenes Escribiendo el Futuro y el Programa de Apoyo para el Bienestar de las Niñas y Niños, Hijos de Madres Trabajadoras.

El programa con mayor presupuesto y beneficiarios es la Pensión para Adultos Mayores, cuyos recursos equivalen al 85% del total de los que se asignaron en 2024 a la Secretaría del Bienestar. Desde 2018 ha tenido un aumento de 771.4% de presupuesto, al pasar de 53 mil 367 millones de pesos en 2018 a 465 mil 49 millones en 2024, monto con el que este año se otorgan transferencias de 6 mil pesos bimestrales a los más de 10 millones 878 mil beneficiarios.

Pero los datos del mismo gobierno mueven a la duda sobre la efectividad de los programas sociales en lo que respecta a su propósito original. Por ejemplo, de acuerdo a los datos de la Encuesta

Nacional de Ingresos y Gastos de los Hogares (ENIGH), elaborada por el INEGI, en 2022 la cobertura de los programas sociales fue del 34% de los hogares, un incremento de 6 puntos porcentuales respecto a 2018 (último año del gobierno de Enrique Peña Nieto) y 4 puntos por arriba del 28% que se registró en 2020 (primera medición de la administración de López Obrador).

Sin embargo, un estudio de "México Cómo Vamos" refiere que se observó una caída de alrededor de 20% en la cobertura en los hogares de menores ingresos en 2020 y 2022, respecto de la que se presentaba en 2016 y 2018.

Esta caída también se ve en el ingreso promedio mensual por programas sociales, que también disminuyó para la población de menores ingresos, mientras que se incrementó para los hogares con mayores ingresos. Es decir, los pobres recibieron menos apoyos que los que no se encuentran en esa franja.

Además de las observaciones y estudios realizados desde la sociedad civil, la Auditoría Superior de la Federación (ASF) reconoció desde el arranque mismo de la administración, irregularidades en la conformación de los padrones de beneficiarios y el destino de los recursos.

Por ejemplo, durante la revisión a la cuenta pública de 2020, encontró presuntas irregularidades como el pago de becas a personas fallecidas, dispersión de recursos a beneficiarios con CURP inválida o inexistente, así como pagos duplicados en la Pensión para el Bienestar de las Personas con Discapacidad Permanente y el Programa de Apoyo para el Bienestar de las Niñas y Niños, Hijos de Madres Trabajadoras. Las inconsistencias se repitieron año tras año.

A lo largo y ancho de sus seis años de gobierno, López Obrador encabezó más de un centenar de eventos dedicados a promocionar sus programas sociales de "ayuda a los pobres". Lo mismo hicieron secretarios de Estado, gobernadores, alcaldes, delegados especiales y toda clase de funcionarios de la 4T que empujaban dichos programas como parte de la maquinaria electoral de Morena, como si el dinero cayera del cielo gracias al todopoderoso ocupante de Palacio Nacional que repartía bienestar desde las alturas. Y no está de más recordarlo, los programas sociales fueron el eje de la campaña electoral de Morena.

Incluso en los debates presidenciales la frase a utilizar por la candidata Sheinbaum era "los programas sociales creados por el presidente López Obrador".

Sin importar que la Constitución, en su artículo 134, establezca (todavía) la prohibición de hacer propaganda con recursos públicos, por lo que no pueden usarse nombres, imágenes, voces o símbolos que impliquen la promoción personalizada de cualquier servidor público, López Obrador se apoderó de ellos y en ellos recargó buena parte de su narrativa.

Pero el dinero es finito. AMLO estiró la liga lo más que pudo, repartió y endeudó. Vaya que endeudó. Se fue y heredó una deuda no vista (superior al 51% del PIB) que ni él ni su gobierno pagarán.

Dejó la vara muy alta a su sucesora; una ruta marcada y un camino cercado, con estrechos márgenes.

¿Podrán mantenerse a ese ritmo de despilfarro y opacidad los programas sociales de Sheinbaum quien incluso prometió instrumentar algunos nuevos?

Ya el sexenio de AMLO cerró con un aumento en el gasto en programas sociales considerados como prioritarios de 131%. Durante el sexenio, los programas acumularon un gasto de casi 3 billones de pesos. En el discurso suena bien, pero en la realidad es insostenible. Es demasiada la presión a las finanzas públicas, pero también es la columna vertebral de la estrategia electoral de la 4T.

30 millones de hogares están *agradecidos*.

13. LO QUE EL FARAÓN PIDA: LAS OBRAS INSIGNIA

"Respice post te! Hominem te esse memento!"
"¡Mira tras de ti! Recuerda que solo eres un hombre".
Cuando algún General desfilaba victorioso
por las calles de Roma,
tras él un siervo se encargaba de susurrarle
al oído la frase de manera repetida,
para recordarle las limitaciones de la
naturaleza humana y que la gloria es pasajera.

AIFA: lo barato sale caro

Una de las grandes dudas de muchos historiadores es dilucidar cómo pasaban el tiempo libre, cómo disfrutaban sus momentos de "ocio" los emperadores romanos, debido a que en la vida de un monarca la línea divisoria entre el trabajo y el ocio estaba (para algunos todavía está) siempre muy desdibujada.

Todo lo que hacía el emperador, en cualquier contexto: en la cama o en el campo de batalla, en el Senado o presidiendo algún banquete, se reflejaba necesariamente en el carácter de su gobierno. Sin embargo, había una diferencia entre el papeleo, los discursos ante los senadores o los juicios de procesos legales y lo que elegía hacer cuando estaba libre de los deberes oficiales. En este sentido, los emperadores romanos, habían aprendido de los faraones egipcios

243

una lección para disfrutar su "tiempo libre", la edificación de obras monumentales (llamadas propiamente "faraónicas") para heredar a la posteridad evidencia de su paso por esta tierra, demostrar su inquebrantable fe por tal o cual divinidad, y para llamar al asombro a sus propios súbditos que no creían la fortuna de coexistir al mismo tiempo con un hombre de tal envergadura tan cercano a un Dios.

Los romanos, más pragmáticos, optaron por construir obras eficaces en lo administrativo, pero menos "faraónicas", y dejar estas en el rubro del entretenimiento para cumplir un doble objetivo: deslumbrar al pueblo con su poderío trasladado a la piedra y luego mantenerlo entretenido, el famoso *panem et circenses*.

La más importante de estas obras en la Roma Imperial fue el Coliseo, una gigantesca estructura elíptica de 188 metros de longitud, 156 metros de ancho y 57 metros de altura. Completamente de ladrillo y cubierto con travertino que se dividía en cinco niveles y poseía una capacidad para más de 50 mil personas y donde normalmente se ofrecían como espectáculo las matanzas de animales (o animales incitados a matarse los unos a los otros), ejecuciones de criminales mediante distintas formas sádicas de castigo (que al final se convertirían en el famoso "cristianos a los leones" o en cosas peores) y luchas de gladiadores, a veces a muerte.

Para ingresar (mayoritariamente varones, pero no estaba prohibido el acceso a mujeres) el código de vestimenta era riguroso, si no hay toga no se entra. Aunque se suele imaginar al público del Coliseo como una turba incontrolada sedienta de sangre, esta concepción está muy lejos de la realidad, los asistentes mostraban una agresividad "ordenada" y vestían sus mejores atuendos. Eran más parecidos a una audiencia moderna a una ópera o un partido de futbol aburrido, que una chusma enloquecida, ofrecían al hombre que los contemplaba desde el palco imperial una instantánea de "su pueblo". Feliz y complacido.

El mundo de Occidente, heredero directo de egipcios y romanos, aprendió las lecciones de ambos pueblos y desde entonces en su "tiempo libre" monarcas, emperadores, presidentes y dictadores se han dado a la tarea de levantar monumentales construcciones para celebrar, entretener, alabar a tal o cual divinidad, asombrar y dejar constancia de su paso sobre esta tierra para así tener complacido a "su pueblo".

Sin embargo, hay ocasiones en que las obras monumentales son solo muestras de narcisismo, egoísmo, ego desmedido y corrupción, ya que no hay mejor manera de cometer un atraco gigantesco que hacerlo a la vista de todos.

El Aeropuerto Internacional "Felipe Ángeles" (AIFA), ubicado en el municipio de Zumpango, Estado de México, estuvo marcado desde su origen con una sola palabra, engaño. La historia inicia en 2014, durante la administración de Enrique Peña Nieto quien anunció la edificación del Nuevo Aeropuerto de la Ciudad de México (NAIM), en Texcoco. La construcción pretendía solucionar el problema de saturación del Aeropuerto Internacional de la Ciudad de México que fue diseñado para atender a 30 millones de pasajeros, pero que ya para 2019 dio servicio a 50.3 millones. Su meta serían 70 millones de pasajeros. Buscaba, además, convertirse en el tercer puerto aéreo más grande del mundo y transportar además de decenas de millones de pasajeros, hasta dos millones de toneladas de carga al año.

Sin embargo, al iniciar las campañas presidenciales en 2018, cuando López Obrador era candidato de Morena, prometió que de ganar los comicios cancelaría la construcción del NAIM, debido al daño al medio ambiente que dejaría en la región, el alto costo de la obra y, principalmente, por la corrupción que rodeaba al proyecto. Todos los argumentos los presentó sin una sola evidencia, apoyado únicamente por el valor de su palabra.

En ese momento, el costo total del NAIM sería de 285 mil millones de pesos, según datos de aquel año.

En su lugar, López Obrador propuso dentro de esa lógica una opción (aparentemente) más viable y (aparentemente) más barata para resolver el problema de la saturación del Aeropuerto Internacional de la Ciudad de México (AICM), reconfigurar la base aérea de Santa Lucía para construir el Aeropuerto Internacional Felipe Ángeles (AIFA). Pese al rechazo de especialistas, pilotos y sindicatos, la propuesta de López Obrador se convirtió en eje de su campaña, sin importar que los datos apuntaran que, dado el avance físico y financiero del NAIM, así como el valor de la deuda adquirida, terminar la obra era la solución más económica, rentable y menos riesgosa.

Al ganar las elecciones, López Obrador anunció una consulta popular para que fueran "los ciudadanos" los que decidieran.

En diciembre de 2018 tuvo lugar la "consulta". La pregunta tenía dos posibles respuestas.

Dada la saturación del Aeropuerto Internacional de la Ciudad de México: ¿cuál opción piensa usted que sea mejor para el país?

1.- Reacondicionar el actual aeropuerto de la Ciudad de México y el de Toluca y construir dos pistas en la base aérea de Santa Lucía.

2.- Continuar con la construcción del nuevo aeropuerto de Texcoco y dejar de usar el actual Aeropuerto Internacional de la Ciudad de México.

Los resultados de la consulta que tuvo un costo oficialmente de 1.5 millones de pesos y fue organizada por un consejo ciudadano conformado por académicos y organizaciones, entre ellas la Fundación Arturo Rosenblueth, la cual se hizo cargo del conteo de los votos, arrojaron que un 70% de poco más de un millón de votantes (de casi 90 millones que podían haber participado) optó por cancelar el aeropuerto en Texcoco y reacondicionar el AICM, Toluca y la base aérea de Santa Lucía. Menos del 1% de los mexicanos tomó una de las decisiones económicas más importantes de los últimos 100 años. El costo del proyecto lo seguiremos pagando hasta el año 2047.

"Mexicanos Contra la Corrupción y la Impunidad" publicó un análisis sobre dicha consulta que apuntaba a que no fue representativa y, por tanto, arrojó resultados sesgados. En pocas palabras fue un engaño. El mismo engaño que la "consulta de los expresidentes" donde la decisión ya estaba tomada y solo se quiso dar una apariencia de legitimidad mediante la "voluntad del pueblo".

De acuerdo con la Auditoría Superior de la Federación (ASF) al momento de su cancelación el NAIM tenía un avance de 53% para finalizar la fase 1. La propia ASF informó que el proceso costaría al menos 331 mil 966 millones de pesos, una cifra 232% superior a lo calculado por el gobierno.

Pero López Obrador, montado en su macho siempre tuvo *otros datos*. Todavía el 23 de enero de 2024 insistió, para intentar convencer. En la *mañanera* de aquel día, defendió la construcción del AIFA y dijo que su decisión de cancelar la obra en Texcoco había generado ahorros millonarios.

A pesar de que se tendrán que pagar cerca de 200 mil millones de pesos por la cancelación del Aeropuerto de Texcoco con recursos de la Tarifa de Uso Aeroportuario (TUA) del AICM, él afirmó que se lograron ahorros hasta por 125 mil millones de pesos con la cancelación.

Según la narrativa del oficialismo, el gobierno canceló el NAIM en aras de la austeridad y el combate a la corrupción, y echó a andar una alternativa que saldría más barata. Tampoco fue así.

La construcción del AIFA se convirtió en uno de los capítulos más oscuros del lopezobradorato, y sus consecuencias económicas siguen golpeando al país.

La nueva terminal aérea fue inaugurada el 21 de marzo de 2022. De acuerdo a cifras oficiales, el Gobierno federal presupuestó en 2019 alrededor de 74 mil 535 millones de pesos para el Felipe Ángeles; sin embargo, el proyecto empezó a devorar el presupuesto original.

La Secretaría de Hacienda actualizó el proyecto de inversión para finales de diciembre de 2019, hasta los 79 mil 305 millones de pesos y para el 3 de enero de 2022, el monto saltó hasta los 88 mil 107 millones de pesos.

Al momento de su inauguración, una de las voces que más criticó la decisión gubernamental, la del primer secretario de Hacienda de López Obrador, Carlos Urzúa Macías, quien alertó contra el engaño que encerraba esa cifra, señaló que a ese dato habría que sumar el costo de la cancelación del NAIM ofrecido por la ASF, que ascendía a 332 mil millones de pesos.

A decir de Urzúa, el AIFA tendría un costo real para los bolsillos de los mexicanos (que al final lo pagarán a través de los impuestos) de 450 mil millones de pesos. La cifra real no la podremos saber sino hasta el 2026 debido a que la información sobre el AIFA quedó reservada por cinco años en noviembre de 2021.

La administración de López Obrador concluyó sin que el AIFA "agarrase vuelo" pero cerró con "buenas noticias", recuperará el 15% de la inversión de su construcción aproximadamente en el año 2033, de acuerdo con un informe realizado por el propio aeropuerto.

El documento revela las proyecciones financieras de la terminal para la siguiente década, en la que la instalación aeroportuaria generará ganancias por poco más de 12 mil 557 millones de pesos, apenas el 15% de lo gastado por el gobierno para la construcción de la primera etapa del aeropuerto y su manutención hasta el punto de equilibrio.

En el discurso electorero, el AIFA parecía barato. Pero desmantelar un proyecto y levantar otro para satisfacer los deseos del faraón, salió caro, mucho más caro.

En temas de aviación y aeronáutica, otro fracaso fue Mexicana de Aviación. AMLO se entercó en "rescatar" la aerolínea, y lo que consiguió fue dilapidar recursos públicos y trasladar el costo de uno más de sus caprichos a los mexicanos.

Recién comenzó 2025, el propio gobierno de Sheinbaum exhibió el fiasco heredado. No transcurrían ni dos semanas de iniciado el año y se anunció la cancelación de ocho de las 18 rutas que operaba la aerolínea, apenas un año después de que volviera a surcar los aires, ya como empresa estatal. Los vuelos desde y hacia Acapulco,

Campeche, Guadalajara, Puerto Vallarta, Nuevo Laredo, Uruapan, Villahermosa, Zihuatanejo quedaron suspendidos.

Un año antes, en 2024, Mexicana apenas trasladó a 382 mil 11 pasajeros, cuando su proyección para 2027 es de 3 millones de pasajeros. Ni el 15%. Difícil, casi imposible, alcanzar el objetivo.

La aerolínea, para ese momento ya había costado a las finanzas públicas cerca de 20 mil millones de pesos, entre compra de marca (815 millones de pesos), inversión inicial (4 mil millones de pesos), presupuesto asignado en 2024 (8 mil 340 millones de pesos), pago por aviones en 2024 (mil 600 millones de pesos), pago de aviones en 2025 (4 mil 300 millones de pesos)… y sin embargo reportaba números irrisorios: su operación no representaba ni el 0.5% del mercado nacional, según la Agencia Federal de Aviación Civil.

Era tal el desastre, que la presidenta Sheinbaum presentó un "plan maestro" para sacar de la barranca a Mexicana. Comprometida por López Obrador a revivir la aerolínea, dio un viraje en la ruta trazada para buscarle algo de viabilidad y aminorar las cuantiosas pérdidas que eran inocultables.

Dos Bocas: ni un bidón de gasolina

Oficialmente bautizada como "Refinería Olmeca", Dos Bocas es un fracaso de proporciones faraónicas.

Se dijo en voz alta y también en corto. Las evidencias eran muchas, el megaproyecto de la refinería en Tabasco no solo sería un monumento a la terquedad gubernamental, sino también un barril sin fondo, incapaz de producir algo que no fueran pérdidas. Estaba destinado al fracaso. Imagen icónica de la obcecación gubernamental por empeñarse en construir una refinería en un manglar que pasa la mitad del año inundado.

Su construcción fue anunciada por el entonces presidente en el año 2019. Para justificar la aventura, AMLO presentó una serie de consideraciones ambiguas como "el hacer frente a la crisis energética y terminar con la dependencia del país en la importación de combustibles".

Ubicada en Paraíso, Tabasco, esta obra fue mostrada como una promesa de autosuficiencia energética y reactivación económica. Sin embargo, a medida que avanzó el tiempo, el proyecto se vio envuelto en un mar de críticas debido a sus enormes sobrecostos, retrasos en la construcción y cuestionamientos sobre su viabilidad a largo plazo, en el contexto de la transición energética global hacia fuentes más limpias y sostenibles.

Tal vez este anuncio sea el origen del desengaño que experimentó su primer secretario de Hacienda y el motivo de su renuncia. En la carta de dimisión, sin nombrarla en particular, apuntó: "Se han tomado decisiones de política pública sin el suficiente sustento". Aunque no menciona específicamente a Dos Bocas, posteriormente dejó claro que este proyecto era uno de los que consideraba problemático.

El Instituto Mexicano de Finanzas (IMEF) alertó respecto a los sobrecostos y el impacto que la inversión multimillonaria tendría sobre las finanzas públicas en un contexto de estancamiento económico. La meta original era que el proyecto costaría 8 mil millones de dólares, pero el costo se disparó a casi 20 mil millones de dólares, un 150% más.

Aunado a los sobrecostos, otro punto crítico es el retraso en su puesta en operación. Aunque se prometió que comenzaría a refinar petróleo a finales de 2022, al momento que esto se escribe (finales de 2024) no se ha procesado ni un solo barril. Este retraso no solo plantea dudas sobre la capacidad de gestión del proyecto, también genera incertidumbre sobre cuándo comenzará a generar los beneficios económicos prometidos.

Más allá de los problemas inmediatos de costo excesivo y retrasos, el proyecto enfrenta un desafío aún mayor, la transición energética de todo el planeta hacia los vehículos eléctricos y rumbo a las fuentes de energía limpias. En un mundo que avanza rápidamente hacia la reducción de la dependencia de los combustibles fósiles, la inversión en infraestructura petrolera como Dos Bocas parece ir en sentido contrario.

Los vehículos eléctricos, que cada día ganan más terreno en el mercado global, amenazan con reducir significativamente la demanda de gasolina a mediano plazo, lo que podría dejar a "Dos Bocas" como un gigante obsoleto antes de amortizar su enorme inversión inicial.

Las sospechas también envuelven al proyecto. Es el sello de la casa. No solo son los sobrecostos que se deben, entre otras cosas, a ajustes en el diseño original, incremento en los precios de materiales y mano de obra, pésima planeación, y la subestimación de los desafíos técnicos y ambientales, también son los posibles actos de corrupción que rodean la obra.

Sin embargo, como la opacidad se convirtió en política de gobierno con AMLO, la información de "Dos Bocas" fue reservada hasta 2027, ya que Petróleos Mexicanos guardó bajo llave por cinco años toda la información relacionada con el proyecto de la refinería, incluyendo licencias y constancias de uso de suelo. La empresa justificó esta decisión aludiendo a posibles desventajas competitivas y, lo de siempre, "seguridad nacional".

Al momento de echarse a andar, el Fondo Monetario Internacional (FMI) aconsejaba mirar hacia otro lado y destinar recursos hacia sectores más estratégicos, como la educación o la digitalización de la economía. Pero como en el caso de la cancelación del NAIM y otros más, López Obrador no escuchó. Él estaba empecinado y convencido en su propia narrativa.

En 2019, el entonces presidente aseguró que la construcción de "Dos Bocas" llevaría tres años y para el momento de su inauguración procesaría 340 mil barriles diarios de gasolina cubriendo el 20% de la demanda nacional del hidrocarburo.

Luego de al menos cuatro inauguraciones, la una cada vez más ridícula que la anterior, en agosto de 2024 se dio a conocer la producción de poco más de 30 mil barriles diarios de petrolíferos, de los cuales 21 mil corresponden a diésel y 8 mil a coque, de acuerdo con información de Petróleos Mexicanos (PEMEX). Muy lejos quedaba la promesa presidencial hecha el 3 de ese mismo mes, de que en menos de 20 días "ahora sí" "Dos Bocas" estaría refinando 170 mil barriles de petróleo.

A cinco días de culminar el mandato de López Obrador, Petróleos Mexicanos tuvo que reconocer que durante ese mes de agosto, pletórico de promesas, la joya de la soberanía energética mexicana procesó apenas un total de 84 mil barriles de productos petrolíferos (diésel y coque) diarios. Es decir, ni siquiera la mitad de lo anunciado, mientras que la Secretaría de Energía sigue sin reportar un solo barril de petróleo procesado en el complejo petrolero ubicado en territorio tabasqueño.

"Dos Bocas" terminó por dejar de ser la gallina de los huevos de oro que prometía López Obrador, para convertirse tan solo en un carísimo cementerio industrial que se inunda dos veces al año.

Tren Maya: no se taló un árbol, fueron 7 millones

Si el AIFA fue un berrinche y "Dos Bocas" fue un capricho, el Tren Maya fue un negociazo y la destrucción sistemática del medio ambiente en proporciones demenciales.

Como ocurrió durante el sexenio de AMLO, cuando se habla de un proyecto insignia, los vicios se repiten: retraso en su inauguración, sobrecostos y corrupción.

Por ejemplo, si bien el Tren Maya empezó a operar en diciembre de 2023, su construcción representó un sobrecosto de casi cuatro veces la estimación inicial. Originalmente en el Plan Nacional de Desarrollo se planteó que costaría entre 120 y 150 mil millones de pesos; sin embargo, hasta septiembre de 2024 esa cifra rondaba los 500 mil millones de pesos. Y la obra aún no está terminada, se calcula que, siendo optimistas, podría terminarse hasta mediados del año 2025.

El gobierno de López Obrador incumplió su compromiso de que los proyectos económicos no afectarían al medio ambiente. La construcción comenzó sin contar con los permisos requeridos por la ley ambiental. Además, el expresidente prometió que no se talaría ningún árbol con esta obra, pero en marzo de 2024, el gobierno reconoció que ya había destruido 7 millones de árboles, con la consecuente destrucción del hábitat natural de 170 especies, particularmente de mamíferos, algunas en peligro de extinción como el jaguar, el oso hormiguero, el tigrillo, el puercoespín mexicano, el ocelote y el mono aullador.

Pero los problemas ambientales de la obra también están en el subsuelo, el 29 de abril de 2024 la Procuraduría Federal de Protección al Ambiente (PROFEPA) rindió un informe en el que confirma la contaminación por cemento en varias cuevas del Acuífero Maya derivado del hincado de pilotes para evitar colapsos en el tramo 5 sur, entre Playa del Carmen y Tulum.

"El reporte establece que se encontró evidencia del derrame de cemento en las cuevas Garra del Jaguar, Oppenhermer, Manitas y Dos Balas, con motivo de la introducción de pilotes que soportarán el viaducto elevado donde correrá el tramo 5 sur del Tren Maya", dice un extracto del informe compartido por activistas del movimiento Sélvame del Tren.

Este es el daño que conocemos porque, como en todas las grandes obras del lopezobradorismo —y las no tan grandes, también— la información del Tren Maya está resguardada bajo el argumento de la "seguridad nacional". Así que hasta el año 2028 podremos saber la realidad sobre la destrucción al medio ambiente, los sobrecostos y los contratos poco transparentes que nos trajo ese tren que viaja a una velocidad mucho menor a la prometida de 120 Km/h, es incómodo y es caro.

Al argumentar las razones por las que no se puede hacer pública la información, la Secretaría de la Defensa Nacional señaló que "dar a conocer la información que forma parte esencial en la investigación de probables responsabilidades administrativas de los servidores públicos, puede entorpecer la secuela procedimental de las investigaciones que realiza la autoridad administrativa y generar desigualdad entre las partes, incertidumbre en las determinaciones, falsas imputaciones e incluso impedir que se lleven a cabo de forma correcta cada una de las etapas de investigación", por lo que el expediente fue reservado por cinco años.

Las solicitudes de información sobre expropiaciones de tierras, demandas de amparo y trámites ambientales fueron sistemáticamente rechazadas por diversas dependencias federales. Más de 23 solicitudes de información relacionadas con este proyecto fueron respondidas a MCCI argumentando la reserva de la información.

Conviene recordar que diversos reportes periodísticos e investigaciones de "Mexicanos Contra la Corrupción y la Impunidad" identificaron a amigos de los hijos del expresidente López Obrador, en particular a Jorge Amílcar Olán Aparicio, como beneficiarios de contratos millonarios que implican la compra de basamento para sostener las vías del Tren Maya.

Entre otros de los beneficiados por estos contratos millonarios se ubica la progenie del también mítico chofer de López Obrador, Nicolás Mollinedo, cuyos hijos Nicolás, Samuel e Isaac adquirieron 64 hectáreas en Quintana Roo, posicionándose como importantes terratenientes en una zona que cobró gran valor debido a su proximidad con la estación de Tulum, un punto neurálgico del mencionado proyecto.

Estas tierras, que actualmente albergan el parque turístico de Sac Actun, frente a la estación Tulum, prometen transformarse en un destacado destino turístico integrando cenotes, áreas para alimentos y diversos servicios para visitantes, incluyendo actividades de submarinismo. La administración del parque está a cargo de la empresa Preservación Ecológica Sac Actun S.A. de C.V., compañía vinculada a Lydia Esther Portilla Mánica, exesposa de Nicolás, y Jorge Alberto Portilla Mánica, quien funge como secretario general del Ayuntamiento de Tulum.

La adquisición del terreno por parte de la familia se efectuó mediante una donación por parte de César Augusto Mánica Portilla, tío de los beneficiados, pocos meses después del anuncio oficial sobre la construcción del Tren Maya.

Con el impulso que esta obra genere se calcula que el turismo en la región experimente un crecimiento exponencial, pasando de dos a seis millones de turistas al año una vez que la construcción concluya. Esta perspectiva alimenta las expectativas de una revalorización de las propiedades en la zona, incluyendo el predio de los hijos del chofer de López Obrador.

Así que con el Tren Maya todos ganaron.

Excepto el medio ambiente y las comunidades indígenas.

Otro punto que se incluyó en el Plan Nacional de Desarrollo fue el respeto a las comunidades indígenas y su consulta para cualquier obra, pero se pudo comprobar que durante una consulta a las comunidades originarias de Campeche no se les proporcionó la información completa.

El AIFA "el aeropuerto más bello del mundo" lejos de su capacidad máxima y con las obras de la periferia sin terminar; la Refinería "Olmeca" incapaz de refinar y el Tren Maya que arrasó con la selva y cuya experiencia de viaje ha dejado a cientos varados, son evidencia de un gobierno que privilegió el capricho por encima de la utilidad práctica, el sueño de gloria en lugar de la realidad y el despilfarro por la prudencia. Podríamos caer en el cinismo de señalar que no fue el primero ni el último que lo hizo. Sin embargo, la opacidad en su instrumentación, desarrollo y costos reales sigue siendo algo que no se atrevieron hacer ni siquiera los gobiernos ebrios de poder de Luis Echeverría y José López Portillo.

A pesar de la promesa de ser "el gobierno más transparente de la historia", esta opacidad dificultó el acceso a información crucial sobre contratos, gastos y avances de obras emblemáticas como el Tren Maya, la refinería de Dos Bocas y el Aeropuerto Internacional Felipe Ángeles.

Desde el inicio de su mandato, López Obrador prometió que la transparencia sería "la regla de oro" de su gobierno. Sin embargo, tras el final de su administración la evidencia muestra un panorama muy diferente.

De acuerdo con un análisis realizado por Mexicanos Contra la Corrupción y la Impunidad (MCCI), 71% de las 12,570 bases de datos disponibles en la plataforma *datos.gob.mx* se encontraban abandonadas, sin actualizaciones en los últimos 24 meses, hasta 2023.

Este patrón de restricción de datos se vio reforzado por decretos presidenciales que declararon los proyectos prioritarios como asuntos de "seguridad nacional", blindándolos contra solicitudes de transparencia. El último, emitido en mayo de 2023 abarcó el Tren Maya, el Corredor Interoceánico y varios aeropuertos del sureste mexicano como el Felipe Carrillo Puerto en Tulum.

Paralelamente, el gobierno dinamitó a la institución encargada de garantizar el acceso a la información. Primero, con un presupuesto debilitado del Instituto Nacional de Transparencia, Acceso a la Información y Protección de Datos Personales (INAI) que se redujo en un 24% desde 2018. Mientras que al inicio del sexenio tenía un presupuesto de mil 372 millones de pesos, cinco años después cayó a mil 47 millones. Y después, desapareciéndolo.

Este fue el sexenio de la frase pretendidamente juarista "para los amigos: justicia y gracia…" y gracias a las obras insignia del lopezobradorato hubo dinero a manos llenas para "los amigos". Durante él aumentaron las adjudicaciones directas de contratos, un procedimiento que incrementa las posibilidades de corrupción en las compras públicas. En 2023 se registró el porcentaje de adjudicaciones directas más alto de los últimos 17 años, dado que el 82% de los contratos se dieron bajo esta modalidad.

De los 92,660 contratos que reportó *CompraNet* en ese año, 75,896 fueron por adjudicación directa; un dato que contrastó con cifras del 2007 o 2008 en los que solo el 31% de los contratos se otorgaron de esta forma.

Es otro rostro del legado. La simulación, opacidad y la corrupción.

Tren Interoceánico: caro, malo e inútil

El llamado corredor interoceánico, del que su tren es solamente un elemento, simboliza la visión extrañamente porfirista que tenía López Obrador de lo que México "necesita". Hombre encerrado en su mundo que es México y el mundo de su mundo que es Tabasco, AMLO decidió apostar por el tren como medio de transporte, y lo pretendió convertir en un símbolo más de su propia administración donde los símbolos lo eran todo.

Mientras las naciones más aventajadas corren velozmente hacia las tecnologías limpias, los autos eléctricos y los trenes magnéticos de alta velocidad, López Obrador optó por las paladas de carbón, los litros de diésel y los barriles de gasolina en pleno siglo XXI.

Tal vez alguien le comentó que el Canal de Panamá, la obra de ingeniería maestra del siglo XX que comunica los océanos Pacífico y Atlántico desde 1914, se encontraba en problemas operativos debido a la escasez de lluvias, ya que el nivel del Lago Gatún, que alimenta el canal, ha disminuido de 88,8 pies a finales de 2022 a 81,5 pies en la actualidad. Es decir, que el Canal de Panamá está experimentando el segundo año más seco en sus 110 años de historia y como resultado ha terminado por imponer grandes restricciones al tráfico diario de embarcaciones.

Tal vez ante sus ojos podría aparecer como una venganza histórica justa toda vez que el "boom" comercial de México a principios del siglo XX terminó precisamente por la puesta en marcha del Canal de Panamá. Cuando el General Porfirio Díaz inauguró el tramo de ferrocarril entre los puertos de Salina Cruz, Oaxaca y Coatzacoalcos, Veracruz, en 1907 hasta 60 trenes diarios recorrían la ruta, en ese momento, la más breve para conectar el Atlántico con el Pacífico. Pero cuando en Panamá se abrió el canal solo siete años después, la alternativa mexicana quedó en el olvido.

Si bien no apareció entre sus grandes promesas de campaña, si lo hizo en el Plan Nacional de Desarrollo 2019–2024 en el Eje General III "Economía", donde señala como uno de sus proyectos regionales al Programa para el Desarrollo del Istmo de Tehuantepec, el cual tenía como objetivo el crecimiento de la economía regional con pleno respeto a la historia, la cultura y las tradiciones del Istmo oaxaqueño y veracruzano.

Su eje sería el Corredor Interoceánico que aprovecharía la posición del Istmo para competir en los mercados mundiales de movilización de mercancías, a través del uso combinado de diversos medios de transporte.

La administración de López Obrador ideó la estrategia para construir una ruta compartida para el "bienestar" de la región del Istmo de Tehuantepec, donde se asientan chontales, huaves, mixes, zapotecas, zoques, nahuas y popolucas, generando las condiciones para detonar el crecimiento económico y social en la región.

El 14 de junio de 2019 se publicó en el Diario Oficial de la Federación, el Decreto por el que se creaba el Organismo Público Descentralizado, con personalidad jurídica y patrimonio propio, no sectorizado, denominado Corredor Interoceánico del Istmo de Tehuantepec, para tal efecto se creaba la paraestatal Ferrocarril del Istmo de Tehuantepec.

Como no corría ninguna prisa, su consejo de administración no tuvo a bien reunirse hasta el año siguiente y solo por cuatro ocasiones. En ese momento el presupuesto que ejerció, suponemos por esas cuatro reuniones, fue de 148 millones 451 mil pesos. Quizá el café y las galletas salieron muy caros. Posteriormente se anunció que las obras habían iniciado desde 2019. De hecho, nunca hubo claridad sobre los trabajos o el presupuesto de una obra que solo pretendía reutilizar las vías férreas dejadas por el porfiriato. Dos años después el presupuesto para el Corredor Interoceánico del Istmo de Tehuantepec (CIIT) fue de 329 millones 486 mil pesos.

Al final, supongo que no será sorpresa contarlo, la rehabilitación de vías ferroviarias del Tren Transístmico (Línea Z) de Coatzacoalcos a Salina Cruz, crucial para el Corredor Interoceánico del Istmo de Tehuantepec, terminará costando el doble de lo proyectado y la obra estará concluida hasta diciembre de 2025.

La paraestatal Ferrocarril del Istmo de Tehuantepec (FIT) reconoció en un documento de abril de 2024 que no se pudo con los trabajos para nivelar el tramo de 227 kilómetros, que iban a costar originalmente 8 mil 657 millones de pesos, por lo que, el gasto final estimado será de 16 mil 630 millones de pesos.

Para argumentar el sobrecosto, la paraestatal adujo elementos que se sabía existían desde el año 2019, así que tampoco debían llamarse a la extrañeza, tales como: pendientes y curvaturas muy pronunciadas en zonas montañosas, ondulaciones y obstáculos naturales que limitaban la operación de los trenes y su capacidad de carga, y que, por si fuera poco, los contratos originales para corregirlos no funcionaron.

El 22 de diciembre de 2023, como era su costumbre, López Obrador inauguró una obra que no estaba concluida: La Línea Z, pero solo para un tren de pasajeros. El 18 de julio siguiente en su *mañanera*, mintió (no hay otra palabra) al afirmar que estaba al "cien por ciento operativa".

Sin embargo, los datos de la paraestatal puntualizan que no está en condiciones de cumplir sus principales objetivos, que son captar carga que utiliza el Canal de Panamá, y dar servicio a los parques industriales que se instalarán en diez Polos de Desarrollo para el Bienestar, ocho de ellos ya concesionados.

Y si de tirar dinero se trata, en mayo de 2022, la Secretaría de Marina (responsable del proyecto) rechazó contratar a diversas constructoras que llegaron a cotizar en 52 mil millones de pesos la rehabilitación de 769 kilómetros de las líneas FA y K del Tren Transístmico, por considerar muy alto el precio.

Ahora, la SEMAR estima que va a gastar cerca de 65 mil 595 millones de pesos para ambas obras, entre 2024 y 2025. Este monto, sumado al costo actualizado de la Línea Z, que va de Salina Cruz,

Oaxaca a Coatzacoalcos, Veracruz, implica que la cuenta por rehabilitar casi mil kilómetros de vías para el proyecto del Corredor Interoceánico terminará en unos 82 mil 225 millones de pesos, cantidad similar a la invertida por la SEDENA para construir el AIFA.

No podemos quedarnos con una idea incompleta y pensar que la única vía de esta obra es la Salina Cruz–Coatzacoalcos. Existen otras dos que también generan perdidas:

La Línea K corre de Ixtepec, Oaxaca, a Ciudad Hidalgo, Chiapas; y se están rehabilitando 459 kilómetros de vías férreas, doce estaciones y 526 puentes, con costo estimado de 44 mil 677 millones de pesos.

La línea FA o ruta del Mayab recorre 310 kilómetros de Coatzacoalcos a Palenque, Chiapas (todos los caminos llevan a Palenque), necesita acondicionar 87 puentes y nueve estaciones, para eventualmente conectar con el Tren Maya. Se estima que costará 20 mil 918 millones de pesos.

Los montos de ambas aparecen en proyectos de inversión de FIT fechados el 8 de mayo de 2024. La SEMAR reservó, como ya vimos, totalmente los estudios de costo beneficio por razones de "seguridad nacional" hasta el año 2028

Ahora bien, para financiar las líneas FA y K, la Secretaría de Marina está usando recursos del fideicomiso creado por López Obrador, que recibe pagos por trámites aduaneros, y que también sirvió para comprar los trenes y tolvas de carga para este proyecto, mediante contratos que tampoco son públicos, por cierto.

¿Con esta megaobra del sexenio de López Obrador, México podrá competir a nivel internacional con el canal de Panamá?

En una palabra: no.

No solo los puertos de Coatzacoalcos y Salina Cruz no están habilitados para recibir embarcaciones de gran calado como el canal panameño, sino que el proceso de descarga en los puertos mexicanos es tan lento que el costo beneficio para las empresas que lo quieran hacer luce inconveniente.

Otro aspecto para considerar por México para atraer clientes, aseguran analistas, es el de garantizar la seguridad en este trayecto terrestre respecto a posible delincuencia, bloqueos de vías o la susceptibilidad de sufrir desastres naturales en la zona como huracanes y terremotos.

Así que volvemos al principio.

El corredor Transístmico, inconcluso como el AIFA, la Refinería "Olmeca" y el Tren Maya son los retratos de un sexenio despilfarrador, insensible e ineficaz. Sus obras, a diferencia de las edificaciones faraónicas de la antigüedad, no mueven a la admiración sino a la crítica, el reproche, y hasta el desdén.

14. AL DIABLO LAS INSTITUCIONES: LIBERTADES EN RIESGO

"Lo ilegal lo hacemos de inmediato.
Lo inconstitucional toma un poco más de tiempo".
Henry Kissinger, político y diplomático estadounidense

Libertad de expresión en juego

Siempre hubo pulsaciones autoritarias en López Obrador. Negarlas o decirse sorprendido de ellas es un acto de cobardía intelectual o ceguera fanática. Decir que no se vieron, es reconocer que no se observó lo evidente.

Durante la campaña presidencial de 2006, en sus muy concurridos mítines y actos proselitistas, en sus ácidos e incendiarios discursos, el entonces candidato del PRD encontró en el presidente Vicente Fox Quezada a uno de sus villanos favoritos.

Con frecuencia se ocupaba de él, a veces llamándolo "pelele", "títere", "reverendo hipócrita" o "parásito", y en otras ocasiones mandándolo a callar. "Cállese ciudadano presidente", dijo más de una vez. Aunque el más famoso de sus dardos narrativos es el célebre "cállate chachalaca", del 16 de marzo de 2006 en Tehuantepec, Oaxaca.

263

Tras ese episodio, el entonces portavoz de la Presidencia, Rubén Aguilar Valenzuela, dijo: "en democracia nadie calla a nadie". Se podrá discrepar (en mucho) con Fox, su estilo y los saldos de su gobierno, pero es innegable que silenciar al otro, a quien piensa distinto, es más bien antidemocrático y autoritario.

En democracia todas las voces deben tener cabida. En democracia debe estar garantizado el espacio para la deliberación y crítica, para la pluralidad y diversidad de opiniones y expresiones, y no apagar aquellas que digan algo que alguien no quiere escuchar.

Ese mandar callar al adversario, ese querer silenciar a quien pensaba diferente, fue la primera señal de alarma.

Transcurrió aquella encendida y controversial elección con el apretado triunfo de Felipe Calderón Hinojosa (apenas 0.56% de distancia respecto al tabasqueño), y vino la toma de Paseo de la Reforma el 30 de julio de 2006. El Tribunal Electoral del Poder Judicial de la Federación ratificó el triunfo de Calderón el 6 de septiembre de ese mismo año y fue entonces cuando López Obrador arremetió contra la decisión de los magistrados y soltó otra de sus frases memorables: ¡al diablo con sus instituciones!

Cuando se convirtió en presidente, pese a los múltiples avisos de su talante autoritario que despreciaba las voces discordantes y atacaba a quien osaba contradecirlo, hubo quien se sorprendió. ¿Esperaban algo distinto de quien dio sobradas muestras de intolerancia y *mano dura*?

A lo largo de su sexenio López Obrador no modificó su esencia, si acaso se radicalizó. Arremetió contra un sinfín de sectores. Golpeó con la palabra y el aparato del estado lo mismo a Instituciones que activistas, organizaciones, empresarios, periodistas, miembros de la oposición, empresas, gobiernos extranjeros, calificadoras, medios de comunicación (nacionales y extranjeros), organismos internacionales, funcionarios y exfuncionarios públicos, profesionistas, y un largo etcétera. No dejó títere con cabeza. Agarró parejo.

La andanada de adjetivos e insultos quedaría en anécdota y sería descripción de un régimen, si no fuera porque tuvo como intención amedrentar y silenciar a quienes no se alineaban, pensaban distinto, cuestionaban y representaban un riesgo para su estrategia de controlarlo todo.

Alzar la voz equivalía a colocar obstáculos a quien amenazaba las libertades, sin mayor contrapeso ni resistencia, y a paso veloz.

Experimentado en la manipulación, López Obrador mintió y falseó información con soltura, sin pudor y sin consecuencias. En la misma ruta, pretendió minimizar y silenciar voces incómodas, estigmatizándolas y deslegitimándolas.

Conduciendo su gobierno desde el púlpito de la *mañanera*, restó potencia a la verdad. Le estorbaba. No importaba que mintiera sistemáticamente, como hemos visto y ha sido documentado. Importaba que le creyeran. El populismo demagógico, encarnado por líderes carismáticos y queridos, erosiona la verdad y distorsiona hechos para alimentar sus narrativas. Sataniza adversarios y plantea salidas simplonas envueltas en mensajes pegajosos.

Para afianzarse en el poder deslizó incontables promesas fáciles —con soluciones rápidas— y construyó enemigos para responsabilizarlos de todos los males. En esa cadena de engaños, lo que más le estorbó fue la verdad y quienes la defendieron. Por eso intentó permanentemente desvalorizarla y acorralar a quienes la buscan.

La verdad es el bien máximo. Sin ella no hay libertad, ni democracia, ni seguridad, ni prosperidad, ni progreso.

Día a día, López Obrador dejó en claro que la verdad no importaba si se podía manipular la posverdad. Si las redes alimentaban la narrativa falsa y se acalla a quien alza la voz. O si los propagandistas se prestan para desvirtuar una causa legítima, pero incómoda para el poderoso. De una madre buscadora a una organización que investiga corrupción; a quien no se alineó se le aplastó, se le intentó silenciar.

La verdad se vuelve secundaria si se maneja mediante prebendas y programas sociales a una parte de la sociedad, y cuando se niega el derecho a pensar, cuestionar y decidir. Desaparece cuando se golpea la libertad de expresión y se pretende acallar a quien no se ciñe al guion del régimen.

La tentación autoritaria encuentra tierra fértil cuando la verdad es aplastada por el poder.

La verdad, la democracia y la libertad agonizan cuando los datos duros del régimen se ocultan, se disfrazan, se esconden; cuando pesan más los sentimientos y emociones construidas y alimentadas desde el régimen, que la razón y los datos.

La memoria e historia debe partir de la verdad. Y la verdad solo admite hechos. Aquí hay 10, de cientos de ellos que se han querido disfrazar:

1. 201 mil 153 asesinatos en el sexenio (INEGI).
2. Una persona desapareció en México cada hora durante el gobierno de AMLO (SNSP).
3. 801 mil 342 muertes durante la pandemia de COVID-19 (INEGI).
4. Al menos 82 millones de recetas de pacientes de servicios médicos públicos sin surtir entre 2019 y 2014 (Colectivo Cero Desabasto, con información obtenida por transparencia).
5. 6 millones de niños sin vacunas (Información obtenida vía transparencia)
6. 6.4 millones de niños y jóvenes entre 3 y 18 años no asisten a la escuela, 18% de ese grupo poblacional (IMCO).
7. 1.6 millones de negocios cerraron durante la pandemia (Estudio sobre la Demografía de los Negocios, INEGI)
8. 40 migrantes venezolanos muertos en incendio en estación migratoria de Ciudad Juárez, el 27 de marzo de 2023. El titular del Instituto Nacional de Migración, Francisco Garduño no fue destituido; terminó el sexenio en el cargo.
9. El costo de las obras insignia se duplicó o triplicó en los cuatro casos: AIFA, Tren Maya, Tren Interoceánico y Refinería Dos Bocas, Tabasco. Ninguna quedó concluida.

10. El crecimiento económico apenas alcanzó el 1% en promedio al año, durante el sexenio que se fue. Muy lejos del promedio prometido por AMLO de 4%.

¿Importaron de algo esas verdades? Desde luego cada una tuvo un impacto para la sociedad. Pero para AMLO no hizo mayor diferencia. Tampoco para su narrativa, mucho menos para su estrategia. Sus *otros datos* bastaron. Apropiándose de la posverdad pudo manipular en su favor hechos y dichos.

Envuelta en resentimiento y una buena dosis de carga de odio, además de una memoria histórica selectiva y manipulada, la retórica populista de López Obrador encontró terreno fértil. Con los programas sociales asistencialistas, un cúmulo de mentiras, medias verdades y un discurso lleno de emociones, concentró el poder.

Las *mañaneras* permitieron al régimen apropiarse y ser eje de la conversación pública, nutrir una narrativa favorable, crear enemigos ficticios, alimentar distractores, y convencer a millones de seguidores dispuestos a defender al presidente y justificar sus errores y abusos, a pesar del engaño comprobado.

La historia es terca, como la realidad, muchos líderes recurren a la mentira o la manipulación de la verdad como estrategia para consolidar su poder y mantener el control social. Suelen construir una narrativa de lucha entre el "pueblo" y un enemigo en común, para desviar la atención de sus errores y conservar el apoyo popular.

Como sucedió en México con el furibundo ataque morenista contra el Poder Judicial, ciertos regímenes destruyen los mecanismos democráticos de control y equilibrio, incluida la prensa libre, para asegurar que sus decisiones no sean cuestionadas o desafiadas, y justifican sus acciones argumentando que actúan "en defensa del pueblo".

Aprovechándose de alguna crisis, generalmente económica, proponen soluciones autoritarias y radicales, y se presentan como los únicos capaces de resolver los problemas de la Nación. Como sucedió con Fidel Castro y Hugo Chávez, tan admirados por los puros de la 4T, acuden con frecuencia a la repetición de mentiras para "convencer" e imponer su narrativa. Así tratan de ocultar sus fracasos con palabras facilonas y pegajosas: "el bloqueo" o las "agresiones imperialistas", por ejemplo.

El saldo raya en lo trágico. AMLO heredó en su "año siete", la normalización de la mentira y golpeó el valor de la verdad.

El golpe no solo dio en el blanco amedrentando a quienes podrían ser contrapeso y manipulando la opinión pública, acrecentó su poder y aceitó su maquinaria electoral a través de una clientela fiel y subordinada. Vapuleó a los medios, el periodismo y la prensa independiente. La intención fue más que obvia, atacar a la madre de todas las libertades, la de expresión. Sin decir lo que se piensa, sin plasmar un pensamiento propio, el autócrata se impone con mayor facilidad. Eso quiso siempre. Eso pretendió. Y eso intentarán —e intentan— otros en su nombre.

Avisos hubo muchos.

Del "cállate chachalaca" al "váyanse al diablo con sus instituciones", hoy ya nadie podría llamarse a sorpresa.

Los medios de comunicación, ¿son los siguientes?

Dinamitado el Poder Judicial en sus entrañas, defenestrado hasta la saciedad y tomado por asalto a través de una reforma a la constitución, ¿qué sigue?, ¿quién sigue?

La relación de López Obrador con los medios de comunicación osciló a lo largo de su sexenio entre dos constantes, equidistantes la una de la otra: su exposición cada mañana ante los periodistas, y sus ataques a la prensa, incluso con una sección semanal dedicada a ello. Con lo primero logró situar su mensaje con gran éxito, con lo segundo construyó a pulso una imagen de presidente autoritario.

Ambos aspectos definieron su sexenio. Pero quizá el sello característico hacia el periodismo que escapaba de su control fue el desdén. Desdeñó a los reporteros, a los columnistas, a los conductores de radio y televisión, a los directivos y a los dueños. Barrió parejo. La constante fue ningunear, amedrentar y calumniar. La marca de la casa.

Ese desdén alcanzó, también, para que en seis años no diera una sola entrevista a medio de comunicación alguno. Así pretendía desacreditar a los periodistas y privilegiar a los *youtubers* y "medios alternativos" que le aplaudían plácidamente.

Muchos presidentes comienzan su mandato en una luna de miel con los medios y acaban divorciándose de ellos. López Obrador fue fiel a su línea durante toda su administración, siempre estuvo divorciado de ellos, en la confrontación y el golpeteo permanente.

En la ruta final de su mandato, sorprendió con una larga charla concedida a Inna Afinogenova para el canal español *Red*, que dirige Pablo Iglesias, fundador del partido de izquierda español "Podemos", demostrando que su odio por lo ibérico tiene matices. En la conversación no se trataron los asuntos más candentes que cualquier periodista preguntaría a un presidente. AMLO estuvo sonriente y cómodo con quien fungía como entrevistadora. La entrevista no lo fue.

En contrapartida, esa misma semana atacó de manera despiadada a la reportera y corresponsal de *The New York Times*, Natalie Kitroeff, por un artículo en el que se sugerían vínculos del mandatario y sus cercanos con el crimen organizado. Ya nos hemos ocupado de ese episodio que incluyó la revelación de datos privados de la periodista y un desdén por las leyes de protección de datos personales. Días antes fue Tim Golden el blanco de los dardos por un reportaje similar. En ambos casos terminó haciendo lo recurrente, los vinculó a un "complot" internacional de la derecha en su contra.

Desde luego, cualquier presidente —como cualquier persona— puede elegir a quién darle o no entrevistas, según sus afinidades e intereses. Pero el profundo desprecio que López Obrador manifestó por los medios de comunicación y la prensa que no se supeditaba a sus deseos fue irremediable, y en el "año siete" puede comenzar a cobrarle facturas.

Hosco en el trato con los medios informativos, terminó el sexenio más molesto que como lo comenzó. Tal vez por eso el señalamiento recurrente hacia el cierre del gobierno entre los periodistas profesionales que asistieron con regularidad a las *mañaneras*, fue el grosero aumento de aplaudidores disfrazados de reporteros que ocupaban las primeras filas del salón Tesorería en Palacio Nacional, para hacer preguntas a modo, congraciarse con el poder y realizar gestiones particulares.

Para el expresidente, los medios eran "de manipulación", con excepciones. Y esas excepciones las definía él y su aparato de propaganda que capitaneaba su vocero Jesús Ramírez Cuevas y estaba integrado por, entre otros, Jenaro Villamil, titular del Sistema Público de Radiodifusión del Estado mexicano, y un grupo de *moneros* y articulistas militantes que en otros sexenios intentaron hacer periodismo, y terminaron fungiendo como bufones al servicio de Palacio.

Los ataques a la libertad de expresión, el desdén al periodismo y las afrentas a los medios de comunicación, tenían el mismo objetivo, golpear la libertad de expresión, la más elemental de todas, y lastimar el derecho a la información de la sociedad. Con esa estrategia se lograría minar la credibilidad y confianza, ocultar la verdad, así como abrir caminos a la manipulación y mentira.

No pocos medios plantaron cara. Hicieron un esfuerzo valiente por mantener su independencia y ejercer un periodismo útil para sus audiencias. La extinción de las libertades y el control de las sociedades pasa por la cooptación de los medios de comunicación.

A López Obrador no le alcanzó el tiempo, pero lo intentó. Destruyó la separación de poderes y dinamitó la certeza jurídica, vulnerando el estado de derecho con su reforma al Poder Judicial. ¿Seguirán los medios? Habrá quien, en aras del legado lopezobradorista lo intente, sin duda.

¿Estarán los medios y periodistas dispuestos a seguir dando esa batalla? ¿A defenderse del acoso y las tentaciones por silenciarlos o tripularlos?

Es por la libertad, su libertad, nuestra libertad.

En las carreteras manda el crimen

Las libertades sufrieron golpes permanentes. La libertad de tránsito, por ejemplo, terminó hecha añicos.

La libertad de circular por las carreteras de México se ha perdido. Lo mismo para transportistas que para los ciudadanos. El gobierno de López Obrador, escudado en su estrategia de "abrazos, no balazos" cedió parte del territorio nacional. Renunció a su principal responsabilidad, dar seguridad a los mexicanos. Los caminos y autopistas del país quedaron en manos de criminales. Transitarlas es una trampa mortal.

Minar la libertad de tránsito afecta, además, la libertad económica. Golpea la libertad de competencia, para empresas y empresarios, productores y comerciantes, y daña la capacidad de compra de los consumidores.

Para el sector privado, provoca pérdidas de mercancía, afectaciones en las cadenas de suministro, incremento en los costos por medidas adicionales de seguridad, y la pérdida de confianza de clientes. Para la población, afecta el derecho al libre tránsito, la seguridad, y el libre esparcimiento; además contribuye al alza de precios de bienes y servicios.

En México, cada hora se cometen 1.6 robos a transportistas. Todo mundo sabe dónde se cometen estos ilícitos. Hasta ahora con la estrategia de seguridad de la presidenta Sheinbaum, encabezada por Omar García Harfuch se ha iniciado la recuperación de esos espacios perdidos, pero la tarea no es nada sencilla. Durante seis años se dejó a los delincuentes hacer a placer.

Según datos del Secretariado Ejecutivo del Sistema Nacional de Seguridad Pública, en 2023 se denunciaron 13 mil 848 robos a transportistas y conductores en caminos estatales y federales. Pero ese dato no retrata la realidad; la cifra de crímenes no denunciados es enorme: menos de 1 de cada 10 delitos se denuncian, según la Encuesta Nacional de Victimización y Percepción de Seguridad Pública (ENVIPE). Esa misma encuesta apunta que, por ejemplo, en 2022 ocurrieron 201 mil 197 delitos en carreteras; un año antes, 98 mil 725 empresas sufrieron delitos en caminos o autopistas.

La ENVIPE registra que 93.7% de esos delitos se cometieron con armas de fuego y en 86% de los casos participaron dos o más personas. La actividad delictiva, pues, suele ser en pandilla y con violencia, ya sea física o moral.

Según la Encuesta Nacional de Calidad e Impacto Gubernamental del INEGI, la percepción de seguridad en carreteras presentó una disminución año con año entre 2015 y 2023, especialmente para las autopistas de cuota.

La Encuesta Nacional de Victimización de Empresas del INEGI muestra que una de cada dos empresas percibió inseguridad al transportar productos por carretera.

En 2023 aumentó 4.8% el número de robos en autopistas. En 9 de cada 10 casos se trató de actos altamente violentos. La México-Puebla, México-Querétaro, México-Pachuca, México-Toluca, Puebla-Orizaba, Arco Norte y Circuito Exterior Mexiquense, son algunos de los tramos más peligrosas (Alianza Mexicana de Organizaciones de Transportistas), aunque la incidencia delictiva se ha disparado también en otras carreteras.

92% de los atracos se cometen en 10 entidades: Estado de México, Puebla, Guanajuato, Michoacán, San Luis Potosí, Jalisco, Hidalgo, Querétaro, Veracruz y Tlaxcala. Llama la atención que más de la mitad de los robos denunciados (7 mil 445) ocurran en el Estado de México y Puebla.

El acumulado de pérdidas en carreteras y autopistas para empresas, considerando robo e incendio de vehículos, es de alrededor de 70 mil millones de pesos anuales. Unos 192 millones de pesos diarios, en promedio, según José Abubager Andonie, presidente de la Confederación de Cámaras Industriales (CONCAMIN).

El costo lo termina pagando el consumidor final.

Leonardo Gómez Vargas, presidente Ejecutivo de la Asociación Nacional de Transporte Privado (ANTP) ha dicho que está muy claro en dónde se cometen ese tipo de delitos y dónde se han incrementado considerablemente. Incluso se sabe qué días y a qué hora ocurren más atracos. Por ejemplo, los martes ocurren principalmente de 06:00 horas a 12:00 horas y de 18:00 horas a 24:00 horas y distintas horas de la madrugada.

Si lo saben los transportistas y la sociedad, ¿por qué las autoridades dejaron que el problema creciera seis años?

La mayoría de la mercancía robada termina siendo comercializada en mercados informales en distintos puntos del país, particularmente en el Valle de México, obviamente a precios por debajo de su costo de producción con el consabido detrimento a la cadena de producción. Estamos hablando de cientos de millones de toneladas de mercancías al año.

Pero no solo es el robo de mercancías y los asaltos a transportistas, también es la violencia contra pasajeros que viajan por carreteras y autopistas, que golpea a un sector que moviliza anualmente a casi 4 mil millones de pasajeros, es decir, unos 11 millones diarios; sector que representa alrededor del 4% del PIB. Y que daña en su patrimonio a miles de mexicanos que son víctimas de robos constantemente. No hay libertad donde el miedo se impone. No hay libertad sin seguridad.

La libertad de tránsito comprometida es parte del legado del lopezobradorismo. Los delincuentes se apropiaron con facilidad de enormes extensiones del territorio nacional.

Un estado de derecho en el más completo abandono, producto de la simulación, la desidia, la incapacidad, los arreglos inconfesables y un desdén por el cumplimiento de la ley, también es parte de la herencia que cobra factura en el "año siete".

¿Y la propiedad privada?

Ya sea a través de legislaciones que la atacan, o de autoridades omisas —y cómplices en muchos casos— que permiten el cobro de cuotas, derecho de piso y extorsiones a millones de personas que poseen un bien, el patrimonio de los mexicanos está amenazado, como nunca en el México contemporáneo.

La propiedad privada vive bajo ataque. La libertad de gozar y disponer de nuestros bienes está en riesgo. Vamos por partes.

La idea no solo fue mala, sino peligrosa. Y es reflejo de la vena de algunas autoridades de meterse donde no deben, y de legisladores que obedecen sin razonar lo que votan.

En la CDMX, impulsada por el saliente jefe de Gobierno Martí Batres y Morena, avanzó una temeraria restricción al 50% de las noches al año para ofrecer el servicio de Estancia Turística Eventual. Un despropósito que vulnera la propiedad privada de miles de personas, además de restar competitividad y golpear el bolsillo de miles de familias.

Por supuesto que se debe regular, pero prohibir nunca será buena idea. Y lo aprobado por el Congreso de la CDMX fue la prohibición a propietarios de vivienda de que puedan alquilar, a través de plataformas como Airbnb, su casa o departamento la mitad de las noches del año.

El argumento era que falta vivienda accesible en la capital, y es cierto. Pero eso no se arregla culpando a Airbnb ni restringiendo su operación. Eso, incluso, puede resultar peor.

Lo que necesita la ciudad es una solución de mediano y largo plazo, y no un parche en la ley. Responsabilizar a las plataformas no es más que un distractor. Lo que urge es un amplio programa de vivienda social, planeación urbana, desarrollo y servicios. Golpear a las plataformas, es lastimar el bolsillo de cientos de miles de familias en la capital que viven directa o indirectamente de ellas. Saldrá más caro el remedio que la enfermedad.

En los hechos, la medida reduce las opciones de alojamiento en la ciudad, lo que afecta a visitantes y turistas, e impone un mayor costo a miles de propietarios.

Quizá los legisladores y quienes impulsaron la modificación ignoran que 50% de las anfitrionas en estas plataformas son mujeres, y representan el 56% de anfitriones mayores de 60 años. O que 17% de los anfitriones son adultos mayores. O que, por cada dólar gastado en vivienda turística, los huéspedes gastan 3 dólares adicionales en otras actividades generando mayor derrama económica. O que 90% de los anfitriones recomendaron a sus huéspedes comercios o establecimientos en las colonias o barrios donde se encuentran.

La CDMX debería verse en el espejo de otras grandes ciudades como Barcelona o NY, que fracasaron endureciendo sus políticas de alojamiento.

En esta última ciudad, por ejemplo, a un año de la regulación restrictiva, el precio medio de los hoteles subió 7.4%, y las rentas se incrementaron 3.4%, según *StreetEasy*. Así que no se logró el objetivo de bajar el precio de las rentas, como se busca en la capital.

Las regulaciones excesivas han traído impactos negativos, no bajan los precios, miles de familias pierden un ingreso, se golpea la derrama económica local (los viajeros que reservaron un espacio a través de Airbnb en CDMX generaron más de 15 mil millones de pesos en contribución económica el año pasado) y el gobierno deja de percibir impuestos porque se genera un mercado negro.

Además, ¿qué tanto se es dueño de un bien del que no se puede disponer libremente el 50% de las noches del año?

Pero no solo son los intentos que prosperan para delimitar la propiedad privada. Es el ataque a ella a través de la comisión de delitos. ¿O qué es la extorsión sino un golpe al patrimonio de las personas?

Ante la inacción de autoridades y gobierno, grupos de la delincuencia organizada normalizaron el cobro de cuotas a comerciantes, productores, transportistas, vaya, en algunos casos han llegado al extremo de cobrar por cabeza de ganado, el uso de ladrillos para remodelar una vivienda, el cobro por internet inalámbrico, una cuota por encender velas en misas, "impuestos" por la renta de palapas en playas y hasta por la sombra de los árboles.

La extorsión se ha disparado y está en niveles no vistos jamás. Desde finales de 2018, este delito no ha dejado de crecer. De acuerdo con un análisis realizado por el Instituto Belisario Domínguez del Senado, la extorsión tuvo una tasa media de crecimiento anual de 26.02% durante los períodos enero-octubre de 2018-2023.

La lista de casos largamente difundidos es extensa. Los locatarios de los mercados en Chilpancingo o los polleros en Toluca, por ejemplo. Ni se diga los transportistas en Acapulco o los limoneros y aguacateros michoacanos. Ahí mismo en Michoacán, en Apatzingán y Buenavista, la población estaba coaccionada para utilizar una red ilegal de internet inalámbrico, supuestamente establecida por el grupo delictivo "Los Viagras" que cobraba cantidades exorbitantes y según la fiscalía estatal representaba ingresos superiores a los 4 millones de pesos mensuales para esa organización criminal.

La extorsión se ha democratizado y está en todos lados. Lo mismo en el cobro por uso de baños públicos en gasolineras en Sinaloa, que por colocar ladrillos para remodelar casas en Jalisco. Se cobra por metro de cultivo en el Estado de México, y hasta por usar velas para misas, en Chiapas. También por el uso de palapas y sillas en playas, y hasta por los árboles que dan sombra en Tamaulipas.

En este último caso, según reportes periodísticos, el cártel del Golfo, a través de sus brazos armados "Los Ciclones" y "Los Metros", exigen una cuota a las familias tamaulipecas por cada árbol que les provenga de sombra en los municipios de Valle Hermoso y Río Bravo. La cuota sería de 100 pesos mensuales por gozar de la sombra natural de los árboles. Si no pagan, el grupo criminal los obliga a talarlos.

El ataque al patrimonio va en todos los frentes. En Zihuatanejo y Petatlán, Guerrero, por ejemplo, se cobran cifras "mínimas" —dos pesos— por cada kilo de tortillas o carne a los comerciantes, así como por cada refresco, jugo, yogurt o cerveza vendido.

A las familias, además, se les cobra un impuesto por la vivienda en la que residen, sin importar si la casa que habitan es suya o es rentada.

El delito de extorsión ya es el tercero más frecuente a nivel nacional, con cinco mil 056 casos, por cada 100 mil habitantes, lo que se traduce en el 17.6% del total de delitos. Y la cifra negra de delitos no denunciados es enorme. Más de nueve de cada 10 nunca se denuncia.

A los empresarios, que apuestan capital, generan empleo y prosperidad, el delito de extorsión les pega en su patrimonio. Según el monitor de seguridad de COPARMEX, este delito creció 45.3% en el sexenio de AMLO. Y la cifra negra entre el sector empresarial es aún mayor, 96%, es decir, solo se denuncian 4 de cada 100 extorsiones. Quizá por eso, 61% de las empresas aumentaron su gasto en seguridad.

54.5% de sus socios fueron víctimas de algún delito. El costo de los delitos para las empresas asciende a 120 mil 200 millones de pesos, según los cálculos de la propia confederación.

Ni los proyectos prioritarios se salvaron. Un claro ejemplo es el AIFA. Los ocho municipios del corredor donde se encuentra el Aeropuerto inaugurado por López Obrador sufrieron un aumento en los delitos. En Nextlalpan, los asesinatos se dispararon 233% entre 2019 y 2022; los robos también aumentaron, en 63%. En Tultepec, las denuncias por extorsión crecieron 146% entre 2019 y 2023. En Tecámac, la extorsión se elevó en 57% de 2019 a 2022. En Tultitlán, las extorsiones también se desbordaron: 97% más entre 2019 y 2023. En Jaltenco los robos crecieron 32%. En Tonanitla, 70%. En Tizayuca, las denuncias por extorsiones aumentaron en 100%. Y en Zumpango, se elevaron en 17%.

Atacar la propiedad privada significa lastimar el patrimonio de las personas. Si es letra muerta el derecho a tener la posesión legal y legítima de un bien, ¿qué tanto le pertenece a su dueño?

La libertad de adquirir, gozar y disponer de nuestros bienes está en tela de juicio. Es otra factura endilgada por AMLO.

La supremacía constitucional
o nadie por encima de... Morena

La Cámara de diputados y el Senado avalaron a finales de octubre de 2024 la más peligrosa de las de por sí temerarias modificaciones a la Constitución que el oficialismo impulsó. Escudados en su mayoría calificada, construida de manera artificial, y haciendo uso de la aplanadora que, en el Legislativo, les permite arrollar a quien se les ponga enfrente, Morena y sus aliados (PT-Verde) aprobaron la reforma de supremacía constitucional.

La 4T no ocultó nunca su intención, deshacerse de molestos obstáculos que detuvieran sus reformas a la Carta Magna. El cambio constitucional tenía como objetivo evitar el "activismo político" de jueces y magistrados que en el pasado invalidaron legislaciones que contravenían a la propia Constitución.

La presidenta Claudia Sheinbaum defendió la reforma en su *mañanera* del 1 de noviembre. Dijo, como dijeron sus legisladores, que la iniciativa "no introduce nuevos principios", "formaliza en la Constitución algo que ya estaba contemplado" en la Ley de Amparo. La modificación plantea cambios a los artículos 105 y 107 de la Carta Magna para que legislaciones, como la polémica reforma al Poder Judicial, no puedan ser impugnadas ni suspendidas por nadie en el futuro. En pocas palabras, lo escrito por la mayoría es inatacable e inimpugnable.

Con las modificaciones, el artículo 105 señala que "son improcedentes las controversias constitucionales o acciones de inconstitucionalidad que tengan por objeto controvertir las adiciones o reformas a esta Constitución". Tanto las controversias constitucionales como la acción de inconstitucionalidad eran herramientas con las que la SCJN podía analizar leyes y reformas aprobadas por el Congreso. Por si hicieran falta mayores puntualizaciones, el artículo 107 añade que "no procederá el juicio de amparo contra adiciones o reformas a esta Constitución".

Finalmente, el último clavo al ataúd toma la forma de un artículo transitorio sobre la retroactividad de las leyes que señala: "los juicios, recursos y consultas en los que se haya cuestionado la validez de una adición o reforma a esta Constitución, por su forma, procedimiento o fondo, y que a la fecha de entrada en vigor de este decreto se encuentren en trámite, se sujetarán de manera directa a lo que este dispone, quedarán sin materia y serán sobreseídos". Así, por arte de magia, cortesía de la mayoría morenista, lo escrito es inmodificable y no puede ser frenado por nada ni por nadie.

Esto significa que todos los procesos o recursos actualmente en trámite para cuestionar alguna reforma, inmediatamente tendrán que desecharse.

La 4T logró lo que quería: blindó *su* reforma al Poder Judicial. En tiempo récord (otra vez) sacaron de la chistera una nueva modificación constitucional. Tienen, pues, todo el poder. Y no hay marcha atrás. Las libertades, todas, están en sus manos, o en sus rodillas, porque sobre ellas legislan.

"Lo único necesario para que triunfe el mal es que los hombres buenos no hagan nada", escribió Edmund Burke en el siglo XVIII.

¿Quiénes son los malos? Quienes entierran la verdad y buscan acallar voces incómodas; quienes atacan las libertades y alimentan su extinción. En el otro extremo están quienes continuarán defendiendo las libertades a cualquier costo, aun frente a quienes se asuman invencibles.

> *Primero vinieron por los socialistas,*
> *y yo no dije nada, porque yo no era socialista.*
> *Luego vinieron por los sindicalistas,*
> *y yo no dije nada, porque yo no era sindicalista.*
> *Luego vinieron por los enfermos incurables,*
> *Y yo no dije nada porque no era enfermo incurable*
> *Luego vinieron por los judíos,*

y yo no dije nada, porque yo no era judío.
Luego vinieron por mí,
y ya no quedó nadie para hablar por mí

Martin Niemöller, pastor luterano
(1892-1984)

El poder es pasajero y la historia todo lo registra.

15. POLÍTICA EXTERIOR: DIME CON QUIÉN ANDAS...

"En los asuntos internacionales,
una reputación de confiabilidad
es un activo más importante que las demostraciones
de inteligencia táctica".
Henry Kissinger, político y diplomático
estadounidense, 1923 –2023

Se descompuso la relación con Estados Unidos

¿Quién fue José Villegas Tavares? Simplemente el hombre que definió con impresionante exactitud, tanto con su vida como con sus palabras y acciones, el fenómeno mexicano del pasmo en el extranjero, esa sensación de abandono ante la aldea global, de orfandad intelectual que nos hace oscilar de manera permanente entre los polos del malinchismo más auto denigratorio y el chovinismo más recalcitrante cuando se trata de definirnos ante aquellos que no son mexicanos.

No, no fue un intelectual, un literato o un político mexicano, de hecho, fue mejor conocido como "El Jamaicón" y fue uno de los mejores defensas centrales en la historia del futbol mexicano. Estuvo activo durante la década de los cincuenta y sesenta. Nacido en la ciudad de Guadalajara, se convirtió en una de las leyendas de Chivas. Ahí logró los ocho títulos del Campeonísimo, además, fue pieza clave de la Selección Mexicana en la clasificación a los mundiales de Suecia 1958 y Chile 1962.

Pese a su trayectoria, José Villegas quedó plasmado en la memoria colectiva por una de las anécdotas que marcaría un antes y después en el futbol mexicano, así como el origen de su peculiar apodo "El Jamaicón". Tavares señaló que el apodo nació durante su infancia. De niño era muy llorón a causa de la nostalgia que le daba que su madre saliera a trabajar. Uno de sus vecinos lo apodó de tal forma como un sinónimo de "llorón". Ese sobrenombre lo llevaría hasta sus más grandes días de gloria con el equipo de Chivas.

Hasta ahí el "Jamaicón" bien podría ser uno más de los miles de futbolistas que pueblan las páginas de nuestro olvidable futbol, pero fue de cara a la Copa FIFA de 1958, a jugarse en Suecia, que trascendió lo meramente futbolístico para insertarse en la psique de los mexicanos. Justo la noche previa a un partido de preparación, la Federación Mexicana de Futbol organizó una cena para los seleccionados nacionales en Lisboa, Portugal, pero durante el evento se percataron que "El Jamaicón" no estaba.

Ignacio Trelles, entonces director técnico de la escuadra tricolor, preocupado por su jugador estrella, comenzó a buscarlo por todos lados. Lo encontró en un jardín, triste, tirado con las piernas dobladas y las rodillas en el pecho. Se acercó a él y le preguntó si ya había cenado.

La respuesta de "El Jamaicón" fue el detonante que abrió una ventana del alma mexicana "¡cómo voy a cenar si tienen preparada una cena de rotos!, yo lo que quiero son mis chalupas, unos buenos sopes o un rico pozole y no esas porquerías que ni de México son".

Previo al Mundial de Chile 1962, México viajó a Londres para enfrentar en un duelo amistoso a Inglaterra. Esa tarde Nacho Trelles decidió alinear al "Piolín" Matan en sustitución del portero Antonio "La Tota" Carbajal. El "Piolín" se mostró inseguro; sin embargo, Trelles le dijo que no se preocupara que tendría todo bajo control con "El Jamaicón" en la defensa. A pesar de ello, el resultado no fue lo que se esperaba; el partido terminó 8-0 a favor del equipo inglés.

Al finalizar el partido, "El Jamaicón" fue entrevistado sobre su incapacidad de frenar el ataque inglés. El defensor respondió que extrañaba a su mamacita, que llevaba días sin probar una birria y que la vida no era vida si no estaba en su tierra. Así nació el "Síndrome de El Jamaicón".

A contrapelo de Villegas Tavares, los presidentes mexicanos han disfrutado enormemente el contacto con el extranjero. Miguel Alemán fue el primero en abrir México a las inversiones extranjeras y él mismo fue un gran viajero que gustaba disfrutar de largos periplos donde, dicen sus detractores, no solo impulsaba y promovía la imagen de nuestro país, sino que también daba rienda suelta a sus dotes de conquistador. Lo mismo se podía decir de Adolfo López Mateos, viajero incansable y con apetito voraz por lo femenino, cuyo encanto y carisma lograron para México los primeros Juegos Olímpicos para un país latinoamericano y el Campeonato Mundial de futbol de 1970. Le gustaba tanto estar fuera de Los Pinos y fuera de México que existía la leyenda urbana que al revisar su agenda cada mañana preguntaba a su asistente "¿Qué nos toca hoy: viaje o vieja?"

Echeverría fue conocido por sus frecuentes viajes con séquitos dignos de un jeque árabe (incluidos los famosos "aviones de redilas" para intelectuales) que motivaron un chiste prohibido en televisión de Manuel "El Loco" Valdez quien se quejaba constantemente del alza de precios y la ausencia presidencial en suelo mexicano. "Todo sube, nada baja y un pelón que viaja y viaja", decía.

José López Portillo fue otro presidente que nunca tuvo el "Síndrome de El Jamaicón" y que inauguró una tradición de la política presidencial mexicana, las bravatas contra el gobierno de Estados Unidos.

En 1979, el presidente estadounidense James Carter y su esposa Rosalynn realizaron una visita de Estado a México. En el transcurso de la cena oficial, ofrecida por los anfitriones López Portillo y Carmen Romano, la primera dama mexicana regaló, en un acto de dudoso buen gusto, un cacahuate de oro al mandatario del vecino del norte. Durante su discurso, López Portillo encarnando su papel de "macho bragado" y "criollo conquistador" regañó públicamente a Carter. En sus memorias recordó el momento con jocosidad: "Tan pronto le di la mano me dije, a este ya me lo chingué". Carter jamás le perdonó la humillación pública.

En materia internacional, Andrés Manuel López Obrador siempre lució una peligrosa mezcla entre la incapacidad por abandonar el terruño de "El Jamaicón" y la arrogancia entre nacionalista y cosmopolita de López Portillo.

Se jactaba de no tener pasaporte y no necesitarlo, argumentaba que "la mejor política exterior es la interior" y aseguraba que no le importaba el mundo pues su máximo interés era México. Eso no le impedía (o tal vez esa era la razón por la cual se daba el lujo de) tener una visión de las relaciones geopolíticas que parecían arrancadas de un manual setentero de relaciones internacionales con Estados Unidos encarnando el "imperialismo yanqui" que continuaba depredando al subcontinente.

De ahí que su relación con Estados Unidos haya resultado siempre ambivalente, teñida de un resentimiento (como casi todas sus relaciones políticas) que no podía ocultar pero que disfrazaba de cordialidad cuando así convenía. Que iba del más duro enfrentamiento con las administraciones demócratas mientras buscaba de manera casi desesperada la aprobación y amistad del polémico Donald Trump. Sin embargo, el magnate convertido en presidente, lo humilló públicamente en cuanto tuvo oportunidad sin obtener una sola respuesta o reclamo de López Obrador.

"Vino (a verme) el máximo representante de México justo debajo del (puesto) más alto, justo debajo del jefe que resulta ser el presidente (de México)", dijo Trump sobre la visita de Marcelo Ebrard a Washington entre el 2 y el 7 de junio de 2019, que tenía el objetivo de desactivar la amenaza de aranceles a las importaciones mexicanas.

"Nunca he visto a nadie doblarse así. Entró (a mi oficina) y (el representante de México) se ríe de mí cuando le digo: «necesitamos 28 mil soldados en la frontera, gratis». Él me miró y me dijo algo como «¿(desplegar soldados) gratis?», «¿por qué haríamos eso en México?» Le dije: «necesitamos algo llamado quédate en México»", recordó Trump.

El expresidente Trump reveló que el mandatario mexicano comentó "no consideraremos hacer eso", a lo que Trump le respondió: "Soy el presidente de EU, no puedes ordenarme".

Incluso Trump añadió que amenazó con implementar el 25% de aranceles "a todas las importaciones mexicanas", si López Obrador no desplegaba los soldados.

Nunca hubo respuesta de AMLO, quien parecía haber encontrado la horma de su zapato y gustosamente se "dobló".

Curiosamente sí encontró valor para enfrentarse a la administración Biden que lo trató con mayor consideración y respeto, sobre todo en el primer tramo porque al cierre del sexenio el trato se descompuso. La relación con la administración del expresidente demócrata fue muy tortuosa. Para el "año siete" del tabasqueño, la relación con el socio comercial más importante de México en el exterior y la potencia dominante en el escenario mundial estaba fracturada casi hasta la ruptura, y en claro enfrentamiento.

El 13 de noviembre de 2024, en el cumpleaños 71 del expresidente y mientras todos lo imaginaban "escribiendo un libro", el embajador de Estados Unidos en México, Ken Salazar le envió un regalo que no olvidaría. Era el colofón perfecto a la serie de desencuentros que iniciaron con la detención de Ismael "El Mayo" Zambada el 25 de julio, se acentuaron con las críticas y advertencias ante los escenarios que traería la implementación de la caótica reforma al Poder Judicial, incluso tomaron un nuevo cariz debido a los recientes reclamos de la presidenta Claudia Sheinbaum quien aseguró que las autoridades de Estados Unidos no brindaron la información requerida en torno a la detención precisamente del "Mayo", aquel día que marcó el principio del fin de López Obrador.

Ese miércoles 13, Salazar criticó abiertamente la gestión del expresidente y dijo que su política de "abrazos, no balazos" simplemente "no funcionó", además lo señaló por no permitir inversiones y subrayó categórico "el pueblo de México merece vivir sin miedo".

Salazar especificó que la "pausa" que puso el expresidente a su relación con él no se derivó por "el comentario del Poder Judicial", por lo que no se mordió la lengua para criticar que López Obrador no aceptara ayuda internacional para combatir la violencia que vive el país y que la "austeridad republicana", aplicada en el sector de la seguridad es inconveniente porque hace que los policías no reciban lo suficiente para vivir.

"Hablar que no hay problema, echarle la culpa a otros, echarle la culpa a Estados Unidos como se hace muy obviamente, eso no es lo que se requiere para arreglar la seguridad en México", explicó el embajador quien abordó de manera sutil los más recientes posicionamientos de Claudia Sheinbaum, quien insistía en responsabilizar de la violencia en Sinaloa al gobierno norteamericano.

Como respuesta, la Cancillería mexicana resaltó su "extrañamiento" por los comentarios del embajador a través de una nota diplomática.

Lejos, muy lejos estaban los momentos en los cuales Ken Salazar era considerado cercano al ahora expresidente. Entraba y salía con frecuencia de Palacio Nacional. "Es mi amigo", decía orgulloso el tabasqueño.

"Sí, es mi amigo… es un hombre bueno, sensato… un político muy responsable, que viene de abajo, de origen mexicano, además simpático… él es una gente buena y tenemos una extraordinaria relación", llegó a decir López Obrador.

Cuando Salazar aceptó el cargo de embajador de Estados Unidos en México en septiembre de 2021, el gobierno estadounidense liderado entonces por Biden le instruyó construir una relación sólida que beneficiara a ambos países. Casi desde que bajó del avión, el embajador insistió en múltiples ocasiones que su relación con López Obrador buscaba beneficiar a Estados Unidos. Durante junio de 2022 el embajador visitó Palacio Nacional 18 veces en dos semanas, para acompañar los encuentros que López Obrador tuvo con empresarios estadounidenses.

Ambos mandatarios se reunían con regularidad y acordaban decisiones en temas que le interesaban a los dos gobiernos como el comercio y la migración. "Lo que necesitamos hacer es atender juntos estos problemas inmensos y sin precedentes. Y no puedes hacerlo si tienes un enemigo", argumentaba Ken.

Incluso, ante el reconocimiento del gobierno estadounidense al gobierno de Felipe Calderón tras el convulso proceso electoral de 2006, Ken Salazar defendía la tesis de la "puñalada por la espalda" obradorista: "Mucha gente que vio la votación esa noche me ha dicho, incluso gente que no tiene un interés personal, gente muy creíble, que hubo fraude".

Durante febrero de 2024, tras la polémica generada por el reportaje del diario *The New York Times* donde se apuntaban sobornos que habría recibido la campaña presidencial de López Obrador, el embajador de Estados Unidos negó la existencia de una investigación al expresidente por presuntos vínculos con el narcotráfico. Al tiempo, el tabasqueño lanzaba todo el vitriolo posible en sus *mañaneras* y aseguraba que uno de los diarios más reconocidos del mundo, *The New York Times*, no era más que un "pasquín inmundo".

Meses más tarde, en agosto de 2024, durante las conferencias *mañaneras* del expresidente, este anunció que realizaría una pausa a su relación con el embajador de Estados Unidos luego de que emitiera opiniones (en concordancia con la visión de empresas, inversionistas, organizaciones, bancos, calificadoras) contra la reforma al Poder Judicial propuesta por López Obrador, por los riesgos potenciales que acarrearía. El entonces presidente lo descalificó y argumentó que este tema sólo le correspondía a las mexicanas y los mexicanos.

Tras esto, por medio de un comunicado, Salazar afirmó que su país respetaba la soberanía. Sin embargo, reiteró su preocupación por la elección directa de jueces, magistrados y ministros, así como su inquietud acerca de los riesgos económicos y a la democracia que conllevaría su implementación.

La fisura en la relación con el principal socio comercial de México, el país donde viven millones de paisanos, es parte del legado en el "año siete".

Con el inicio del sexenio de Claudia Sheinbaum, se terminó la pausa con la embajada estadounidense y Salazar retomó su relación con el gobierno. Tuvo un primer encuentro con el canciller Juan Ramón de la Fuente. Sin embargo, la presidenta dio a conocer una serie de "lineamientos" que evidenciaban la molestia que aun existía en la 4T con el embajador. Ya no tenía derecho de picaporte en Palacio.

"Nosotros tenemos buena relación con todos los países del mundo, con todos y siempre va a ser así (...) Entonces se establecieron una serie de lineamientos, digamos generales. Porque a veces el embajador acostumbra a llamar a un secretario, otro secretario, entonces ahora le dijimos: «bueno, si quiere tocar algún tema relacionado con Secretaría de Energía porque hay empresarios estadounidenses interesados en invertir y quieren saber la disponibilidad, pues a través de la Cancillería»", explicó.

Pero si las cosas ya estaban complicadas, por herencia del lopezobradorismo, el regreso de Trump a la Casa Blanca las ha complicado más. Fue el gobierno de AMLO el que dejó un legado de violencia, el abandono de regiones enteras que terminaron bajo control del crimen organizado, olas migratorias imparables y un marco jurídico endeble, lo mismo por la Reforma al Poder Judicial que por su necedad de extinguir órganos autónomos, considerados en el T-MEC.

El equipo del presidente estadounidense ya ha estirado aún más la liga.

Marco Rubio, exsenador y actual secretario de Estado, aseguró en 2023 que López Obrador "entregó partes del territorio a los cárteles de la droga" y dijo que no había sido un buen aliado de EU. Es el mismo republicano que ve con simpatía la intervención de fuerzas estadounidenses en territorio mexicano.

Tom Homan, el "zar antiinmigrante", no deja de presionar con "deportaciones masivas".

Y el vicepresidente JD Vance, con Trump, dijeron a *Fox News* en plena temporada electoral, que "el gobierno mexicano está petrificado" porque "el narco puede quitar al presidente en dos minutos", en alusión a AMLO.

Esa reputación antecede a Sheinbaum, cuyo gabinete trata de que el T-MEC no se descarrile, ante los constantes amagos y amenazas arancelarias. A la presidenta, López Obrador le entregó la relación económica y comercial más importante para nuestro país (principal socio comercial de EU) hecha trizas. Es otro de los saldos.

Las cosas avanzan con demasiada velocidad. Parece que no hay punto de retorno y nos encaminamos a una colisión. La dinámica en la que el presidente de EU ha envuelto a México, amenaza con generar un choque de trenes en el paraíso de la 4T.

La espiral luce fuera de control. Las señales apuntan, todas, en la misma dirección. Los caminos conducen a López Obrador y su sexenio de "abrazos, no balazos", que significó un contubernio innegable con organizaciones criminales.

Es solo cuestión de unir piezas.

"Los cárteles tienen una alianza intolerable con el gobierno de México", acusó la Casa Blanca en un comunicado el 1 de febrero de 2024, para justificar la imposición de aranceles a nuestro país. No solo Trump lo piensa. También Marco Rubio, secretario de Estado de EU, que acusó a la administración del tabasqueño en una entrevista con Telemundo, en 2023, de "entregar partes del territorio" a los grupos criminales.

Si la relación ya estaba figurada, los eventos ocurridos entre el jueves 27 de febrero y el martes 4 de marzo, fecha en que la administración Trump cumplió su amenaza de imponer aranceles del 25% a México, terminaron de fracturarla.

La cadena de eventos colocó el reflector sobre AMLO. Las sospechas y preguntas en torno a él y sus cercanos, crecen. La realidad es nítida: los grupos criminales, ya designados organizaciones terroristas extranjeras por Trump y su gobierno, se empoderaron como nunca. ¿Fue omiso el expresidente? ¿Hubo complicidad? ¿Se consintió a políticos de primer nivel -gobernadores, por ejemplo- que tenían nexos con delincuentes?

El viernes 28 de febrero de 2024 se publicó una entrevista de Trump con The Spectator, donde el presidente aseguró que recomendó a la Fiscal general de su país, Pam Bondi, investigar a políticos mexicanos por posibles nexos con el narcotráfico.

El periodista lo cuestionó sobre si pedirá rendición de cuentas a políticos corruptos, a lo que Trump dijo "definitivamente".

"¿Incluyendo políticos mexicanos?", se le preguntó. Ante esto, el presidente respondió que "ciertamente recomendaría que se les investigue. Dependerá de Pam Bondi, quien es excelente en lo que hace".

La entrevista se publicó un día después de que los integrantes del gabinete de seguridad de la presidenta Sheinbaum se reunieran en Washington con Rubio y la primera plana del gabinete de seguridad de EU.

Omar García Harfuch, secretario de Seguridad; Juan Ramón de la Fuente, secretario de Relaciones Exteriores, y Alejandro Gertz Manero, Fiscal general, estuvieron en EU para convencer al gobierno de Trump de los avances en el combate a los cárteles del narcotráfico.

El mismo viernes, otra bomba: el secretario de Defensa de EU Peter Hegseth, advirtió que "nada está descartado", respecto a la posibilidad de atacar laboratorios de fentanilo en México. "Están advertidos. Es suficiente", señaló en entrevista a la cadena Fox News. No eran palabras de cualquiera, lo decía el hombre que está al frente del Ejército más poderoso del mundo.

Pero si eso no fuera suficientemente delicado, ese mismo día, una nota en The Wall Street Journal, registró el contenido de una llamada ocurrida el 31 de enero de 2024 entre un grupo de altos mandos mexicanos y el jefe del Pentágono, en la que este último habría pedido atender la colusión de los grupos criminales con algunos sectores del gobierno mexicano y tomar medidas en la frontera para combatir el crimen. Hegseth habría asegurado que su país estaba preparado para emprender esas acciones, ante la "sorpresa y enojo" de los funcionarios mexicanos, según refirió el diario estadounidense.

En ese marco, 29 criminales mexicanos fueron entregados a EU, sin que existiera un proceso de extradición. Aquello pareció más bien un obsequio, un regalo para demostrar "buena voluntad".

Entre los enviados había puros peces gordos del narco. Líderes y cabezas del crimen organizado. Del Z-40 y el Z-42, a Rafael Caro Quintero, acusado del homicidio del agente de la DEA, Enrique Camarena, en la década de los ochenta, pasando por Antonio Oseguera Cervantes, hermano del *Mencho*, líder del cártel Jalisco Nueva Generación; Vicente Carrillo Fuentes, *El Viceroy*, líder del cártel de Juárez; Inés Enrique Torres Acosta, *El Kiki Torres*, jefe de seguridad del *Mayo* Zambada... la lista es larga.

El destino de los capos fue distinto. Unos fueron a NY, otros a Chicago, algunos más a Phoenix, San Antonio, Houston y hasta Washington. La operación fue quirúrgica.

México hacía todo lo que Trump pedía, pero nada lo saciaba. El 4 de marzo, el presidente de EU impuso aranceles a nuestro país.

Las aguas se salían de cauce.

"El gobierno mexicano tiene un contubernio con los cárteles", "les ha dado refugio", insistió la Casa Blanca el 3 de marzo, horas antes de que entraran en vigor los aranceles del 25%, para justificar la medida unilateral.

Esas palabras, calificadas la mañana del 4 de marzo como "ofensivas y difamatorias" por la presidenta Sheinbaum, son parte de la narrativa que Trump y los suyos alimentan. Iban en la misma dirección de otras tantas declaraciones.

En la víspera, otro dardo: Stephen Miller, asesor para la seguridad interna de la Casa Blanca, afirmó que "los cárteles mexicanos son una amenaza grave para EU; Trump explora todas las opciones para enfrentarlos", señaló el 3 de marzo.

Para Trump y su gobierno no había punto de retorno. Las razones, más que económicas y comerciales, siempre fueron políticas. El presidente de EU trabaja para su grada. La presidenta tomaba el mismo sendero: llamaba a los suyos a responder en un mitin el domingo siguiente en el Zócalo, ante la suya.

La relación atravesaba su peor momento. Las acusaciones sobre un "narco Estado" más que a Sheinbaum, iban dirigidas a López Obrador y el manto protector con el que cobijó a varios de sus cercanos. Las sospechas, lejos de disiparse, aumentaban.

España y la disculpa que nunca llegó

A diferencia de la relación con Estados Unidos, siempre teñida de ambigüedad y movimientos de conveniencia, arrogancia o miedo, la relación con España siempre fue más propia de psicoanálisis debido a la furia y animosidad de López Obrador hacia la península ibérica.

¿Será porque uno de sus abuelos fue español peninsular proveniente de Santander que encalló en Tepetitán para "hacer las Américas"? ¿Será porque su Tabasco natal fue la cuna de la cultura madre de Mesoamérica, la olmeca y al mismo tiempo la puerta de la conquista (allí Cortés conoció a "la Malinche" en 1519 tras la batalla de Centla)? ¿Será porque quiere imitar a su admirado Lázaro Cárdenas quien rompió toda relación con España luego de la guerra civil que antecedió la llegada al poder del dictador Francisco Franco? ¿Será porque el hombre al que más desprecia en lo político (y López Obrador vaya que es hombre de venganzas profundas), Felipe Calderón, se fue a vivir a Madrid y trabajó para la empresa ibérica "Iberdrola"?

Sea cual sea la respuesta o la razón de fondo, en los hechos, este resentimiento fue heredado a la administración de Claudia Sheinbaum quien de manera poco diplomática excluyó de invitar a su toma de protesta al Rey Felipe VI causando un nuevo distanciamiento no visto desde la llegada de "los niños de Morelia" en el cardenismo.

El golpeteo al Rey de España, y la exigencia de una disculpa "por los abusos cometidos durante la conquista y la colonia", que AMLO se empeñó en demandar, son taquilleros para la grada obradorista, pero incongruentes si consideramos la realidad heredada. Pocas veces los derechos de las comunidades indígenas habían sido tan vulnerados como durante el lopezobradorato. Así lo subrayó el propio Ejército Zapatista de Liberación Nacional (EZLN) en un comunicado firmado por el Subcomandante Insurgente Moisés con fecha 26 de septiembre de 2024, en el que sin aludir a la polémica con España se condenó duramente la narrativa utilizada por López Obrador: "El verdugo pretendiendo presentarse como víctima". La simulación: lanzándose verbalmente contra España, culpó a esa nación de lo que su administración fue incapaz de resolver.

A lo largo de todo su sexenio, López Obrador nunca pudo ocultar su descontento con todo lo relacionado a las autoridades ibéricas, aunque fue a partir de 2022 cuando el conflicto escaló.

Fue precisamente en febrero de ese año, cuando el mandatario mexicano declaró públicamente una pausa en las relaciones entre los dos países. En aquel momento, la decisión tuvo como argumento las diferencias con empresas españolas en materia energética que, durante sexenios, según acusó López Obrador (sin mostrar —como de costumbre— evidencia) gozaron de privilegios que buscaban mantener pese a la instrumentación de una reforma energética.

"A mí me gustaría que hasta nos tardáramos en que se normalizara para hacer una pausa, que yo creo que nos va a convenir a los mexicanos y a los españoles, desde luego al pueblo de México y al pueblo de España, hacer una pausa en las relaciones, porque era un contubernio arriba, una promiscuidad económica-política en la cúpula de los gobiernos de México y de España, pero como tres sexenios seguidos, y México llevaba la peor parte, lo saqueaban", expresó.

Desde luego los prejuicios comerciales pesaban, pero lo que más despertó la ira de López Obrador fue la negativa del gobierno de España a su petición de pedir disculpas públicas a México por los "abusos cometidos durante la conquista". De hecho, la solicitud fue realizada a través de una carta enviada al Rey de España en el año 2019.

"Actualmente, el Estado que presido no pide un resarcimiento del daño en pecuniario de los agravios que le fueron causados por España ni tiene el propósito de proceder de manera legal ante los mismos; en cambio, México desea que el Estado español admita su responsabilidad histórica por esas ofensas y ofrezca las disculpas o resarcimientos políticos que convengan. Por ese motivo, Su Majestad, las actuales autoridades mexicanas elaboran un pliego de delitos que exhibirán ante el Reino de España antes de que finalice el año en curso", fue parte del texto redactado firmado por el tabasqueño en un papel que envidiaría el mismo Fray Bartolomé de las Casas.

No hubo respuesta del rey borbón (pertenece a esa rama dinástica) debido a que una de las normas constitucionales de la Monarquía ibérica dentro del sistema de los poderes españoles es mantenerse neutral respeto a los diferendos políticos internacionales. Eso fue interpretado por un presidente desconocedor de la realidad de otros países como una "postura prepotente", cuando la prepotencia la encarnaba él.

Como respuesta en aquel momento ante la "pausa", el ministro de Exteriores de España, José Manuel Albares, declaró que el gobierno de su país "rechaza tajantemente las declaraciones injustificadas del presidente de México en estos últimos días donde ha vuelto a hablar sobre España y las empresas españolas (...) el gobierno de España va a defender siempre y ante cualquiera los intereses de los españoles, sus empresas y la honorabilidad de España".

Cuatro días antes de abandonar la Presidencia, López Obrador manifestó todo su apoyo a Claudia Sheinbaum, presidenta electa y, como solía hacerlo, quiso deslumbrar con sus dotes de historiador al recordar la guerra civil española, en "donde muchos españoles llegaron al país por los altos niveles de pobreza que enfrentaba la región europea". Durante ese periodo —López Obrador explicó sesudamente— hubo un gran saqueo de riquezas en México, puesto que los migrantes extrajeron mucho oro y plata del país.

"Durante siglos, el pueblo de España siguió padeciendo de pobreza, esto al mismo tiempo que saqueaba las colonias de América, una cosa es el pueblo y otra cosa son las autoridades del más alto nivel", aseguró.

A manera de despedida, López Obrador insinuó que espera que el país europeo pueda rectificar sus acciones, puesto que "no les cuesta nada ofrecer una disculpa".

Durante su primera conferencia matutina, bautizada como *mañanera del pueblo*, Sheinbaum Pardo no perdió la oportunidad de enfilar baterías contra España. Aseguró que España debería "recapacitar" y disculparse por la conquista. Solo para toparse con la respuesta del ministro de Asuntos Exteriores de España, José Manuel Albares, quien aseguró que no se puede "juzgar con ojos del presente" lo ocurrido en el pasado.

"Yo creo que no hay que juzgar con ojos del presente lo que ocurrió hace cinco siglos. Cada cual es un hombre de su tiempo y en el Gobierno de España somos hombres y mujeres de nuestro tiempo".

"Todos tenemos que mirar y construir sobre el futuro", añadió el jefe de la diplomacia española, poniendo un punto final al diferendo.

La disculpa, por si alguien está con la preocupación, todavía no llega.

Lejos de las potencias, cerca de las dictaduras

En los hechos, López Obrador marcó su Presidencia con una poco disimulada simpatía por las dictaduras de Cuba, Venezuela y Nicaragua, a las que privilegió de distintas maneras que iban desde el otorgamiento de préstamos que más bien parecían regalos, hasta la contratación de personal de esos países, para financiar a esos regímenes antidemocráticos.

Las dictaduras de aquellos países, representantes del "socialismo del siglo XXI" se imponen por la vía de la fuerza, eliminan libertades y derechos, ejercen el poder mediante "terrorismo de Estado", persiguen a ciudadanos que no simpatizan con el gobierno y los encarcelan. Cometen, en nombre de la "revolución" un sinfín de atropellos y delitos, lo mismo torturan que asesinan.

El coqueteo con las dictaduras quedó evidenciado el 11 de mayo de 2022, cuando López Obrador confirmó que no asistiría a la Cumbre de las Américas, organizada por Estados Unidos, como una forma de solidaridad con los presidentes de Cuba, Venezuela y Nicaragua, quienes fueron excluidos de esta reunión debido a que el gobierno de Joe Biden los señalaba de violar la carta democrática de las Américas.

Tal vez como un intento de desagravio y para aparentar ser "el hermano mayor de América Latina", López Obrador organizó en el 2023 una "minicumbre" migratoria en Palenque, Chiapas, a la que invitó a los mandatarios de Cuba, Colombia, Honduras, Haití, Venezuela, Ecuador y Guatemala.

¿El resultado? Ninguno práctico, solo la foto del mandatario mexicano rodeado por algunos de los gobernantes más cuestionados no solo por sus propios pueblos sino por cualquiera con una mínima noción democrática de los derechos y libertades.

"Cuba es para irse a vivir allá, je, je, je. Miguel... y siempre nuestra solidaridad, siempre nuestra solidaridad con Cuba", dijo el presidente López Obrador en la reunión virtual de la Alianza de Países de América Latina y el Caribe el 5 de abril de 2023.

Ni los cubanos quieren vivir en Cuba, pero al presidente le parecía un lugar fantástico.

Unas semanas atrás, el gobierno de México aplaudió al dictador. Lo apapachó. Arropó a quien ha violado derechos y libertades, y dejado muerte y pobreza a su paso. El presidente abrazó a Miguel Díaz-Canel; lo condecoró, entregándole la Orden mexicana del Águila Azteca, el mayor reconocimiento a un extranjero.

"Usted, presidente, Díaz-Canel, es para el gobierno que represento, para el gobierno de México, un huésped distinguido, admirado y fraterno", dijo en aquel momento, en Campeche.

¿Huésped distinguido? ¿Admirado? ¿Cuba, un gran lugar "para irse a vivir allá"? Nada de eso.

No había nada que admirar en Díaz-Canel. ¿Qué puede admirarse de un dictador? ¿Qué puede reconocerse de la cabeza del gobierno que más personas encarcela por motivos políticos en el mundo? ¿Qué se le puede aplaudir a quien viola sistemáticamente los derechos humanos y atropella las libertades? Los cubanos siguen siendo vigilados por el régimen, perseguidos y encarcelados.

¿La isla está como "para irse a vivir allá"? Ahí se acalla, persigue y encarcela a los críticos, no hay libertad, mucho menos democracia. No hay libertad para pensar distinto al régimen que lo controla todo. No hay libertad de expresión. No hay libertad de asociación. No hay libertad de manifestación. No hay libertad para formar organizaciones o partidos políticos. No hay libertad para emprender. No hay libertad de tránsito. No hay libertad para entrar y salir del país.

Tampoco hay derechos elementales. No hay derecho a la propiedad privada, por ejemplo. No hay derecho a juicios justos. No hay, siquiera, lo más básico: medicamentos y alimentos. Las raciones y abasto son controlados por el gobierno.

Antes de la toma del poder por parte de Fidel Castro, por ejemplo, el PIB per cápita cubano era prácticamente igual que el de España. Hoy, 60 años después, el PIB es seis veces menor. El régimen le raciona los alimentos a cada cubano. Al mes, una persona solo puede comprar cinco huevos, un kilo y medio de arroz, una botella de aceite, un kilo de azúcar y otro de frijoles, medio kilo de pollo, pero a veces ni eso hay. El salario promedio en la isla apenas alcanza los 10 dólares mensuales. Un litro de leche, por ejemplo, cuesta tres dólares. Un kilo de carne, más de dos veces el salario de un mes. El régimen se lava las manos y culpa al "bloqueo económico" de EU, cuando ese cuento cae por su propio peso. La principal responsabilidad del desastre es del gobierno opresor.

Los cubanos sobreviven una dictadura. Cuba está lejos de ser el paraíso que algunos quieren vender. Es un infierno para sus ciudadanos, pero AMLO lo aplaudía.

La solidaridad y simpatía se siguió demostrando con hechos y dinero. Por ejemplo, la contratación de médicos cubanos para financiar la dictadura, pues el salario (hasta 144 mil pesos al mes por persona) no era entregado al personal médico sino al gobierno. En mayo de 2024 el gobierno de López Obrador anunció que se incrementaría a 3 mil 650 la plantilla de médicos cubanos del IMSS. Las ganancias iban a los bolsillos del dictador.

También hubo apoyo técnico de la Comisión Federal de Electricidad ante los apagones masivos en Cuba y se dio la compra masiva de balastro para el Tren Maya en una operación que dejó millones de ganancia a la isla caribeña.

Para Díaz-Canel y su régimen opresor siempre hubo apapacho.

Algo similar ocurrió con el "camarada" Nicolás Maduro, dictador venezolano.

De amigos, fue el trato que el gobierno de López Obrador dio a quienes han desaparecido derechos y libertades en sus países, y han forzado a millones de sus ciudadanos a huir para buscarse una vida en otro lado.

Los dictadores Nicolás Maduro y Miguel Díaz-Canel, son responsables del colapso de las economías de sus naciones, que ha derivado en una profunda crisis social con dimensiones de drama humanitario, donde escasean los alimentos y medicamentos, y se persigue a quien piensa distinto.

Ninguno es demócrata. Ambos se mantienen en el poder utilizando el aparato del Estado que controlan, y persiguiendo a sus adversarios políticos. Los dos acallan a ciudadanos que piensan distinto al régimen. Maduro y Díaz Canel oprimen la libertad de expresión, de manifestación y de prensa. No es novedad. El mundo entero lo sabe, pero a López Obrador no pareció importarle demasiado.

Fue ilustrativo el apapacho en aquel acto en Palenque, Chiapas. Los invitó "con la finalidad de impulsar programas de desarrollo en la región para acotar los flujos migratorios hacia EU". ¿Dos de los principales expulsores de migrantes, encontrarán solución al problema que ellos alimentan? Ver para creer.

¿Quién, sino Maduro, es el principal responsable de que los venezolanos escapen de su país, jugándose la vida?

Los venezolanos son quienes más intentaron cruzar hacia EU durante 2020, 2021, 2022 y 2023 (Oficina de Aduanas y Protección Fronteriza de EU). Desde luego no huyen porque haya prosperidad en su país; lo hacen ante la carencia de lo más elemental. Venezuela quedó sumida en una crisis política, social, económica y humanitaria desde hace, al menos, una década. Maduro se ha ensañado con sus ciudadanos. Una de las naciones con mayor riqueza petrolera del mundo, vive una lacerante pobreza.

Ningún discurso alcanza como justificación. El dictador venezolano no solo mantuvo a millones en la pobreza, y muchos lejos de su país (casi 8 millones han emigrado, es decir, 25% de su población, según ACNUR), también ha perseguido a sus adversarios políticos, encarcelándolos o dejándoles el exilio como única opción.

Con enorme dignidad el pueblo venezolano fue a las urnas en 2024 y Edmundo González, el candidato opositor obtuvo el triunfo, pese al aparato represor del Estado. ¿Qué hizo el gobierno de López Obrador? Lejos de reconocer la victoria se escondió en el lugar común para cobijar a Maduro.

Quien ha cometido innumerable cantidad de delitos, nunca dejó de ser tratado como "amigo" por AMLO. Igual que el dictador cubano.

Con Nicaragua, la relación tuvo sus altibajos, pero nunca se interrumpió. México pasó de retirar a su embajador por conflictos bilaterales en Managua a llamar "hermano" al dictador Daniel Ortega, extender su apoyo económico y acercarse a un ejército responsable del asesinato de 350 hombres y niños durante la llamada "masacre de abril" de 2018.

Conviene recordar que, en septiembre de 2021, Daniel Ortega se deshizo en improperios contra el representante diplomático mexicano y llamó a nuestro embajador, Gustavo Cabrera, "golpista, entrometido y servil" y le instó a poner fin al "lamentable camino" de "vanidades, servilismos y lacayismos". López Obrador se molestó, pero jamás rompió relaciones con el tirano.

En 2022, el tabasqueño cambió de embajador y nombró al periodista Guillermo Zamora nuestro representante en Managua. Se mantuvo una relación de bajo perfil con Nicaragua, cautelosa y silenciosa, ante un estado que expulsa diplomáticos, asalta embajadas, encarcela opositores y sacerdotes, a diestra y siniestra.

En 2023, y lo repitió el 3 de abril de 2024, México se sumó a las resoluciones aprobadas por unanimidad en la OEA en contra de Ortega. Sin embargo, vino un cambio tras el choque diplomático entre México y Ecuador, el régimen de Daniel Ortega fue el único que rompió relaciones con Quito y expresó su respaldo total y absoluto al gobierno de México. Un gestó que generó un giro de 180 grados en la relación con Nicaragua.

El 8 de abril México anunció que estaría apoyando con ocho proyectos al "hermano" Daniel Ortega. Las áreas de cooperación con el régimen incluyen agricultura, medio ambiente, gestión de riesgo y desastres. Un hecho sin precedentes tras la masacre de abril de 2018. Amor con amor se paga y López Obrador solicitó al Senado de México el envío de 73 militares armados de alto y mediano nivel para participar en el desfile del Ejército de Nicaragua.

En una reciente columna periodística, Rubén Aguilar, quien fuera vocero del presidente Vicente Fox, recordó algo que le tocó vivir en la Nicaragua de la década de los ochenta.

En la década de 1980, el comandante Daniel Ortega, entonces presidente de la junta que gobernaba Nicaragua después del triunfo de la Revolución Sandinista, abusaba sexualmente de una menor, la hija mayor de su entonces compañera, Rosario Murillo, con el consentimiento de esta.

Era algo que se sabía en los círculos altos del Gobierno y también del partido, el FSLN. Se veía como algo "normal". No había juicios de condena contra Ortega.

Ecuador, que recién mencionamos, fue una nota más de la enorme torpeza diplomática lopezobradorista quien juzgaba con extremada ligereza la política interna de otros países y luego se llamaba a la sorpresa cuando se le reprochaban tales declaraciones.

El 4 de abril de 2024, López Obrador sugirió, de manera irresponsable, que el asesinato del candidato presidencial Fernando Villavicencio el año anterior antes de las elecciones ganadas por Daniel Noboa en el Ecuador había influido en las intenciones de voto. Como respuesta a esos comentarios, el gobierno ecuatoriano declaró el jueves persona *non grata* a la embajadora de México en Ecuador, Raquel Serur, y le dio un "breve plazo" para que abandonara el país.

Luego del dislate lopezobradorista, México publicó un comunicado en el que calificó como "desproporcionada" la respuesta ecuatoriana e informó que Roberto Canseco (jefe de la misión consular mexicana en Ecuador), quedaría a cargo de la embajada, que continuaría "operando con normalidad". En el mismo comunicado afirmaba, tal parece como forma de venganza ante el gobierno de Noboa, que "luego de un análisis exhaustivo" de la situación, el gobierno de México había decidido otorgar asilo político al exvicepresidente Jorge Glas, quien se encontraba refugiado en la embajada desde el 17 de diciembre del año anterior. La canciller de Ecuador, Gabriela Sommerfeld, dijo que la concesión de asilo diplomático a Glas fue un "acto ilícito".

Glas, quien había pasado de ser líder de los Boy Scouts, a vicepresidente de Ecuador ya había estado en la cárcel acusado de corrupción y condenado a ocho años de prisión en 2017 por recibir sobornos de la constructora brasileña Odebrecht, en un caso que golpeó a varios gobiernos en América Latina.

Pero tras varios fallos judiciales y gracias a un recurso de *habeas corpus*, consiguió la libertad condicional el 28 de noviembre de 2022, cuando había cumplido la mitad de su condena. Sin embargo, el político volvió a ser citado por la justicia a finales de 2023 para responder por otro caso de corrupción asociado al manejo de fondos tras el terremoto que había ocurrido en la provincia de Manabí siete años antes. Esa era la "fichita" que López Obrador defendía.

En ese momento, en pleno *impasse* diplomático, militares y policías de Ecuador comenzaron a rodear la embajada de México en Quito la tarde del viernes 5 de abril. El gobierno de López Obrador rechazó inmediatamente el incremento de fuerzas policiales ecuatorianas afuera de su embajada y exigió a Ecuador respetar su soberanía y cumplir con sus obligaciones internacionales.

Durante la noche, un grupo de policías ecuatorianos irrumpió en las instalaciones y capturó a Glas. El territorio mexicano fue ultrajado.

El gobierno de Daniel Noboa, en voz de su canciller, afirmó que la decisión de asaltar la embajada diplomática "fue tomada ante un riesgo real de fuga inminente del ciudadano requerido por la justicia" y agregó que "ningún delincuente puede ser considerado un perseguido político cuando ha sido condenado con sentencia ejecutoriada y con disposición de captura emitida por las autoridades judiciales".

Las relaciones con Ecuador siguen interrumpidas.

También en Bolivia el gobierno lopezobradorista pecó de activo e injerencista.

Evo Morales, amigo de AMLO, renunció a la Presidencia de Bolivia en 2019 luego de cometer fraude y varios delitos. López Obrador, interviniendo en asuntos internos de esa nación sudamericana, envió un avión de la Fuerza Aérea de México y propició su huida del país evitando la actuación de las instituciones bolivianas.

Tal vez Marcelo Ebrard y López Obrador desconocían la clase de individuo que protegían.

El 5 de octubre de 2024 se destapó el escándalo del abuso sexual de menores por parte del expresidente de Bolivia ante la denuncia de que Evo Morales habría tenido una hija con una menor de 15 años durante su gobierno. Morales respondió las acusaciones en su cuenta en X: "No me extraña ni me preocupa".

El reconocido intelectual boliviano, Carlos Toranzo, que vivió en México en los años de la dictadura en su país y fue profesor de la UNAM escribió en "El límite de la inmoralidad".

"Durante más de una década Bolivia sabía que eso sucedía con el Jefazo, ¿por qué no se hablaba públicamente del tema, o por qué eran pocos los que señalaban los delitos? Simplemente porque el caudillo era el dueño del poder y quien señalaba sus delitos era juzgado y debía purgar sus palabras acusadoras en la cárcel; el poder lo blindaba a Morales".

Como Daniel Ortega de Nicaragua, resultó que Evo Morales de Bolivia tenía también acusaciones de ser un depredador sexual de menores de edad. Esos eran los hombres que la 4T tenía cerca y a los que defendía en el panorama internacional.

Finalmente, Perú.

Otra crisis, con otro país sudamericano en aras de defender a otro "amigo" del presidente López Obrador.

El 7 de diciembre de 2022, el entonces presidente peruano Pedro Castillo enfrentaba un inminente proceso de destitución debido a que se le vinculaba con actos de corrupción en los cuales se le habían entregado sumas millonarias en "sobres amarillos". En ese momento Castillo, un político que había iniciado su carrera como autodefensa rural y obtuvo fama como dirigente sindicalista, se decía de izquierda, pero en realidad tenía ideas muy arraigadas de derecha pese al slogan de su campaña "Siempre con el pueblo". Acorralado, dobló la apuesta y pretendió darse un "autogolpe de Estado".

Ese 7 de diciembre, se dirigió a la ciudadanía en un mensaje a la Nación en el cual anunció su decisión de disolver el Congreso de la República, intervenir al Poder Judicial, al Ministerio Público, a la Junta Nacional de Justicia y al Tribunal Constitucional, además de convocar a la elección de un nuevo Congreso con facultades constituyentes.

Fracasó por todo lo alto al generar el inmediato repudio de todas las instituciones políticas, del Ministerio Público, incluso de sus propios ministros de gabinete (que dimitieron en su mayoría), además de carecer del respaldo de las Fuerzas Armadas y la Policía Nacional.

Ante ese escenario, telefoneó a la Ciudad de México para hablar con el entonces canciller, Marcelo Ebrard y el presidente mismo y solicitar asilo político. Camino a la embajada mexicana en Lima fue detenido.

Siguió luego una cadena de torpezas, insultos y dislates que causaron un deterioro profundo en la relación centenaria entre México y Perú.

8 de diciembre.

En esa *mañanera*, después del fallido golpe de Estado, López Obrador habló sobre Pedro Castillo proyectando en el peruano sus propias inseguridades: "Lamentamos mucho lo que sucedió porque desde que ganó, legal, legítimamente, Pedro Castillo fue víctima de acoso, de confrontación. No aceptaron sus adversarios, sobre todo las élites económicas, políticas de ese país, el que él gobernara".

"(Castillo) Habló aquí a la oficina para que me avisaran de que iba hacia la embajada, pero seguramente ya tenían intervenido su teléfono, y que iba a solicitar el asilo, que si le abrían la puerta de la Embajada".

9 de diciembre.

El Ministerio de Relaciones Exteriores peruano convocó al embajador mexicano, Pablo Monroy, para reclamar las torpes declaraciones de López Obrador.

"Las expresiones de las autoridades mexicanas constituyen una injerencia en los asuntos internos del Perú, y no resultan consistentes con los acontecimientos que se han sucedido en días recientes".

12 de diciembre.

México se sumó a un comunicado conjunto empujado por el Gobierno del colombiano Gustavo Petro en apoyo a Castillo. El documento también recibió el respaldo del presidente argentino, Alberto Fernández, y el de Bolivia, Luis Arce.

13 de diciembre.

El mandatario mexicano refrendó su apoyo a Castillo y afirmó que la relaciones entre ambos países están "en pausa, en espera de lo que suceda". "No hay normalidad política en Perú. Se debe respetar la voluntad del pueblo que lo eligió, reconocer que ganó democráticamente y que no se le puede destituir".

Ese mismo día, Dina Boluarte, la presidenta peruana, anunció que llamaría personalmente a los presidentes de Argentina, Bolivia, Colombia y México, por el comunicado conjunto en el que aún consideran como mandatario a Castillo.

15 de diciembre.

La canciller peruana Ana Cecilia Gervasi: "Con la señora presidenta de la República, hemos dispuesto el llamado en consulta a Lima a nuestros embajadores en Argentina, Bolivia, Colombia y México, en reacción a la intromisión en los asuntos internos del Perú".

16 de diciembre.

López Obrador consideró un "acto de prepotencia" la visita de la embajadora de Estados Unidos en Lima, Lisa Kenna, a la presidenta Boluarte, realizada el 13 de diciembre.

18 de diciembre.

El gobierno de México anunció que le otorgó asilo político a la familia de Castillo, su esposa Lilia Paredes y sus dos hijos.

20 de diciembre.

La ministra de Relaciones Exteriores, Ana Cecilia Gervasi, informó que se le otorgó el salvoconducto a Lilia Paredes y sus dos hijos, pero declaró "persona *non grata*" al embajador mexicano en Perú, Pablo Monroy, a quien le dio 72 horas para irse del país.

Desde entonces las relaciones se encuentran interrumpidas.

El 1 de octubre, en la ceremonia de toma de posesión de Claudia Sheinbaum se notó la presencia de la ex primera dama peruana Lilia Paredes, esposa de Pedro Castillo, pero no hubo representación del gobierno peruano, tampoco del gobierno ecuatoriano y ni hablar del gobierno español.

Adivine usted quiénes sí asistieron y felices aplaudieron.

Dime con quien andas y te diré quién eres. O, ¿el que con lobos anda a aullar se enseña?

Rusos en el desfile

Las ambigüedades caracterizan la posición de México en otros conflictos internacionales donde vuelve a aflorar esa especie de geopolítica setentera donde los estadounidenses y los judíos son los malos frente a los heroicos rusos y palestinos. Al tiempo que los movimientos de violencia terrorista son tratados con la misma "paciencia paternal" que los actos del crimen organizado. Es decir, los narcos y terroristas no son "malos", fueron "obligados a reaccionar con violencia" por la opresión de las elites, los conservadores saqueadores y la maquinaria del intervencionismo *yanqui*. Así que solo hay que "acusarlos con su mamá" para que rectifiquen el camino.

El 24 de febrero de 2022 Rusia invadió Ucrania. Desde ese momento surgieron titubeos y vacilaciones sobre cómo México debería situarse frente al conflicto. La posición diplomática sólida de la mayor parte de las democracias occidentales, aunque con algunos puntos débiles, contrastó desde el inicio con la actitud de los representantes del gobierno mexicano. Desde el punto de vista internacional, eso ha situado a México en el grupo de países que apoyan los puntos principales de condena a la invasión rusa en Ucrania, pero no están de acuerdo con la estrategia que emplea el Occidente —aislamiento de Rusia, sanciones económicas, envío de armamento—, para enfrentarse a esta guerra en el territorio europeo.

México intenta mantener distancia y neutralidad bajo argumentos propios de antes de la primera guerra mundial, pero en la práctica, evita pronunciamientos o acciones que podrían dañar sus relaciones con Rusia más allá de lo imprescindible. La tradición exterior multilateralista iniciada por Porfirio Díaz como contrapeso al poder de Estados Unidos, con el sentimiento prorruso, presente en diferentes grupos morenistas que se desviven por renovar las glorias del estado soviético, son las principales fuerzas que forjan la respuesta de México.

De esta manera, en las palabras y el papel, México era una democracia ejemplar que condenaba la brutal invasión rusa. En los hechos, nunca hizo nada que lo confirmara.

En Asamblea General de la ONU en la votación del 7 de abril, México se abstuvo de suspender la participación de Rusia en el Consejo de Derechos Humanos por violaciones de derechos humanos y del derecho internacional. Hubo tres votos en contra, de Bolivia, Cuba y Nicaragua, y se abstuvieron México, Brasil y El Salvador.

La Cancillería mexicana rechazó llevar ayuda humanitaria a los refugiados ucranianos en el primer avión de la Fuerza Aérea Mexicana enviado a Rumanía para rescatar a los mexicanos que huían de Ucrania. Tampoco ofreció lugar a los ucranianos varados en México para regresarlos a Europa en el segundo avión enviado con el mismo fin.

México no se sumó al grupo de los 41 países que solicitaron a la Corte Penal Internacional realizar una investigación sobre el caso de Ucrania.

El presidente López Obrador tardó más de treinta días en condenar de forma clara la invasión rusa a Ucrania. Nunca expresó solidaridad con el pueblo ucraniano ni propuso la acogida de refugiados ucranianos.

Hubo también manifestaciones muy inoportunas de algunos miembros del gabinete sobre la preocupación de la relación con Rusia (por ejemplo: el secretario de Turismo hablando sobre la amistad con las líneas aéreas rusas cuando estas estaban sancionadas en Europa).

La creación del Grupo de Amistad México-Rusia en la Cámara de Diputados (23 de marzo de 2022) ocurrió en plena invasión rusa a Ucrania. Un balde de agua fría.

El 16 de septiembre de 2023 un contingente de soldados rusos desfiló en la tradicional parada militar que conmemora el aniversario del inicio de la gesta de independencia. Ante el escándalo, López Obrador culpó a los medios "que están contra él" de generar un "escándalo".

Un dato no es menor: nunca como ahora, Rusia había tenido tantos agentes de inteligencia en nuestro país: el gobierno de Vladimir Putin ha incrementado la presencia de sus servicios de inteligencia de forma notable.

Ya en 2022 el entonces jefe del Comando Norte de EU, Glen VanHerck, dijo en una audiencia en el Comité de servicios armados del Senado estadounidense que "actualmente México tiene el mayor número de espías rusos en el mundo". En 2023 la presencia de agentes rusos se había incrementado en 60% según reportes oficiales. Siempre que fue cuestionado sobre el tema, el presidente López Obrador lo toreó con el cuento de que "México es un país libre independiente y soberano, y no somos colonia".

"No sé, no tenemos información", repitió más de una vez sobre la presencia de agentes rusos en nuestro país.

Las alertas llevan un buen rato encendidas. Y es que con el lopezobradorismo nos alejamos de las potencias económicas y añejos socios comerciales, y nos acercamos peligrosamente a las dictaduras que atropellan derechos y libertades.

16. AYOTZINAPA: LA ETERNA NOCHE DE IGUALA

"Ya me cansé".
Jesús Murillo Karam,
Procurador General de la República,
7 noviembre 2014

Del crimen de Estado a la nueva verdad histórica

La impunidad rampante ha sido una marca indeleble en la historia del México postrevolucionario. De hecho, podría decirse que aquella arranca con los llamados "gobiernos emanados de la Revolución" y su primera encarnación es el cacique por antonomasia, Gonzalo N. Santos.

Fue conocido como "El Alazán Tostado" o "El Pelón Tenebroso", tal vez el creador de las frases más cínicas y conocidas de la política mexicana ("La moral es un árbol que da moras", "Ladrón que roba a bandido, merece ser ascendido", "El que se mueve no sale en la foto", "En la política, lo que se aplaza ya no se hace" y "un pinche muerto más o menos no me va a quitar el sueño"), fundador del PNR (Partido Nacional Revolucionario, abuelo del PRI) con la credencial número 6, señor de horca y cuchillo en San Luis Potosí donde tenía 12 mil hombres armados a su servicio y poseía un rancho de 87 mil hectáreas bautizado como "El Gargaleote" —pero como era un obsesivo acaparador de tierras, cuando quería un lote o rancho amenazaba al dueño y si este tenía dudas, Santos se encogía de hombros y decía "pos que su viuda decida"— diputado, senador y fiel servidor de cinco presidentes de la República.

Fue también el "organizador" de muchas elecciones, como las de 1929 donde a punta de ametralladora hizo ganar a Pascual Ortiz Rubio y la de 1940 donde fueron masacrados decenas de seguidores de Juan Andreu Almazán en varios puntos de la Ciudad de México.

Al "Alazán Tostado" se le atribuyen cientos de muertes de personas por oponerse a sus designios y caprichos. A sus adversarios simplemente los mandaba "tronar" a través de su pistolero favorito "El Mano Negra" o él mismo utilizando su metralleta Thompson o su colt .45, según su estado de ánimo. Nunca fue tocado por la justicia.

¿Retrocedimos demasiado y esas son reliquias del pasado? ¿El retrovisor nos llevó demasiado atrás? ¿Eso ya no ocurre?

1965 era el paraíso: México crecía en población —al acelerado ritmo de un mexicano por minuto— y también en la generación del smog. Vicente Saldívar se coronaba campeón mundial de los pesos gallos, Rafael "El Pelón" Osuna ganaba el campeonato mundial de tenis en Forest Hills y las Chivas de Guadalajara se convertían en campeones. Ese año, los grandes gadgets eran el primer lavatrastes automatizado, el tocacintas para los automóviles y la cámara instantánea *Polaroid Swinger*.

Aparecían en el mercado de los alimentos el *Gansito* (un pastelito de deveras), *Los Submarinos* (una aventura al fondo del sabor), *Los Pingüinos* (son requetesabrosísimos) y *Las Barritas de Fruta* (ricas y doraditas) al tiempo que los discos LP eran los reyes del mercado musical a un precio de 19.90 pesos.

Sin embargo, la felicidad solo era aparente, el campo vivía una enorme miseria y la represión de los dirigentes agrarios era un hecho que de tan cotidiano era olvidable.

La madrugada del 23 de septiembre de 1965, un grupo de trece jóvenes campesinos, maestros y estudiantes atacaron el cuartel militar de Ciudad Madera, Chihuahua. Fue una acción casi espontánea que fracasó. Ocho rebeldes y seis militares murieron.

La furia del gobierno no tuvo límites, pasearon los cadáveres de los muy jóvenes *guerrilleros* en un camión como escarmiento y fueron enterrados en una fosa común que ni el cura del lugar quiso bendecir. Mientras echaban paladas de tierra sobre los cuerpos, los oyentes escucharon la voz del General Práxedes Giner Durán, gobernador priista de Chihuahua, quien en un acto de profundo, barbárico y siniestro humor negro se burlaba de los muertos.

"¿Querían tierra?, ¡échenles hasta que se harten!"

¿Todavía muy lejos?

La mañana del 28 de junio de 1995 integrantes de la Organización Campesina de la Sierra del Sur (OCSS) se movilizaron para exigir la presentación con vida de su compañero Gilberto Romero Vázquez, quien había desaparecido un mes antes, el 24 de mayo, durante una operación policiaco-militar en la región de la Costa Grande y la Sierra de Guerrero.

Esa mañana, tenían planeado protestar en Coyuca de Benítez y Atoyac, pero en un retén (en el vado de Aguas Blancas) un grupo de policías judiciales y policías motorizados estatales detuvieron las dos camionetas en las que se transportaban los campesinos.

Los policías ordenaron a los campesinos de la primera camioneta que bajaran, luego a golpes los obligaron a tirarse al piso boca abajo con las manos en la nuca, sin darles explicación.

Cuando llegó la segunda camioneta se repitió la operación, a punta de golpes bajaron a los campesinos. Todavía no terminaban de descender cuando comenzó la masacre: 17 campesinos asesinados y 24 más heridos.

Se usaron algunos gatilleros como chivos expiatorios, pero a los responsables intelectuales jamás se les capturó.

¿Más cerca?

El 22 de diciembre de 1997, en la Comunidad de Acteal, San Pedro Chenalhó, Chiapas, fueron asesinados 45 indígenas tzotziles y otros 17 resultaron heridos. Existen diversas versiones sobre lo ocurrido; sin embargo, lo que no está a discusión es que ese día se perdieron, entre el plomo de los fusiles y el acero de los machetes, decenas de vidas humanas. Se sabe también que la investigación realizada por la Procuraduría General de la República (PGR) estuvo plagada de irregularidades.

Este recuento termina por conducirnos al año 2014.

A dos años de la elección del mexiquense Enrique Peña Nieto, el país vivía una especie de "luna de miel" que endulzaban los voceros oficiales. Era el tiempo del "Mexican Moment" en la portada de la revista *Time*, de "El Pacto por México".

Pero ese septiembre llegó "la noche de Iguala".

Las dos administraciones responsables de aclararla naufragaron en un caso poliédrico donde casi nada es lo que parece, y donde la verdad fue lo último que importó. La primera, encabezada por el propio Peña, trató de cerrarlo en falso con la "verdad histórica", decretada por el entonces Procurador Jesús Murillo Karam, el 7 de noviembre de 2014.

El titular de la ahora extinta PGR ofreció una conferencia de prensa donde detalló, de acuerdo con lo que indicaban las investigaciones oficiales hasta ese momento, lo acontecido a 43 jóvenes estudiantes de la Escuela Normal Rural "Raúl Isidro Burgos" de Ayotzinapa, Guerrero, la noche del 26 y madrugada del 27 de septiembre anterior.

Todo inició cuando los normalistas de Ayotzinapa arribaron a Iguala para "tomar" autobuses debido a que la policía estatal (y eventualmente la Policía Federal) les impidió "tomar" autobuses en las cercanías de Chilpancingo. Los autobuses los "necesitaban" para trasladarse, a su vez, a la Ciudad de México, para participar en la marcha conmemorativa del 2 de octubre.

La violencia se disparó cuando los normalistas penetraron en la estación de autobuses de Iguala y se apoderaron de tres camiones más. Al salir de la terminal fueron perseguidos por la policía municipal de Iguala y luego, también por la de Cocula. A las 22:30 de esa noche fueron detenidos en dos lugares diferentes, se produjeron algunos enfrentamientos donde los estudiantes usaron piedras y los policías dispararon, primero al aire, y luego a dar. Un quinto autobús (Estrella Roja) fue detenido, los estudiantes bajados y perseguidos, pero sobreviven. Este fue el único autobús no atacado con armas de fuego.

A las 23:30 horas del día 26, un autobús del equipo de futbol "Los Avispones" fue atacado por error por policías municipales de Iguala en el cruce de Santa Teresa; el resultado: tres muertos y varios heridos. Ya en la madrugada del 27 de septiembre, y en medio de una rueda de prensa que los estudiantes citaron en el centro de Iguala, se produjeron nuevas agresiones de la policía municipal. Julio César Ramírez (23 años) y Daniel Solís (18 años) fueron asesinados a quemarropa. A las 6:00 horas de ese día fue encontrado, por una patrulla militar, el cadáver del normalista Julio César Mondragón, con señas de haber sido torturado y desollado.

¿Qué ocurrió luego?

Tres hombres aprehendidos, miembros del cártel denominado "Guerreros Unidos", terminaron por convertirse en la columna vertebral de "la verdad histórica". Confesaron que esa noche recibieron a un grupo de más de 40 jóvenes entregados por policías de Iguala y Cocula. Estos individuos condujeron a los jóvenes a la zona del basurero de Cocula. Algunos de los retenidos ya habían muerto durante el traslado. Quienes llegaron con vida, fueron asesinados a sangre fría. Tras el crimen, los presuntos delincuentes acomodaron los cuerpos y les prendieron fuego.

Esta hoguera (avivada con diésel, plástico, madera y otros materiales), se mantuvo desde la medianoche del 27 de septiembre hasta las 14:00 o 15:00 horas de ese día. Luego "fracturaron" los restos, los metieron en bolsas negras de basura y los arrojaron en la zona, algunos de ellos al río San Juan.

La PGR, a decir de Murillo Karam, encontró restos humanos calcinados en el área y adelantó que serían enviados para su análisis a la Universidad de Innsbruck, en Austria, aunque señaló que él mismo vio los restos. El Procurador fue bombardeado con preguntas por los reporteros.

Ante los constantes cuestionamientos, trató de finalizar la conferencia de prensa en la que presentaba la "verdad histórica". "Ya me cansé", espetó. Esa frase se convirtió en lápida. Resultó paradigmática de su gestión frente al caso. Morena y el PRD exigieron su renuncia, la cual ocurrió el 27 de febrero de 2015.

El 6 de septiembre de ese año un peritaje de la Comisión Interamericana de Derechos Humanos (CIDH) aseguró que "la verdad histórica" de la PGR era falsa.

De manera lenta pero inexorable, en buena medida motivada por la indignación pero luego usufructuada por actores políticos (en particular el movimiento de Andrés Manuel López Obrador) ante los yerros y el pasmo de las autoridades responsables de la procuración de justicia, así como el poco rigor de algunos medios de comunicación que obedecían a filias y fobias político-partidistas tuvo origen y permeó (con la ayuda de los "tontos útiles", el luto y dolor de los familiares, así como las declaraciones y el protagonismo de los "expertos") la consigna que luego se escuchó en marchas y mítines, "pases de lista" y plantones: "Fue el Estado".

Tenaz opositor, López Obrador no dejó pasar la oportunidad y se apropió de la narrativa de Ayotzinapa. Tanto, que sus mítines políticos terminaban de manera invariable con un "pase de lista" de los 43 desaparecidos aquella noche de Iguala. La promesa del entonces opositor era esclarecer las circunstancias que rodearon la desaparición de los estudiantes, a través de la creación de una Comisión de la Verdad.

"Vamos a conocer lo que realmente sucedió, que se sepa dónde están los jóvenes y se castigue a los responsables", prometió el 27 de septiembre de 2018, ya como presidente electo. "Mi compromiso es no fallarles a las madres, a los padres de los jóvenes de Ayotzinapa, al pueblo de México. No vamos a traicionar la confianza de nuestro pueblo". Como en otros tantos frentes, en este también falló. O mintió. O ambas cosas.

Casi seis años después, el 29 de julio de 2024, López Obrador difundió una carta sobre el estatus de la investigación del caso Ayotzinapa en el ocaso de su sexenio. Contrario a su promesa, reconoció que aún no se había logrado esclarecer el caso y prometió que continuarían las indagatorias durante el gobierno de Claudia Sheinbaum.

Con ningún otro grupo social se sentó tantas veces a la mesa AMLO como con los familiares de los jóvenes de Ayotzinapa, pero también con ellos terminó enfrentado. Cinco días antes de que concluyera el sexenio, se cumplieron 10 años de la desaparición de los 43 estudiantes. Para familiares y compañeros de los jóvenes ya no hubo mano tendida ni diálogo. El 26 de septiembre de 2024, los recibieron en el Zócalo con vallas metálicas y muros de concreto. Nadie les abrió la puerta de Palacio Nacional. Los cercaron.

Quedó para el registro, a cinco días del fin del sexenio, López Obrador se atrincheró. Desde mucho antes tomó la decisión de no escuchar a quienes no lo apoyaban a ciegas, desoír la crítica y tachar de adversarios a quienes piensan distinto. Pero la estampa del fin de sexenio la regaló él, Palacio Nacional amurallado, y él en su interior. Un Zócalo cercado con vallas de metal y diques de concreto para impedir el paso de personas y vehículos en el marco de un tema que AMLO abanderó como pocos y en el que incumplió su promesa de "justicia y verdad": Ayotzinapa.

Ayotzinapa ya no solo simboliza la desaparición de 43 estudiantes que, según pruebas documentadas, peritajes, testimonios e indagatorias concluyen, fueron asesinados, sino que es retrato de la colusión entre autoridades y criminales; entre gobierno y delincuencia organizada.

Ayotzinapa refleja la podredumbre del sistema de procuración e impartición de justicia, de las policías a los jueces, pasando por fiscalías y ministerios públicos; la indolencia del poder que ya no mira ni se sensibiliza. Es la derrota del Estado, la mentira sistematizada y el engaño como estrategia política.

El presidente prometió lo imposible y, él mismo terminó por reconocerlo, no cumplió. Concluyó haciendo lo que tanto criticó, esquivó los reclamos y se refugió detrás de vallas y muros. El presidente que aseguró "a mí me cuida el pueblo", terminó atrincherándose, lejos e impávido a la crítica.

El retrato del adiós se acompaña de un gobierno de "izquierda", repudiado por quienes le confiaron la esperanza de un destino diferente en una de las páginas más dolorosas en la historia reciente del país.

Un cerco tras otro, y una valla que sigue a otra para no escuchar, quedan como descripción del alejamiento de López Obrador. Son el retrato de la transformación, pero del político cercano a las causas sociales al presidente alejado de ellas; del opositor combativo, al mandatario insensible.

"Nos sentimos engañados"

Para los padres de los 43 estudiantes de Ayotzinapa, la realidad es la contenida en el sexto informe del Grupo Interdisciplinario de Expertos Independientes (GIEI) que ha jugado un papel fundamental en la investigación y que el martes 25 de julio de 2023 presentó bajo el título "Hallazgos, avances, obstáculos y pendientes": en la desaparición de los jóvenes participaron policías municipales, de tránsito, estatales, ministeriales, federales y miembros del crimen organizado, al tiempo que el Ejército supo todo en todo momento mientras ocurrieron los hechos, estuvieron presentes en los diversos lugares del ataque y de la desaparición forzada, mintieron durante todos estos años y siguen mintiendo, negando hasta la existencia de sus propios documentos.

La presentación de ese documento podría ser uno de los cierres simbólicos de la relación entre los padres de los 43 y López Obrador, que inició incluso con lágrimas en los ojos de algunos padres esperanzados y que al final terminaron sintiéndose burlados.

A su llegada al poder, en diciembre de 2018, López Obrador había tomado las pesquisas como algo personal. Su primer decreto fue la creación de la tan anhelada Comisión para la Verdad y Acceso a la Justicia en el Caso Ayotzinapa, con Alejandro Encinas Rodríguez al frente, y patrocinó la vuelta de los investigadores externos, entre ellos el GIEI, que habían abandonado la investigación años antes, criticando las estrategias de Murillo Karam.

Bajo el nuevo impulso lopezobradorista, la Fiscalía creó una unidad especial para el caso. Era un reto para el Estado deshacer la madeja que habían creado sus antecesores, localizar pistas, testigos, buscar a los 43 y encontrarlos. La Comisión a cargo de Encinas reconoció que se trató de un crimen de Estado, con la presunta participación de autoridades de todos los niveles, incluso federales.

Los primeros años fueron positivos, pero se trató solo de un espejismo. En 2022, López Obrador ordenó a Encinas preparar un informe sobre el caso. Este fue elaborado en secreto, a espaldas de las familias, del GIEI y del propio fiscal especial del caso.

El informe, presentado en agosto de 2022 ante las familias, fue rápidamente desacreditado por basarse, una gran parte, en información falsificada.

La misma semana de la presentación del informe de la Comisión, la FGR detuvo al exprocurador Murillo Karam. Luego, durante el mes de septiembre de ese mismo año, el fiscal general Alejandro Gertz Manero obligó a renunciar al fiscal especial del caso, Omar Gómez Trejo y a casi todo su equipo.

El presidente asumió como bueno el trabajo de la Comisión y protestó cuando la Fiscalía pidió la detención de más de 80 personas (entre ellas una veintena de militares) pues, a su entender, la FGR debía plegarse a los resultados del informe de la Comisión. Producto de todo eso y de otras tiranteces, el fiscal especial dimitió y la mitad del GIEI abandonó la investigación.

Desde ese momento en adelante, bajo acusaciones de que el presidente López Obrador se había empecinado en proteger al Ejército, las pesquisas dejaron de avanzar y la buena relación entre el gobierno y las familias de los 43 se enfrió, hasta el punto de romperse, aquel verano del 2023.

El 26 de julio, el día siguiente de la presentación del último informe del GIEI, AMLO apareció en su *mañanera* acompañado por dos miembros de las Fuerzas Armadas, los secretarios de la Defensa Nacional y Marina. López Obrador no mencionó ni al GIEI ni a Ayotzinapa. No tomó preguntas al respecto. Los militares no hablaron en toda la conferencia. El mensaje era claro y contundente.

El 27 de julio, López Obrador sí tomó una pregunta sobre el caso y respondió: "Vamos avanzando en el propósito de aclarar lo que sucedió con los jóvenes de Ayotzinapa. Se ha ido avanzando bastante, mucho. Hay como 115 detenidos, 115 detenidos. Y no solo funcionarios menores o personas [con] pocas influencias. No. Está detenido el anterior Procurador de justicia. Están detenidos dos generales. Eso debe saberse, porque no se informa. Y otros importantes funcionarios públicos. No hay impunidad. Y se está actuando. Y no es cierto que Marina y Defensa no estén ayudando".

Ante el cuestionamiento sobre la nula colaboración de las Fuerzas Armadas que, a decir de los padres de los 43, no entregaban la información solicitada, el entonces presidente replicó:

"Sí. Respeto su punto de vista, pero no lo comparto. Porque si se ha avanzado es por la colaboración precisamente de Marina y de Defensa. Y también por la decisión que hemos tomado de que no se permita la impunidad. Que una cosa son las instituciones y otra cosa son los funcionarios o los servidores públicos. Y no por el hecho del mal comportamiento de un funcionario se va a manchar una institución".

El manto protector hacia las Fuerzas Armadas alcanzó un tercer día consecutivo. El 28 de julio, un reportero solicitó a los titulares de la SEDENA Y SEMAR su opinión ante los señalamientos del informe del GIEI, pero López Obrador no les dejó contestar.

"No. Soy el comandante supremo de la fuerza armada además del presidente de México. Por eso quiero contestar yo. Porque no es cierto. Es una campaña en contra del Ejército de México sin fundamento. En general, no tienen razón. Es una campaña para socavar, para debilitar a las fuerzas armadas. Si fuese cierto lo que ellos sostienen, no estarían dos generales en la cárcel por la desaparición de los jóvenes de Ayotzinapa", dijo.

Un año después, el 20 de julio de 2024, López Obrador presentó su informe final sobre el caso Ayotzinapa. La indignación de los padres ya había derivado en una irrupción violenta al Palacio Nacional y protestas en un Zócalo con bardas del tamaño del miedo del "segundo presidente más popular del mundo".

En el documento, el tabasqueño que se asume como investigador, ministerio público, fiscal, juez, jurado y verdugo, sostuvo que como resultado de esa investigación se procesó a 20 militares, entre ellos dos generales, por posible omisión y vínculos con la delincuencia organizada, pero que "hasta ahora no se ha encontrado absolutamente nada sobre la participación directa de integrantes del Ejército en el crimen de Iguala", y advirtió que los señalamientos "sin pruebas" en contra de militares podrían tratarse de "un intento por debilitar a la institución".

Victimizándose, el Ejecutivo federal mexicano advirtió que era el momento de revisar el comportamiento de quienes han conducido las exigencias de "supuesta justicia", sobre todo sus vínculos con el gobierno de Estados Unidos y sus agencias. Se trata de personajes de organizaciones de derechos humanos que defendieron y celebraron la excarcelación de por lo menos 60 personas implicadas en la desaparición de los normalistas, bajo el supuesto de que fueron torturadas.

Aprovechó para lamentar "la campaña en su contra" con la etiqueta #Narcopresidente, y acusar un complot en su contra mediante ataques a las fuerzas armadas.

La respuesta de los padres de los 43 de Ayotzinapa fue contundente, sin matices y absoluta. Para ellos, para la memoria de los desaparecidos, para toda la sociedad mexicana, la carta de López Obrador era una traición por la que su gobierno sería recordado para siempre.

"Tenemos que decirle que lo encontramos muy confuso, repleto de inconsistencias, descalificaciones varias que realiza, no solo para nuestros abogados, sino también hacia defensores de derechos humanos, a periodistas reconocidos de talla internacional, funcionarios de la ONU y de Estados Unidos, a los cuales dice son «culpables» de enredar el caso Ayotzinapa para en cambio lavarle la cara al Ejército y omitir la de otros personajes responsables".

"Usted, señor presidente, nos ha mentido, nos ha engañado y traicionado. Usted nos miró a la cara y empeñó su palabra en campaña donde nos prometió resolvería este crimen de lesa humanidad y así nos daría la tan anhelada verdad y justicia que cualquier ser humano tiene derecho a conocer: el paradero de sus seres queridos desaparecidos. Sencillamente no quiso cumplir. No solo nos falló a nosotros, sino también a todo el pueblo de México, el cual también ingenuamente le creyó en algún momento".

Ni los narcos ni el Ejercito, ¿entonces quién fue?

A diez años de "La Noche de Iguala" solo hay trozos de huesos de tres jóvenes. Es todo lo que hay de manera física de los 43 estudiantes de la Escuela Normal Rural de Ayotzinapa desde que desaparecieron y ni siquiera se sabe con precisión cómo llegaron al punto donde los encontraron debido a que no han aparecido más restos. Pareciera que en realidad se esfumaron.

En sentido estricto, hay cuatro huesos. Dos de Christian Rodríguez, uno data de 2019 y el otro fue hallado en 2020 en una barranca boscosa, en mitad de la nada. Los otros dos pertenecen a Jhosivani Guerrero y Alexander Mora. En ninguno de los casos se sabe con precisión cómo llegaron a esos lugares. Algunos estudiosos del caso aseguran que fueron sembrados para justificar la "verdad histórica" y otros más consideran que simplemente fue todo lo que se pudo recuperar.

El del primero apareció en la misma barranca que los de Rodríguez, con meses de diferencia. El del segundo en un río, apenas unas semanas después del ataque contra los estudiantes. Esa es toda la certeza que tenemos, eso y la cercanía entre el crimen organizado y diferentes esferas del Estado.

A diez años la pregunta sigue siendo pertinente pero luego de los errores del sexenio de Peña Nieto y la manipulación de la administración lopezobradorista, la verdad se difumina.

Se saben muchas cosas. Que los jóvenes llegaron al municipio de Iguala, en el estado de Guerrero, la tarde del 26 de septiembre de 2014, con la intención de secuestrar autobuses en la terminal local. Los estudiantes de Ayotzinapa y del resto de las 15 normales rurales del país suelen tomar vehículos para sus viajes. A veces los devuelven. A veces no. En esa ocasión, los usarían para trasladarse a la Ciudad de México, a conmemorar la matanza de Tlatelolco. Pero aquella tarde, cuando decenas de ellos salieron con cinco autobuses de la terminal de Iguala, policías locales y criminales los atacaron a balazos.

Apoyado en la acción u omisión de las autoridades, el grupo de narcotraficantes de la zona, "Guerreros Unidos" (el cual repartía cantidades millonarias en sobornos a las autoridades locales) que manejaba un importante negocio de producción y venta de heroína desde Iguala, los cazó.

Las investigaciones asumen que los criminales los mataron, que lo hicieron en diferentes lugares, que sus restos acabaron quemados, reducidos a pequeños fragmentos de hueso, o deshechos en ácido. Que los asesinos repartieron lo que sobró en diferentes lugares, minas abandonadas, barrancas, pozos. Sin embargo, no existen evidencias sobre quiénes, dentro de la red de complicidades entre autoridades de todos los niveles, fuerzas de seguridad (el Ejército incluido) y grupos criminales, fueron responsables de asesinar y desaparecer los restos de los jóvenes.

Las dudas dominan también el motivo de la ferocidad para implementar el ataque y destrucción sistemática de los jóvenes estudiantes. ¿Fue por un envío de heroína escondido en uno de los autobuses que los estudiantes trataban de secuestrar, en un transporte que empleaba "Guerreros Unidos"? ¿O acaso los confundieron con un grupo enemigo? ¿Llegó en verdad una banda criminal contraria a Iguala esa tarde? ¿Fue una mezcla de todo? En México, donde la tasa de delitos no castigados supera el 90%, Ayotzinapa, pese a su notoriedad ganada a punta de marchas y protestas, no es una excepción.

Tras una década de estar en el centro de la opinión pública es notable la manipulación sobre la llamada "verdad histórica", armada a toda prisa para evitarle mayor desgaste al gobierno peñista y que descansa en el aparente hecho de la incineración de los restos en el basurero de Cocula y su depósito en el río San Juan. No se descarta que ambos sitios hayan jugado un papel, pero no el principal. Hubo otros lugares y los muchachos fueron separados en grupos antes de desaparecer para siempre. Jesús Murillo Karam fue enviado a la cárcel y solo salió por su mal estado de salud. La Fiscalía le acusa de desaparición forzada y delincuencia organizada. Respecto a Tomás Zerón pesan las mismas acusaciones, pero el exfuncionario huyó hace años de México y se refugia en Israel.

Y si no fue en el basurero, o no solo en el basurero, entonces, ¿dónde?

¿Qué ocurrió entre las 22:30 del 26 de septiembre de 2014, momento de las primeras desapariciones, y la mañana siguiente? La información recopilada hasta ahora permite esbozar algunos movimientos, pero ya en la madrugada, el dibujo se rompe y solo quedan conjeturas.

Hay pequeñas ventanas que se abren y lanzan un poco de aire fresco a una investigación viciada.

Documentos de espionaje del Ejército, que monitoreaba en tiempo real las comunicaciones de los "Guerreros Unidos", muestran un intercambio de mensajes en esas horas cruciales entre un jefe policial local y el líder del grupo criminal en Cocula, Gildardo López Astudillo, alias "El Gil". El policía, que nunca ha quedado claro si pertenece a la policía de Iguala o de Cocula, le dice a "El Gil" que tiene a 17 de los 43, "en una cueva". Le pregunta qué hace con ellos. Como el otro no le responde, al final el policía le dice que ya todos los "paquetes" se entregaron.

Muchos de los testimonios obtenidos de integrantes de Guerreros Unidos, antiguos y recientes, dirigen la acción a una colonia del suroeste de Iguala, Loma de Coyotes, en la ruta a Cocula. Ahí habría ocurrido la entrega de los estudiantes a los criminales. Pero hay dudas. "El Gil", detenido en 2015 y liberado después, por la tortura a la que supuestamente fue sometido, se convirtió en testigo protegido de la fiscalía en 2019. Él señala que las autoridades (incluidos policías locales, estatales y militares) entregaron a una parte de los muchachos en una colonia algo más al este de Loma de Coyotes. Y que entregaron a otro grupo en una colonia cerca de otro punto mencionado en varias declaraciones, la colonia Pueblo Viejo, al norte de Loma de Coyotes.

Las declaraciones del "Gil" son interesantes y reveladoras, pero inconsistentes, porque han cambiado con el tiempo y se han ajustado a su condición judicial de indiciado a testigo protegido. Sus declaraciones también involucran a otros narcos y sicarios, algunos de ellos muertos, que al ser confrontados por las autoridades (cuando era posible) brindan opiniones completamente opuestas.

En su último informe, publicado en 2022, la comisión presidencial que investigó el caso Ayotzinapa señaló hasta nueve posibles ubicaciones donde los criminales podrían haber llevado a los estudiantes. Es un cálculo conservador, que la misma comisión enmienda, añadiendo el nombre de casi todos los municipios vecinos de Iguala. La muerte en estos años —por diferentes motivos— de más de dos docenas de presuntos implicados, dificulta llegar a conclusiones definitivas.

10 años con la misma "verdad"

Era el 25 de mayo de 2018 en la plaza central de Iguala, Guerrero. Andrés Manuel López Obrador, en ese momento candidato de Morena a la Presidencia, estaba (como desde el año 2000) en campaña. Sus actos proselitistas incluyeron a algunos de los familiares de los 43 estudiantes desaparecidos.

"Aquí quiero dejar muy claro que tan luego triunfe nuestro movimiento ¡va a haber justicia para los jóvenes de Ayotzinapa!"—prometió—"¡Nada de sospecha! ¡Justicia! ¡Iguala va a ser el ejemplo de cómo se hace justicia en un gobierno democrático!"

Su proverbial oportunismo político lo empujó a utilizar los carteles con las fotografías de los jóvenes desparecidos como escenografía de su propio templete. Utilizó el dolor y la desesperación de 43 familias para conseguir votos y llegar a la anhelada silla presidencial.

Seis años más tarde, al término de su sexenio e iniciado su "año siete", no hubo manera de ocultar uno de los fracasos más sonoros y dolorosos de su administración.

Antes que desenmarañar la verdad, que quizá habría dejado mal parados a sus recientes —y poderosos— aliados, López Obrador prefirió atacar a los familiares de los 43 estudiantes y confrontarse con ellos. También se lanzó contra organizaciones, abogados, medios de comunicación; volvió a otro de sus clásicos, que tanto éxito le dio, la teoría del "complot".

En su segunda *mañanera del pueblo,* el 3 de octubre de 2024, Sheinbaum dijo que se reuniría con los padres de los jóvenes desaparecidos para iniciar un nuevo ciclo de investigaciones.

Ahora no hubo compromiso de solución. Tal vez la presidenta sabe que es prácticamente imposible saber qué ocurrió la noche del 26 de septiembre de 2014 sin incomodar al Ejército y sacudir el avispero.

Sheinbaum apenas se asentaba en el cargo, y se le apilaban las cuentas heredadas por su antecesor. Como en muchos otros terrenos, en el caso Ayotzinapa, AMLO dejó más problemas de los que resolvió.

La impunidad rampante ha sido una marca indeleble en la historia del México postrevolucionario. Para tragedia de nuestro país, todo indica que los 43 de Ayotzinapa se unirán a las víctimas de Gonzalo N. Santos, a los muertos en el ataque al cuartel Madera, los ejecutados en Aguas Blancas y las víctimas de Acteal, así como a miles de mexicanos que fueron asesinados en un país donde las autoridades solo usan la palabra "justicia" para ganar votos. Ese arte, por cierto, también lo perfeccionó López Obrador.

17. 2018 VS 2024:
LAS PALABRAS COMO BUMERÁN

"El ser humano está dotado de libre albedrío,
y puede elegir entre el bien y el mal.
Si solo puede actuar bien o solo puede actuar mal,
no será más que una naranja mecánica,
lo que quiere decir que en apariencia
será un hermoso organismo con color y zumo,
pero de hecho no será más que un juguete mecánico
al que el Todopoderoso Estado, le dará cuerda".
Anthony Burgess, escritor británico

El último informe de gobierno: un mundo de caramelo
El presidente López Obrador comenzó a "despedirse" con su último informe de gobierno el 1 de septiembre del 2024 en el Zócalo capitalino. Faltaban 29 días para el fin de su sexenio. Se aproximaba lo más complejo para él: el "año siete", ese en el que los mantras repetidos una y otra vez, ya no son suficientes, porque no es lo mismo estar en el ejercicio del poder, que haberlo entregado; ni ser presidente, que expresidente.

"Llamo a todos los mexicanos a la reconciliación y a poner por encima de los intereses personales el interés general", dijo en el Zócalo de la Ciudad de México la noche de su arrollador triunfo presidencial, el domingo 1 de julio de 2018. Seis años y dos meses más tarde, en su último discurso como presidente, en la misma plaza pública, López Obrador dijo muchas cosas, pero es indudable que no abonó a la reconciliación de los mexicanos —en todo caso, en no pocos terrenos, se profundizó la división— ni tampoco antepuso el interés general al personal. Su gobierno se trató de él y su popularidad, de su legado.

Él lo controló todo, de principio a fin.

El último mitin de quien durante décadas tomó ese sitio más que nadie fue el inicio del adiós.

Repitió las frases hechas, los clásicos que los suyos aplauden. Enlistó lo que consideró logros de su gobierno, aunque mucho de lo enunciado son medias verdades o mentiras completas.

El país que dejó no es el que su fantasía vendió. Sus otros datos no pueden esconder lo que heredó. México es el país de los 200 mil asesinados y las más de 100 mil personas desaparecidas. Es uno donde millones de niños no tienen vacunas y cientos de miles de mexicanos murieron por la negligente gestión de la pandemia.

No es el que tiene el mejor sistema de salud pública del mundo. Es un país donde los aplaudidores son apapachados por el poder y los críticos son atacados para silenciarlos. Un México donde las Fuerzas Armadas son más poderosas que nunca, participan en todos los proyectos estratégicos y el principal cuerpo de seguridad civil, la Guardia Nacional, se ha convertido en uno militar.

Uno donde las heridas abiertas no cerraron y las promesas no se cumplieron (como ya vimos), Ayotzinapa sigue como asignatura pendiente 10 años después de la desaparición de los 43. No somos una nación con fiscalías más fuertes, ni con ministerios públicos más eficaces, tampoco una donde las policías de investigación se profesionalizaron.

No se acabó con la corrupción ni se terminaron los negocios al amparo del poder. SEGALMEX y los incontables señalamientos hacia los hijos del presidente opacan al discurso triunfalista que Palacio Nacional se empeñó en vender.

López Obrador le dejó a Claudia Sheinbaum peligrosos regalos de bienvenida. La incertidumbre económica, la desconfianza de inversionistas y empresas (nacionales y extranjeros), la volatilidad del peso, la fragilidad del estado de derecho y la desconfianza de nuestros principales socios comerciales, son solo botones de muestra que ya hemos abordado.

La extinción de órganos autónomos amenaza la revisión del T-MEC, que llama a la puerta, y la andanada contra el Poder Judicial, disfrazada de reforma constitucional, enciende los focos rojos entre los capitales que generan empleo, crecimiento y prosperidad, y piden reglas claras, un marco jurídico sólido e instituciones fuertes, para invertir.

López Obrador iniciaba su larga despedida. Pero su herencia era un camino repleto de obstáculos para su sucesora, un territorio minado con muchos y muy diversos riesgos.

Con su "último Zócalo" dedicado a quién más sino a él, a elogiarse y celebrarse, cerraba un capítulo de su vida pública. López Obrador, que consideraba *suyo* ese territorio, siempre menospreció las marchas y manifestaciones que no fueran encabezadas por él y su movimiento, como si su presencia y *autoridad moral*, las legitimara. Podrán llenar el "Zócalo", pensará, pero "no cuenta" porque son "conservadores", "neoliberales" o "fifís".

Así que ese, su último discurso en el Zócalo antes de irse, sería inolvidable y estaría teñido de la grandeza de las gestas heroicas que López Obrador se empeñaba en imitar y de las cuales se sentía heredero y sucesor plenipotenciario. Él era el último de los *grandes mexicanos*, aquellos de los que hablarían los *libros de Historia*.

Daban ganas de vivir en el país que dibujó con su último discurso. Con que la mitad de lo que afirmó fuera verdad, México sería un lugar mejor que el que recibió. Pero no es así. Las medias verdades y mentiras completas son evidentes. Pero para AMLO la verdad ya no era relevante. Quizá nunca lo fue. Le importaba que le creyeran. Y un hombre que era aprobado por una amplia mayoría de los mexicanos (68%, *El Financiero*; 63%, Mitofsky; 77%, Enkoll; 73%, Buendía y Márquez; 73% Demotecnia), podía darse el lujo de mentir sin ruborizarse.

Parecía secundario, casi anecdótico, que haya heredado un desastre en muchos frentes, dejado a su sucesora un terreno minado, y a los mexicanos un costal de malos resultados.

Entre miles de acarreados, pero no pocos auténticos fieles, concluyó el último Zócalo de López Obrador, a un costo de 13 millones 245 mil 668 pesos, según información proporcionada por la Presidencia.

Un gasto mayor, por cierto, al costo de espectáculos masivos presentados en la Plaza de la Constitución. La española Rosalía, implicó un gasto de 6 millones 75 mil 460 pesos por parte del Gobierno de la Ciudad de México, mientras Los Fabulosos Cadillacs, alcanzaron los 4 millones 399 mil 200 pesos.

¿Nos salió muy caro a todos los mexicanos el show de Andrés Manuel López Obrador?

Que cada quién lo decida.

El peso —o vacío— de las palabras

Al final de sus respectivas administraciones, muchos presidentes mexicanos han tenido que tragarse sus propias palabras; no solo aquellas pronunciadas al inicio de sus respectivos mandatos sino también las nacidas en momentos de crisis o crispación. Otros, no tuvieron tiempo de hacerlo y es la historia la que las recuerda para evitar que caigan en el olvido.

Las palabras…

Winston Churchill las utilizó para movilizar a la lengua inglesa y enviarla a la batalla en la Segunda Guerra Mundial para derrotar al fascismo. Hitler para encender a la nación más culta de Europa y lanzarla al abismo mientras Stalin quiso incluso dominarlas para crear su propia "verdad".

Las palabras pueden crear. De hecho, la Torá hebrea reconoce que el solo hecho de articular una palabra conjura la creación de aquello que se menciona, de ahí su poder. Dios creo al universo solo con mencionarlo.

Pero también las palabras pueden destruir y volver como un bumerán a castigar la ligereza, la perversidad o la mentira detrás de ellas. Así regresaron a no pocos políticos mexicanos y lo continuarán haciendo. Las palabras siempre encontrarán forma de volver.

López Obrador utilizó más palabras en su administración que ningún otro presidente. Así que el ejercicio de poner frente al espejo al hombre del triunfo de 2018 y al presidente en el ocaso del sexenio en 2024 podría resultar ilustrativo y darnos una imagen de aquello que llaman "el desgaste del poder" o, parafraseando a José Emilio Pacheco: "En el gobierno nos convertimos en aquello que odiamos como oposición".

Este es López Obrador frente al espejo. El candidato que llegó, y el presidente que se fue:

"Llamo a todos los mexicanos a la reconciliación y a poner por encima de los intereses personales, por legítimos que sean, el interés general. Como afirmó Vicente Guerrero: «La Patria es primero»".
2 de julio 2018

"La mayoría de los dirigentes son puros mapaches electorales, nada más viéndolos, ya la gente sabe de qué se trata. La mayoría han participado en los gobiernos anteriores han sido como dije defensores de los fraudes electorales, han formado parte de la corrupción en México, han pertenecido al narco estado que, como quedó claro en lo de García Luna, se impuso durante dos sexenios, el de Vicente Fox y el de Felipe Calderón".
27 de febrero 2023

"El nuevo proyecto de nación buscará establecer una auténtica democracia. No apostamos a construir una dictadura abierta ni encubierta".
2 de julio 2018

"Sí, pero es la voluntad del pueblo. El pueblo decidió, esto es lo que decidió el pueblo".
21 de agosto 2024 (acerca de la sobrerrepresentación de Morena en el Congreso)

"Los cambios serán profundos, pero se darán con apego al orden legal establecido".
2 de julio 2018

"Por encima de ley está la autoridad moral del presidente".
23 de febrero 2024

"Habrá libertad de expresión, de asociación y de creencias; se garantizarán todas las libertades individuales y sociales, así como los derechos ciudadanos y políticos consagrados en nuestra constitución".
2 de julio 2018

"Son muy pocos los periodistas, hombres y mujeres, que cumplen con su labor de informar al pueblo. Son golpeadores, mercenarios, sin principios".
2 de febrero de 2022

"Bajo ninguna circunstancia, el próximo Presidente de la República permitirá la corrupción ni la impunidad. Sobre aviso no hay engaño: sea quien sea, será castigado. Incluyo a compañeros de lucha, funcionarios, amigos y familiares. Un buen juez por la casa empieza".
2 de julio 2018

"Es un programa mucho muy bueno, entonces quien es nombrado para ocuparse de este sistema (SEGALMEX), Ignacio Ovalle, se confía comete el error de llamar a participar a gente con malos antecedentes, a corruptos y lo engañan y empiezan a hacer compras con empresarios corruptos pagando sobreprecios".

29 de junio 2023 (sobre el megafraude de SEGAL-MEX)

"Va a bajar la gasolina. Ese es mi compromiso. Ténganme paciencia".

1 de diciembre de 2018

"Yo hice el compromiso de que no iba a aumentar (la gasolina), no hice el compromiso de bajarla".

23 de marzo 2020

"El propósito es fortalecer el mercado interno, tratar de producir en el país lo que consumimos y que el mexicano pueda trabajar y ser feliz donde nació, donde están sus familiares, sus costumbres, sus culturas; quien desee emigrar, que lo haga por gusto y no por necesidad".

2 de julio 2018

"Son la representación de nuestro país, de la grandeza de México, de cómo en circunstancias difíciles decidieron salir del país a buscarse la vida, arriesgándolo todo y cómo con sus convicciones, su vocación de trabajo, su deseo de salir adelante y de hacerlo de manera honrada, han logrado contribuir mucho a la nación que les dio la oportunidad, Estados Unidos".

15 de agosto 2024 (sobre los migrantes)

"El Estado dejará de ser un comité al servicio de una minoría y representará a todos los mexicanos: a ricos y pobres; a pobladores del campo y de la ciudad; a migrantes, a creyentes y no creyentes, a seres humanos de todas las corrientes de pensamiento y de todas las preferencias sexuales".

2 de julio 2018

"En la Ciudad de México se ha combatido mucho la pobreza, pero hay sectores, no se trata de toda la clase media, pero hay sectores de la clase media que son muy conservadores y aspiracionistas. Y también aquí, pues es la sede de los fifís".

9 de mayo 2024

"Escucharemos a todos, atenderemos a todos, respetaremos a todos, pero daremos preferencia a los más humildes y olvidados. Por el bien de todos, primero los pobres".

2 de julio 2018

"No puedo exponerme, no es Andrés Manuel (…) soy el Presidente de México, tengo que cuidar la investidura presidencial. No soy Andrés Manuel, soy el presidente y no puedo permitir que nadie me ningunee. O sea, prestarme, caer en una provocación, que eso es lo que quieren".

14 de noviembre 2023 (al justificar su ausencia con los damnificados de Acapulco por el Huracán "Otis")

"Cambiará la estrategia fallida de combate a la inseguridad y a la violencia. Más que el uso de la fuerza, atenderemos las causas que originan la inseguridad y la violencia. Estoy convencido de que la forma más eficaz y más humana de enfrentar estos males exige, necesariamente, del combate a la desigualdad y a la pobreza. La paz y la tranquilidad son frutos de la justicia".

2 de julio 2018

"No hay más violencia, hay más homicidios".

10 de mayo 2024

"Seremos amigos de todos los pueblos y gobiernos del mundo. En política exterior, se volverán a aplicar los principios de no intervención, de autodeterminación de los pueblos y de solución pacífica a las controversias. Y como decía el presidente Juárez: "Nada por la fuerza, todo por la razón y el Derecho".

2 de julio 2018

"Iba la candidata de la fuerza progresista como 10 puntos arriba (…). Entonces, un candidato que habla mal de la candidata que va arriba, de repente es asesinado, y la candidata que iba arriba se cae y el candidato que iba segundo sube".

4 de abril 2024 (Interviniendo en asuntos internos de Ecuador)

"Es una usurpadora".

16 de mayo 2023 (Insultando a la presidenta de Perú, Dina Boluarte)

"La ONU necesita una sacudida, es un florero, una vitrina… unos cuantos minutos de fama para los gobiernos del mundo".

22 de septiembre 2023 (Insultando a la ONU por no adoptar su plan para "combatir la pobreza mundial")

"¿Dónde están los videos? Es una vergüenza, no cabe duda de que este tipo de periodismo está en franca decadencia, es un pasquín inmundo el *New York Times*… falsarios… calumniadores profesionales de fama mundial".

22 de febrero 2024

"El rey del España recibe a todos los que van a quejarse (…) no hay buena relación con el rey de España".

22 de marzo 2024

"Fue ejemplar la pluralidad y el profesionalismo de la prensa, la radio y la televisión. Los medios de información no fueron, como

en otras ocasiones, correas de transmisión para la guerra sucia. También mi gratitud a las benditas redes sociales".
2 de julio 2018

"Luego de esto vino la tendencia en redes, ¿cómo le dicen? Hashtag, Narcopresidente, tuvo 170 millones de vistas(…) ¿Quién tiene un aparato de bots, de robots?"
9 de febrero 2024

"Vamos a conocer realmente qué sucedió, que se sepa dónde están los jóvenes y se castigue a los responsables".
27 de septiembre 2018

"Se quiere acusar al Ejército sin fundamento de los hechos de septiembre de 2014 en Iguala".
20 de julio 2024 (sobre el caso Ayotzinapa)

"En el nuevo gobierno, el presidente de la República no tendrá palomas mensajeras ni halcones amenazantes; ninguna autoridad encargada de impartir justicia será objeto de presiones ni de peticiones ilegítimas cuando esté trabajando en el análisis, elaboración o ejecución de sus dictámenes y habrá absoluto respeto por sus veredictos".
8 de agosto 2018

"El Poder Judicial está tomado por la delincuencia organizada y de cuello blanco".
18 de mayo 2023

"El Ejecutivo no será más el poder de los poderes ni buscará someter a los otros. Cada quien actuará en el ámbito de su competencia y la suma de los trabajos respetuosos e independientes fortalecerá a la República".
8 de agosto 2018

"El Poder Judicial está podrido, lleno de corrupción y sin principios".

31 de enero 2024

"Digan lo que digan, lo que están defendiendo es un régimen corrupto (…) urge la reforma al Poder Judicial. El Poder Judicial está al servicio de los potentados, al servicio de la delincuencia de cuello blanco".

10 de septiembre 2024

El poeta británico Alexander Pope escribió en pleno siglo XVIII: "Las palabras son como las hojas; cuando abundan, poco fruto hay entre ellas".

No hay más que decir.

18. SE VA, SE VA, ¿SE FUE?

"Quedamos pocos. Viejo como estoy, hago por vomitar.
Ni la vejez puede con la política. Solo la muerte la vence".
Adolfo Ruiz Cortines, expresidente de México, 1973

Lágrimas, música y rifas
Sólo la muerte puede vencer a la política y el 3 de diciembre de 1973 derrotó a un político mexicano que prácticamente permanece en el olvido, sumido en una profunda depresión falleció el expresidente Adolfo Ruiz Cortines en su amado puerto de Veracruz, a la edad de 84 años a causa de una insuficiencia cardíaca provocada por una arterioesclerosis generalizada. Como herencia todo lo que dejó fue un fideicomiso para jóvenes veracruzanos, 700 libros, un viejo ropero y un ambiente de humildad.

El 19 de octubre de 1970 murió el general Lázaro Cárdenas, a 25 años exactos de la de muerte su mentor, el creador del sistema político mexicano: Plutarco Elías Calles. Manuel Ávila Camacho "El presidente caballero" se había encontrado con la muerte en la tranquilidad y el silencio antes, en 1955. Y Adolfo López Mateos murió de manera terrible, víctima de 6 aneurismas cerebrales en septiembre de 1969.

Miguel Alemán Valdés, "el cachorro de la revolución", falleció víctima de un infarto en su residencia en mayo de 1983; perseguido por las sombras, no solo las derivadas de sus propias acciones sino por una ceguera irreversible. Gustavo Díaz Ordaz murió el 15 de julio de 1979 debido a complicaciones hepáticas.

Su sucesor y tal vez la encarnación de uno de los mayores errores de cálculo de la historia política mexicana, Luis Echeverría, sobreviviría a toda una forma de hacer política y entender el mundo y moriría casi centenario en Cuernavaca, Morelos en 2022. Su buen amigo, José López Portillo, se le habría adelantado casi 20 años en el camino, víctima de una complicación cardiaca generada por una neumonía en febrero de 2004.

Miguel de la Madrid, pasó a mejor vida víctima de un enfisema pulmonar en abril de 2012 en la Ciudad de México.

Todos ellos podrían suscribir las palabras que Ruiz Cortines confió a Julio Scherer García en su entrevista de 1973 poco antes de morir, solo la muerte vence a la política.

Todos ellos, también, vivieron su eclipse con la disciplina que marcaba su tiempo político, luego de la elección y tras su último informe de gobierno iniciaba su lento declive en el que ya no definían la agenda, entregaban la estafeta por adelantado al equipo entrante (si había suerte, podían recomendar a alguno de los *suyos* para el gabinete) y sus operadores políticos daban paso a los del presidente electo.

El presidente saliente se iba apagando hasta extinguirse completamente el 1 de diciembre, fecha formal del traspaso de poder y del inicio de un nuevo ciclo político.

El último tramo solía transcurrir en calma, sin sobresaltos. Casi ningún mandatario deseaba heredar un incendio en la pradera ni complicar el margen a su sucesor. Más que por convicción, era un asunto de elemental cortesía política.

Con López Obrador no ocurrió así. No solo heredó una parcela en llamas. Él provocó el incendio.

De hecho, su sexenio concluyó atribulado. Abriendo frentes y generando incertidumbre, marcadamente con su andanada contra el Poder Judicial que despertó nerviosismo y espantó capitales, además de vulnerar el estado de derecho y la certeza jurídica, pero también con un retrato suyo de cuerpo entero; una estampa para la posteridad, para la historia, esa que tanto le importa. Cerró su gobierno entre muros y vallas.

Así quedó para el registro, a cinco días del fin del sexenio, se atrincheró. Desde mucho antes había tomado la decisión de no escuchar a quienes no lo apoyaban a ciegas, desoír la crítica y tachar de adversarios a quienes pensaban distinto. Pero la estampa del fin de sexenio la regaló él, Palacio Nacional amurallado, y él en su interior. Un Zócalo cercado con vallas de metal y diques de concreto para impedir el paso de personas y vehículos en el marco de un tema que López Obrador abanderó como pocos y en el que incumplió su promesa de "justicia y verdad", Ayotzinapa.

AMLO terminó haciendo lo que tanto criticó, esquivó los reclamos y se refugió detrás de cercas y muros. El presidente que aseguró un sinfín de ocasiones "a mí me cuida el pueblo", terminó atrincherándose, lejos e impávido a la crítica.

El retrato del adiós se acompañaba del repudio de quienes le confiaron la esperanza de un destino diferente en una de las páginas más dolorosas en la historia reciente del país.

Un cerco tras otro, y una valla que sigue a otra para no escuchar, quedaron como descripción del alejamiento de López Obrador. Fueron una fotografía de la transformación, sí, pero del político cercano a las causas sociales al presidente alejado de ellas; del opositor combativo, al mandatario insensible.

Llegó así, aislado en *su* Palacio, sitiado en el sitio histórico que convirtió en su residencia, el fin de su gobierno. Afuera, los reclamos. Adentro, las alabanzas.

En *su* salón Tesorería, sede oficial de sus conferencias, cómodo, cobijado por el apapacho de los *suyos*, algunos de ellos ataviados de "periodistas independientes" pero convertidos en aplaudidores dependientes del régimen, disfrutó del cierre.

El 30 de septiembre de 2024, a unas horas de dejar la Presidencia, al escuchar en la *mañanera* una canción compuesta en su honor, derramó las lágrimas que no vertió por las decenas de fallecidos en la tragedia de Tlahuelilpan, por los muertos de la Línea 12, por los más de 200 mil asesinados en el sexenio o las 800 mil víctimas mortales del COVID. Lloró oyendo una canción que (¡faltaba más!) hacía un recuento de sus 18 años buscando la silla presidencial. Lo hacía en el tono que más le gustaba, cercano a la epopeya heroica.

Jesús Ramírez Cuevas, productor del *show* matutino, y quien a lo largo del sexenio fungió también como vocero de la Presidencia, tomó el micrófono para dar a conocer a los presentes que, además de los festejos ya planeados para la última conferencia, se presentaría una sorpresa para AMLO.

"Esta mañanera va a terminar con una sorpresa para el presidente de la República, una canción que él no conoce, interpretada por varios compañeros y al final tendremos al grupo veracruzano Mono Blanco para tocar algunas piezas dedicadas al presidente que hoy termina este ejercicio de gobierno", dijo.

La canción en la cual participaron Eugenia León, Mónica Meza, Alfredo Calderón, Byron Barranco y la esposa del presidente, la escritora Beatriz Gutiérrez Müller, dice a la letra:

Quisieron los mafiosos desaforarlo,
y el pueblo hizo cuanto pudo para salvarlo,
Dos veces le robaron la Presidencia,
pero valió la pena la persistencia,
La tercera elección fue una revolución
y con 30 millones de votos Andrés Manuel ganó.
Que pronto se pasaron estos seis años,
cuanto dolor sanamos y cuanto daño,
y nos heredas un México sonriente.

Dignidad para todos fue tu consigna
y hoy vamos construyendo una vida digna,
Transformaste las rutas neoliberales
en hermosos caminos artesanales,
La pobreza cedió, la violencia bajó,
y en todas las conciencias se vive una revolución.
No vamos a olvidarte nunca en la vida,
porque solo el ingrato es el que olvida,
Si a tu ventana llega una paloma,
es el amor del pueblo que te ovaciona,
Se junta la tristeza con la esperanza
porque la vida sigue y México avanza,
El cambio que iniciaste tiene futuro
y en las manos de Claudia queda seguro
Hoy nos dejas Andrés, nos duele el corazón,
pero tu ejemplo queda y se extiende por toda la nación.
Vuela paloma, de la memoria
que con Andrés hemos hecho historia,
y así coreamos con emoción,
esta consigna de ayer y hoy:
"Es un orgullo y es un honor
haber luchado con Obrador".

La escena fue tan dantesca como ilustrativa. Mientras el tema sonaba, algunos de los presentes, poco más de 200 *fans* —algunos de ellos disfrazados de "periodistas"— comenzaron a derramar lágrimas. La producción de Ramírez Cuevas hacía lo suyo. En las pantallas del salón Tesorería se mostraban imágenes de la toma de protesta, algunos de sus recorridos y en especial fotos del pasado desde su época como estudiante hasta su ascenso como dirigente político.

Ese fue el clímax. La celebración del último día en el cargo de López Obrador tuvo otros ingredientes, como la animación en 3D que abrió esa *mañanera*, donde se podía observar al personaje de caricatura "Amlito" en los momentos más emblemáticos de la trayectoria política de López Obrador: la marcha del llamado "Éxodo por la democracia" que inició en Tabasco y culminó en la Ciudad de México en los noventas, los mítines realizados contra el desafuero… ahí estuvieron esa mañana, también, algunos integrantes de su gabinete, como Luisa María Alcalde, el general Luis Crescencio Sandoval, Alicia Bárcena, Alejandra Frausto, entre otros.

Como último acto de gobierno, López Obrador promulgó dos reformas constitucionales: la muy polémica sobre la militarización de la Guardia Nacional y otra sobre los derechos de los pueblos indígenas.

"Yo quiero, para terminar, firmar aquí frente a ustedes las publicaciones de dos reformas constitucionales, de las 20 iniciativas de reformas que envíe al Congreso", dijo.

Y volvió al lugar en el que se estacionó el último tramo del sexenio. Un adiós que a algunos no terminaba de convencer.

"Me voy muy contento también porque voy a entregar mañana la banda presidencial a una mujer excepcional, a una humanista, a una mujer llena de amor, de humildad, buenos sentimientos. Es difícil que se encuentre en la historia una transición como la que se está viviendo".

Pese a que López Obrador había adelantado un día antes que su última *mañanera* estaría exclusivamente dedicada al "fiestón y el bailongo" decidió hacer un recuento, uno más, sobre sus logros, repitiendo lo que se había convertido ya en mantra.

Luego vino la rifa del reloj. Pero conviene hacer historia.

Amado Avendaño, férreo crítico de la administración lopezobradorista e impulsor de la "marea rosa", publicó en redes sociales, en el septiembre anterior, que a lo largo de su sexenio López Obrador había utilizado, de manera cotidiana mientras pregonaba la austeridad republicana, un reloj de alta gama con un costo aproximado de 117 mil pesos de la marca *IWC Schaffhausen* reconocida por producir accesorios de lujo.

AMLO hizo lo de siempre: atacar a quien hacía el señalamiento. Para desviar la atención, golpeó a quien realizó la revelación.

"Lo que me llamó mucho la atención es que, el que saca esto, es hijo del finado Amado Avendaño y de Conchita que eran zapatistas y él terminó siendo un defensor del bloque conservador. Una pena, porque él es el que pone el texto, del zapatismo al conservadurismo. Me puse a ver y es de los más tenaces opositores a la transformación, de la marea rosa".

Luego quiso salir del apuro anunciando que rifaría el reloj, aunque el subconsciente le jugó una mala pasada.

"Ya tomé una decisión para ustedes, porque tengo otro no tan bueno como este, pero lo vamos a rifar aquí entre ustedes, el último día, si me lo aceptan. Todos los que han venido, que agarren su número... nada más los que han estado desde el principio en la mañanera, desmañanados y se lo entrego aquí".

Así que no quedó claro qué reloj rifaría: el de alta gama u otro "no tan bueno como este".

El vocero presidencial, convertido en maestro de ceremonias, realizó la rifa del reloj e indicó que, de los más de 200 asistentes de la prensa, únicamente participarían 86 entre camarógrafos, fotógrafos y reporteros, debido a que fueron los que estuvieron en las *mañaneras* del presidente de manera constante.

Tras esto, una "periodista" pasó al frente y sacó un papel con el nombre del ganador. El afortunado en llevarse el reloj fue Julio Omar Gómez del medio "Sin punto ni comas" de Baja California, publicación y canal de internet de filiación obradorista cuya nota principal, para ilustrar, del martes 19 de noviembre de 2024 rezaba: "Claudia Sheinbaum, Líder Mundial". Y presentaba entre sus artículos principales: "Denver, Colorado, territorio de la 4T", "Loret De Mola está acabado" y "Las locuras de Lilly Téllez".

El "periodista" pasó al frente, abrazó al mandatario, y recibió el famoso reloj, para posteriormente regresar a su lugar.

Posteriormente, AMLO hizo una pausa para revelar que ese día había iniciado el censo de vivienda en Acapulco, Guerrero, para apoyar a las y los damnificados por el impacto del huracán John.

"Estamos atendiendo a damnificados de Acapulco, está la Secretaría de la Defensa Nacional, Marina, Guardia Nacional, Protección Civil, Secretaría del Bienestar, ya está bajando el agua, mejor dicho, ya bajó el agua en colonias inundadas, estamos entregando comida caliente, estamos distribuyendo despensas, hay servicio médico, ya comenzó el censo para entregar en 15 mil viviendas, que fueron las afectadas…".

Finalmente llegó la canción y con ella las lágrimas.

Así, Andrés Manuel López Obrador, el hombre que se había empeñado en conquistar con mano de hierro el poder absoluto en México por encima de los demás poderes de la Unión, destruyendo su andamiaje institucional, virando hacia un régimen con tintes autoritarios; el político que no se había cansado de mentir, atacar a sus adversarios y encubrir a los *suyos*, que había manifestado su desdén hacia quienes lo criticaban, su resentimiento a quienes lo habían enfrentado, y su desmemoria hacia quienes le tendieron una mano en sus momentos más adversos; la más acabada encarnación del poder monolítico priista, se despedía bajo el reflector de su *show* matutino.

Al terminar la melodía, AMLO recibió ovaciones y aplausos por parte de su fanaticada ahí reunida. Ya sin guardar las apariencias, los "periodistas independientes" que durante seis años fueron aplaudidores de primera fila, sembraron preguntas y dirigieron ataques bajo pedido, le solicitaron se tomara una foto con ellos.

Ahí mismo, en el salón Tesorería, los contados periodistas que jamás cedieron al capricho del poderoso atestiguaban el momento. Mientras se desarrollaba la escena, alguien recordó la frase del premio Nobel de Literatura, Albert Camus: "La prensa libre puede ser buena o mala, pero una prensa aliada al poder renunció a su libertad y siempre será mala".

Con la elegancia de un soberano que otorga una gracia a sus súbditos, López Obrador accedió a la foto, pero pidió a los presentes que no se movieran del lugar; él se colocó al centro del salón.

Acto seguido, la agrupación veracruzana Mono Blanco rindió un breve concierto de huapango para despedir a quien vivía el ocaso de su sexenio. Después, felices, satisfechos de su cercanía con el poder, los "periodistas independientes" acompañados por los funcionarios salieron al patio de Palacio Nacional y comenzó la tamaliza.

López Obrador los acompañó un rato y luego desapareció. Así culminó la última *mañanera* y así se despidió de *su* prensa.

Terminaba un ciclo de comunicación que, lejos de representar un ejercicio de transparencia y rendición de cuentas como presumía López Obrador, formó parte de una estrategia de control mediático que tuvo por objetivo monopolizar la agenda pública. No fue un diálogo circular, como lo vendió el expresidente. Se trató de un espacio para imponerse, acaparar y atacar.

A consecuencia de la saturación mediática y la retórica de AMLO (omnipresente, como "Gran Hermano" de Orwell) la sociedad quedó polarizada. Se alimentó el enfrentamiento y la división entre "nosotros y ellos". Ese legado no se fue con él. Permanece. Y no es casualidad.

Volverse inolvidable y trascender, requería de trazar la ruta de lo que vendría. Definir el fondo y enmarcar la forma. En presencia o ausencia él sería la guía y el faro moral. Seis años trabajó para ser siempre necesario y permanecer en la memoria a partir del "año siete". Lo consiguió… hasta ahora. Por eso se fue, pero no del todo. Dejó los márgenes bien delimitados y a los custodios de su legado, bien colocados.

19. 1 DE OCTUBRE 2024

"Cuanto mayor es el poder, más peligroso es el abuso".

Edmundo Burke

Año siete de Andrés Manuel López Obrador

La historia de la política en México está llena de rompimientos y quiebres de alianzas de manera más que constante, particularmente cuando se refiere a los presidentes de la República. Habría que viajar hasta el siglo XIX para tener certeza del único relevo terso de nuestra historia y que no concluyó en alguno de los famosos "tres ierros" del porfiriato: entierro, encierro o destierro.

Precisamente dicho relevo data de tiempos de Porfirio Díaz, quien se quebraba la cabeza luego de la sucesión presidencial de 1880 en la que, para no romper el orden constitucional impuesto por él mismo en torno a la "no reelección", había permitido se eligiera a su compadre Manuel González Flores. Díaz optó por visitarlo a su hacienda de Chapingo en el Estado de México para asegurarle que no tenía ninguna ambición política para las elecciones de 1884 y que no se presentaría al cargo de presidente.

En cuanto escuchó la noticia, González Flores se levantó y con su único brazo comenzó a revolver cajones, cajas y armarios en su sala de estar.

—Pero... ¿qué busca compadre? —preguntó extrañado Díaz.

—Al pendejo que se lo crea, compadre —contestó zorrunamente "El Manco".

A Díaz solo le quedó sonreír. La Constitución se modificó para permitir la reelección no consecutiva en el cargo de presidente y González le devolvió sonriente la banda presidencial en 1884.

La Revolución luego, el asesinato de Madero después, la guerra civil contra Huerta, el triunfo de los sonorenses, "el México bronco" de Obregón y Calles... nada permitió un relevo tranquilo en la Presidencia del país. Lo que sí hubo fueron rompimientos y traiciones por la anhelada silla presidencial, una vez institucionalizado el traspaso del poder.

El más paradigmático de estos rompimientos, que marcó para siempre al sistema político mexicano y que podría utilizarse como guía para evitar los "maximatos" fue el encabezado por Plutarco Elías Calles y Lázaro Cárdenas.

Tras el asesinato de Álvaro Obregón en 1928, la figura predominante de la política mexicana fue Elías Calles, el "Jefe Máximo de la Revolución", quien colocó en la Presidencia a tres de sus subordinados: Pascual Ortiz Rubio, Emilio Portes Gil y Abelardo L. Rodríguez.

En 1934 llegó el momento de otra sucesión y el favorecido por el "dedo del señor" fue el general de división que había hecho su carrera militar junto a Elías Calles y a quien este se refería con cariño como "El Chamaco": Lázaro Cárdenas quien, por cierto, tuvo que sobrellevar no pocas humillaciones del general Calles, como dejarlo esperar por horas a las puertas de su casa, ya como presidente electo, mientras él terminaba una partida de cartas.

Todo cambió el 1 de junio de 1935. A los seis meses de ocupar la Presidencia Lázaro Cárdenas, Luis N. Morones, líder sindical, había creado una crisis artificial entre el sector patronal y los obreros para asfixiar al nuevo gobierno de modo que este se viera en la obligación de traer de vuelta al general Calles ante la "incapacidad" y "falta de liderazgo" de Cárdenas.

Ese día, Calles convocó a un grupo de senadores del partido oficial a su casa en Las Palmas, Cuernavaca, para atender la situación de "crisis obrera". En esa reunión habló con franqueza y sin titubeos. Aseguró que los obreros no tenían derecho a la huelga, que había divisiones en ambas cámaras por la enemistad entre el presidente y el "Jefe Máximo", y que no estaban de acuerdo con las acciones en materia laboral del General Cárdenas.

Ezequiel Padilla luego transmitió a *El Universal* el contenido de la reunión en Las Palmas y literalmente prendió fuego a la política nacional.

Al otro día, Calles tuvo que desmentir la nota del diario. Aseguró categórico "no hay nada ni nadie que pueda separarnos al general Cárdenas y a mí". El político sonorense hizo alusión a los lazos que lo unían al presidente: "Conozco al general Cárdenas. Tenemos 21 años de tratarnos continuamente y nuestra amistad tiene raíces tan fuertes para que haya quien pueda quebrarla". Después, arremetió contra sus enemigos y los culpó de, diríamos hoy, sacar de contexto sus declaraciones.

Cárdenas, agarró la oportunidad al vuelo, y el 14 de junio se publicó en todos los diarios una carta del presidente de México en la que anunciaba la renuncia de todo su gabinete "con el propósito de orientar la marcha del Gobierno Federal", y con ello rompía definitivamente con el callismo. Un día después tuvo en su escritorio la renuncia de Pascual Ortiz Rubio, presidente del Partido Nacional Revolucionario (PNR) —antecedente del PRI—, partido en el poder.

El 17 de junio, Cárdenas integró un nuevo gabinete sin elementos del callismo y con Emilio Portes Gil (quien ya le había jurado lealtad) en la Presidencia del Comité Ejecutivo del PNR.

El PNR hizo lo propio en estos casos, se lanzaron contingentes multitudinarios al Zócalo capitalino "de apoyo" a Cárdenas y repudio a Calles. Este optó por un repliegue táctico y se fue a Mazatlán, Sinaloa. Sin embargo, aún no jugaba su última carta.

En los meses siguientes, el conflicto se mantuvo latente, pero Calles intentó regresar a la política y solo obtuvo una respuesta contundente del "Chamaco": lo expulsó del país sin miramientos el 10 de abril de 1936 acompañado de Luis L. León, Melchor Ortega y Luis Napoleón Morones.

Al momento de ser sacado de su casa para trasladarlo al avión que lo conducía al exilio, el general Calles leía ensimismado *Mi lucha* de Adolfo Hitler, quien año y medio antes se había hecho de todo el poder en Alemania.

El general Calles se fue a radicar a San Diego, California, en Estados Unidos y se hizo creyente del espiritismo. El 4 de mayo de 1941, con motivo del Día de la Unidad Nacional y en plena Segunda Guerra Mundial, el presidente Manuel Ávila Camacho le ratificó sus grados militares. Volvió a México, donde murió el 19 de octubre de 1945, exactamente 25 años antes que Lázaro Cárdenas, quien falleció también un 19 de octubre, pero de 1970.

Un año cuatro meses y diez días le tomó a Cárdenas librarse de la sombra del caudillo, del fantasma del "Jefe Máximo".

El viernes 4 de octubre, en apenas su tercera *mañanera del pueblo* la presidenta Sheinbaum tuvo que ser enfática respecto a quién estaba tomando las decisiones del Poder Ejecutivo. Queda para el registro esa primera señal.

"Esta idea, desde la campaña, de que Andrés Manuel iba a estar gobernando durante estos seis años, de 2024 a 2030; él se fue a Palenque y allí está, desempeñando su nuevo periodo de reflexión y escritura, y la presidenta de México se llama Claudia Sheinbaum Pardo".

La presidenta marcaba su territorio. Nada fácil para quien no tuvo demasiado margen de maniobra en la transición. López Obrador, como hemos visto, le impuso un camino cercado por decisiones heredadas, le dejó en cargos estratégicos a incondicionales suyos, y le acotó la ruta durante los meses previos a su arribo al poder, entre otras cosas, llevándola de gira por el país cada fin de semana y comprometiéndola en cuanta oportunidad tuvo.

En el primer tramo del sexenio de la primera mujer presidenta, López Obrador ha cumplido su promesa de no aparecer y retirarse "de la vida pública". En el correr del "año siete" se ha guardado, aunque es casi un secreto en dónde.

El 13 de noviembre de 2024, fecha del cumpleaños de AMLO, todas las "fuerzas vivas" de Morena, incluida la presidenta Sheinbaum, externaron sus parabienes para el expresidente que alcanzaba los 71 años y enviaron sus felicitaciones hasta Palenque, aunque no hubo constancia de que se recibieran allá, ni apareció video o fotografía que dieran cuenta sobre la ubicación del tabasqueño.

Desapareció, hasta del mundo virtual, aunque aquel día estuvo vigente. Muy vigente. En la cámara de diputados y el Senado, vaya, hasta en Palacio Nacional le cantaron las *mañanitas*. Lo nunca visto: una presidenta en funciones le puso las *mañanitas* a su antecesor.

"Le enviamos un feliz cumpleaños. Para nosotros el presidente López Obrador y para el pueblo de México es un hombre que dedicó su vida a la transformación del país. Es el principal dirigente político del siglo XXI por lo menos y el dirigente que condujo a la transformación de nuestro país", le dijo.

"Desde aquí le enviamos un saludo, esperemos que alguien le pase el recado y las *mañanitas*", remató.

¿Vive AMLO en Palenque, Chiapas? Nadie lo ha visto. Sabemos, eso sí, que en los alrededores de la finca "La Chingada" hubo una notable inversión pública por alrededor de 2 mil millones de pesos, que incluyó la construcción de un hospital del ISSSTE con tecnología de punta, un cuartel de la policía militar, un bulevar de 4 kilómetros con seis carriles de concreto hidráulico, un nuevo campus del IPN, una estación del Tren Interoceánico, oficinas del Tren Maya, una ciclovía, un parque…

Sabemos, también, gracias a una solicitud de información realizada por *El Universal* a la SEDENA, que el expresidente continúa recibiendo protección militar y cuenta con "un esquema de seguridad y protección en su domicilio particular", según detalló el diario a mediados de noviembre de 2024.

AMLO no aparece físicamente, pero su fantasma recorre muchas de las decisiones actuales y aun en la ausencia, está presente.

Si ese fantasma sigue rondando, no solo se volverá omnipresente el expresidente, sino que podría eclipsar a Sheinbaum, su gobierno, sus decisiones y, más importante, su poder.

Solo cabe uno en la silla. El poder no se comparte. Se ejerce. López Obrador dio sobradas muestras de ello. Y las sigue dando. La presidenta, la persona más votada en la historia, tiene legitimidad para asumirlo y ejercerlo a plenitud. Pero hacerlo conlleva un costo, distanciarse, contrastar (forma y fondo) y avanzar en su propia ruta marcando un camino propio.

Sheinbaum ha sido en extremo cuidadosa. En sus primeras mañaneras, de hecho, quiso atemperar los ánimos de los acelerados.

"Hay quien dice muy preocupado, muy preocupado: «Ay, es que Claudia Sheinbaum no se distancia de López Obrador, no pinta su raya». Pues si somos del mismo movimiento, si lo que dijimos es que lo que queríamos es que continuara la «cuarta transformación», y así decidió el pueblo de México", dijo en su segunda *mañanera*, la del 3 de octubre de 2024.

Desde luego, nadie espera un abrupto rompimiento. Ambos son parte del mismo movimiento, y si algo ofreció Sheinbaum en campaña fue "continuidad"; "el segundo piso de la 4T", prometió. Eso esperan los *duros* de Morena, que se asumen custodios del legado, muchos de los que buscarán arrinconarla para que no tenga poder propio más allá de la herencia lopezobradorista.

Pero la presidenta es sutil. Y sus tiempos son otros. Aún es joven su sexenio, pero ya da algunas señales de independencia. Su política de salud, por ejemplo, busca rescatar del desastre a un sector en crisis; es el reconocimiento del fracaso heredado. Su estrategia de combate a la violencia marca, también, contraste; los "abrazos, no balazos" no funcionaron, y busca recomponer el camino persiguiendo criminales.

Es cierto que en otros frentes luce acorralada. En lo político AMLO la dejó rodeada de los suyos. En lo económico, le heredó un escenario endeble, lleno de riesgos y con pocas certezas para transmitir confianza.

La presidenta está en el "año siete" ante una disyuntiva. Puede transitar su sexenio bajo presiones y fuego interno, o construir un andar propio. Sin desaires, pero con autonomía. Sin confrontación, pero con firmeza. Puede caminar en un estrecho margen siendo "supervisada" por los custodios del lopezobradorismo o delinear su propia trascendencia. Ser albacea del testamento, o escribir un capítulo nuevo en la historia de México.

Con una oposición hecha añicos, sus resistencias serán internas. Puede, pues, asumir las riendas, o permitir a otro seguir al frente, así sea solo en el imaginario.

Pocas cosas más arriesgadas para quien ostenta el poder formal, que ser percibido como alguien débil, que no está a cargo ni bajo control de la situación.

Con sutileza, con tacto, cuidando las formas, pero el sello propio debe ser visible. Y, sobre todo, debe ser creíble.

Heredó un país sobre alfileres. El responsable ya no aparecerá para dar la cara y asumir su tramo de culpa. Ella está al frente. El éxito o fracaso de sortear el camino repleto de obstáculos será suyo.

De López Obrador, la historia se encargará. Los hechos, datos duros y la terca realidad harán el balance de un sexenio que inició cargado de esperanza y promesas, y terminó colocando al país en un abismo, empeñando el presente y futuro de millones de mexicanos.

Esta obra se terminó de imprimir
en el mes de mayo de 2025,
en los talleres de Diversidad Gráfica S.A. de C.V.
Ciudad de México